나는 불안해서 **책을** 읽는다

책이 던지는 5가지 인생의 질문

나는 불안해서 책을 읽는다

김낙회 지음

시그니처
SIGNATURE

책이 던진 5가지 질문

감히 고백하자면, 인생을 살면서 힘들고 괴로운 순간에 직면할 때마다 나는 읽고 또 읽었습니다. 그때마다 책 속에서 번뜩이는 답을 찾았다는 말은 아닙니다. 외려 책은 인생의 답을 구하는 내게 수십 가지의 다른 질문을 되돌려주었습니다. A를 묻는 내게 정답을 주기는커녕 B와 C라는 질문을 던져주며 "너는 어떻게 생각하느냐?"라고 물었습니다.

책상머리에 앉아 공부하는 것을 그렇게 좋아하지 않던 내게 그 시간이 마냥 행복했다고 말하지는 못하겠습니다. 어느 날은 한 쪽도 제대로 읽지 못해 괴로워했고, 책에서 얻은 다른 고민거리로 인해 밤을 지새운 날도 많았습니다.

그럼에도 불구하고 책을 놓지 않았던 이유는 활자화된 누군가의 생각들을 접하는 동안 세상에서 유일무이한 나만의 인생 지도를 조금씩 그려갈 수 있었기 때문입니다. 책이 내게 던지는 질문에 스스로 답을 구하면서 내가 무엇을 좋아하는지, 내 꿈은 무엇이며 이를 이루기 위해 어떤 노력을 기울여야 하는지, 내일은 물론 오늘도 행복해지기 위해 무엇을 고민해야 하는지를 깨닫게 되었습니다. 오지 않은 내일에 대한 불안감이 들 때면 다시 책을 들었고, 책을 읽는 시간 만큼은 자유로울 수 있었습니다.

　우연한 기회에 육군본부와 육군사관학교의 발전자문위원을 맡은
지 벌써 10년이 넘었습니다. 그 인연을 계기로 군 생활을 하는 젊은이
들에게 희망과 용기를 주고자 병영 토크 콘서트 〈생동감〉을 기획하
게 됐습니다. 강연과 공연을 통해 최전방에서 고된 철책 근무로 고생
하는 청춘들에게 작게나마 위로와 격려를 전해온 지 어언 3년. 자식
같은 장병들에게 조금이라도 도움을 주고 싶어 시작한 일이었지만,
그 시간은 오히려 내게 선물 같은 순간들이었습니다. 적극적으로 토
크 콘서트에 참여하면서 밝게 웃는 장병들의 모습에서 오히려 내가
기쁨과 에너지를 얻었으니 말입니다.

　그런데 만남이 거듭될수록, 가까이에서 얼굴을 마주하고 이야기할
수록, 그들 내면에 풀리지 않는 번민이 자리하고 있음을 알게 되었습
니다. 어쩔 수 없이 개인의 자유가 제약되고 상명하복일 수밖에 없는
군 생활의 한계일 것입니다. 하루 스물네 시간을 정해진 규율에 맞춰
살면서 육체적인 군사 훈련을 하기란 쉽지 않습니다. 그러나 군 생활
을 하는 청춘들을 잠 못 이루게 하는 진짜 이유는 불확실성으로 점철
된 이 시대를 어떻게 살아가야 할 것인가에 관한 근원적인 불안감에
있지 않았을까요.

　어쩌면 그것은 군 장병만이 아닌, 불확실한 미래를 준비해야 할 이
땅의 모든 젊은이의 문제이기도 합니다. 열심히 노력하면 성공한다
는 말은 무덤 속 고언(古言)이 된지 오래. 경제위기는 만성화되었고
해결이 불투명한 청년 취업 문제는 우리 젊은이들의 꿈과 희망을 앗

아가 버렸습니다.

그들을 지켜보면서 수십 년 전 젊은 내가 떠올랐습니다. 시대적 상황이나 가치관은 지금과 많이 다르지만, 20대의 나 역시 지금의 불안한 청춘들과 크게 다를 바 없었습니다. 집안 형편이 부유한 것도 아니었고 개천에서 용 나길 기대할 만큼 재능이 출중한 것도 아니었습니다. 간절히 이루고 싶은 꿈도 없었고 용기 있게 미래를 개척해나갈 패기도 없었습니다. 말 그대로 망망대해를 떠도는 돛단배와 다름없었지요. 돌이켜보면 무엇 하나 확실한 것 없이 불안하기만 했던 젊은 시절, 나는 앞서 말했던 것처럼 책을 버팀목 삼아 지금까지 버텨왔습니다.

책이 내게 준 선물은 인생을 살아가는 데 꼭 필요한 자립심과 생각하는 힘입니다. 시대가 아무리 변했다고 할지라도 그 가치는 여전히 유용하리라 믿습니다. 그렇지 않다면 하루가 다르게 신기술이 쏟아지는 지금까지 책의 역사가 이어져왔을 리 없습니다. 내가 그랬듯 지금도 수많은 이가 풀리지 않는 인생의 질문에 대한 답을 찾기 위해 늦은 시간까지 책장을 넘기고 있습니다. 그것이 내가 이 책을 쓴 이유입니다.

군대에서의 21개월은 나라는 개인과 사회, 국가에 이르기까지 우리가 살면서 겪는 인생의 모든 주제에 대해서 충분히 고민해볼 수 있는 시간입니다. 책은 우리에게 질문합니다. 나는 누구인가. 어떻게 내 감정의 주인이 될 것인가. 누구와 함께 갈 것인가. 탁월함을 만드는 나만의 무기는 무엇인가. 세상을 보는 안목을 어떻게 키울 것인가. 이 책은 이 5가지 질문에 대한 나만의 답을 찾아가는 여정입니다. 나는 누구인지, 국가란 어떤 의미인지, 내가 원하는 것을 아는 지혜를 어떻게 구할 수 있는지, 더불어 사는 삶의 의미는 무엇인지, 불안한 감정을 어떻게 다스릴 수 있는지, 사회에서의 경쟁력을 어떻게 만들어 가야 하는지 등등 군대에서뿐만 아니라 우리가 살면서 마주하게 될 거의 모든 주제에 대한 화두와 해답의 단초를 25권의 책에서 찾아보았습니다.

그러나 그렇지 않아도 고민 많은 젊은 친구들에게 독서에 대한 부담까지 지워줄 생각은 전혀 없습니다. 그저 눈길이 닿는 대로, 마음이 끌리는 대로 아무 쪽이나 펼쳐들고 편하게 읽었으면 합니다. 그러다가 나와 직면한 문제와 맞닿은 이야기가 나오면 그때 마음을 다잡고 정독해보길 바랍니다. 어쩌면 갈 곳을 잃고 헤매는 내 인생의 방향타가 되어줄지도 모르니 말입니다.

2018년 새로운 날에
인생을 조금 먼저 살아온 선배
김낙회 드림

I

내 삶을 흔들리지 않고

의연히 살아갈 수 있게 하는 건

타인이나 세상이 아니다.

홀로 마주하는 병영의 밤에 눈을 감고 깊은 사색에 빠져보라.

숙명처럼 받아 든 현실이고

마땅히 짊어져야 할 의무이지만,

또 한편으로는 진정한 나를 발견할 수 있는

더 없이 소중한 시간이기도 하다.

I

[첫 번째 질문]

나는 나에게 누구인가

내가
진짜
살고 싶은
인생이란

대한민국 보통 남자라면 누구나 마주해야 하는 숙명 '병역의 의무'. 이로 인해 이미 가 있거나 머지않아 가게 될 그곳을 우리는 병영 또는 군대라고 부른다. 지금 당신이 그곳에 배치된 병사라면 칠흑 같은 참호 속이나 저녁 점호를 끝내고 자리에 누운 생활관에서 종종 어둠의 고요를 틈타 기습하는 상념과 마주할 것이다.

'여긴 어디인가, 나는 누구인가?'

많은 이가 군 복무를 아까운 시간낭비라고 여긴다. 스스로 선택한 길이 아니니만큼 이 명예로운(?) 구속이 달갑지 않을 수도 있다. 사실 나도 그랬다. 캠퍼스에 최루탄 가스가 끊일 날이 없던 시절, 단지 시위에 앞장섰다는 이유로 떠밀리듯 입대했고 논산 훈련소에서의 숨막히는 생활은 전혀 예기치 않은 환경 변화에 당혹감을 느낄 틈조차 주지 않았다.

어수선한 시국에 공부다운 공부를 해보기는커녕 학교에서 제적까지 당한 상황이었다. 사회에 돌아가면 다시 대학 입시를 치러야 한다는 숙제까지 안고 입대를 했으니, 내 군 생활은 말로 다 할 수 없을 만큼 초조하고 불안했다. 눈앞에 펼쳐진 낯선 현실과 종잡을 수 없는 불안한 미래는 밤잠을 이루지 못하게 만들었다. 그나마 최전방 GOP부대에 배치된 후 어느 정도 안정을 찾긴 했지만 그렇다고 그 많은 고민이 하루아침에 사라지는 건 아니었다. 삶에 대한 물음은 그 이후로도 계속 이어졌고 숱한 날을 상념과 방황으로 보내야 했다.

그로부터 꽤 오랜 시간이 지난 지금, 군 복무 시절을 돌이켜볼 때마다 떠오르는 문구가 있다. 당나라 선승 임제의 '수처작주 입처개진(隨處作主 立處皆眞)'. 머문 자리에서 주인이 되면, 서 있는 그 자리가 바로 진리의 세계가 된다는 뜻이다. 만일 내가 군에 있을 때 이 말을 알았더라면 아직 먼 미래와 일어나지 않은 일에 대해 그렇게 불안해하지 않았을 거라는 생각이 든다. 그 대신 내가 정말 살고 싶은 삶을 찾아 줄 '진정한 나'를 찾기 위해 노력하지 않았을까.

'나를 깨우는 짧고 깊은 생각'이라는 부제가 붙은 『심연』의 메시지도 그렇다. 먼 옛날의 선승 임제도, 현재를 읽는 저자 배철현도 우리에게 남의 시선이나 평가에 연연하거나 나만 떨구고 멀어지는 세상 때문에 불안해하지 말 것을 권한다. 타인을 향한 시선을 거두고 세상을 직접 끌고 가는 주인이 되라는 것이다.

여기에 덧붙여, '나는 누구인가?'라는 근원적인 질문을 '나는 내게 누구인가?'로 조금 더 구체적으로 바꿔보라고 권하고 싶다. 살면서 우리는 자주 내가 아닌 남의 인정을 받고 싶어 한다. 그러나 내 삶에 내가 없으면 삶에 대한 갈증이 끊이지 않는다. 그래서 끝없이 묻게 된다. 과연 나는 내 삶에 어떤 존재인가? 나는 내가 원하는 삶을 살도록 이끌고 있는가? 지금의 나는 진정한 나인가?

내 삶을 흔들리지 않고 의연히 살아갈 수 있게 하는 건 타인이나 세상이 아니다. 홀로 마주하는 병영의 밤에 깊은 사색에 빠져보라. 숙명처럼 받아 든 현실이고 마땅히 짊어져야 할 의무이지만, 또 한편으로는 진정한 나를 발견할 수 있는 더 없이 소중한 시간이기도 하다.

이 정도로 괜찮을까?

모 케이블 채널의 강연 프로그램 〈어쩌다 어른〉에서 허태균 고려대 심리학과 교수 편을 흥미롭게 본 적이 있다. 겉으로 드러나는 물질적인 성공만을 추구하며 내달려온 한국인의 심리를 진단하던 중 '중산층의 기준'이 화제에 올랐다. 한국인이 생각하는 중산층의 기준은 '부채 없는 30평 아파트, 월 500만 원 이상의 급여, 2,000cc급 이상의 중형차, 1억 원 이상의 예금 잔고, 연 1회 이상의 해외여행'이었다.

허 교수가 언급한 한국인의 중산층 기준은 새로울 것이 없다. 하지만 함께 거론된 다른 나라들의 중산층 기준은 우리와 다르다못해 낯설기까지 했다. 한 예로 프랑스의 경우 외국어를 1개 이상 구사할 줄 알아야 하고 직접 즐기는 스포츠가 있어야 하며 자신만의 색다른 요리와 1개 이상의 악기 연주가 가능해야 중산층의 범주에 든다. 여기에 사회적 분노에 공감할 줄 알아야 하고 약자를 돕는 봉사활동에도 참여해야 한다.

'30평, 500만 원, 2,000cc… vs. 외국어, 악기 연주, 요리, 봉사…'. 달라도 한참 다르다. 한쪽은 사회적으로 계량된 물질적 수치로, 다른 한쪽은 개인의 삶에 무게를 둔 무형의 가치로 삶을 규정한다. 어느 쪽이 옳고 그른지는 단정할 수 없지만, 오로지 남의 눈을 의식한 외형적 가치에만 매달려 살아온 우리의 삶이 그리 아름답지 않은 건 사실이다.

OECD 국가 중 자살률과 저출산률 1위라는 명예롭지 못한 뉴스는 식상한지 오래. 유엔이 발표한 「2017년 세계행복보고서(World Happiness Report 2017)」에 따르면 GDP 규모 세계 13위인 한국의 국민행복지수는 조사 대상 국가 155개국 중 56위라고 한다. 세 자릿수 순위가 아닌 걸 그나마 다행으로 여겨야 할까?

중산층의 기준이나 행복지수가 한 개인의 행복을 가늠할 수는 없지만 묻지 않을 수 없다. 지금 내 삶이 이 정도로 괜찮은지, 나는 인간이라면 '마땅히' 누려야 할 아름다운 삶을 살고 있는지 말이다.

> 아름다움은 '자신이 반드시 해야 할 일을 깨달아 알고 그것을 행동으로 옮길 때 자신의 몸에 배어들기 시작하는 아우라'를 말한다. (중략) 아우라는 남들과는 다른 자신만의 고유한 '진정성'의 표현이다. (266~267쪽)

미학에서 아우라는 '누구도 흉내 낼 수 없는 고고한 에너지'를 뜻한다. 30평 아파트와 2,000cc짜리 자가용을 보여주는 게 급선무라면,

타인의 시선과 평가가 무엇보다 중요한 척도라면 그 삶에 과연 아우라가 있을까. 낭떠러지를 향해 무리지어 내달리는 나그네쥐 같은 우리 모습은 『심연』에서 말하는 아름다움과는 거리가 있다.

저자 배철현 서울대 종교학과 교수는 외부의 평가나 정보, 물질적 척도에 매몰된 현대인의 태도를 불행의 근원으로 꼽는다. 눈치 빠른 사람이라면 앞서 말한 한국인의 중산층 기준에 무엇이 빠졌는지 알았을 것이다. 그렇다. 바로 '나'다. 응당 내가 있어야 할 자리를 남에게 내주고 내 삶에서 머슴살이 노릇을 하고 있다면 이제라도 찾아야 한다. 언제 놓쳤는지 기억나지도 않는 '잃어버린 나'를 말이다.

좌표를 알려줄 나의 별

〈나는 가수다〉를 기억하는가. 자타가 공인하는 가수들이 자웅을 겨루며 장안의 화제가 됐던 경연 프로그램이다. 재미를 위해 서바이벌 형식을 취하긴 했지만 출연 가수들이 온 마음을 다해 전한 음악적 열정은 우열을 가릴 만한 것이 아니었다.

나를 잃고 살아가는 우리의 삶을 이야기하려니 〈나는 가수다〉에서 유독 인상적이었던 한 장면이 떠오른다. 무대 위에서 자신의 모든 것을 쏟아냈지만 순위 경쟁에서 아깝게 탈락한 가수가 있었다. 안타까운 이별의 현장에서 한 선배 가수가 그에게 나직이 말했다. "○○야. 우리 끝까지 음악을 사랑하는 마니아(mania)로 살다 가자."

'나는 누구인가?' 어느 순간 우리가 잊은 질문이다. 먹고사는 일에

쫓기다보니 내 삶의 주어인 '나'는 자주 유실된다. 자신이 누군지 모른 채 살고 있으니 '나는 나답게 살고 있나?'라는 질문에도 선뜻 답하기 어렵다. 자신이 누구인지 말할 수 있는 사람은 자기가 하는 일의 의미도 안다. 그의 행동이 그의 정체성에서 자연스레 흘러나올 것이기 때문이다. 그래서 그는 길을 잃지 않는다. 좌표를 알려줄 자신만의 별이 있기 때문에.

　이 별은 누구나 그리고 아무 때나 볼 수 있는 별이 아니다. 자의든 타의든, 인생의 가장 깊은 곳으로 내려가 있는 그대로의 자신을 수용할 때 비로소 나타나는 별이다. 이 별은 스스로를 깊이 관조할 때 슬그머니 빛나는 마음의 천사다. 자신을 세상의 빛과 소리가 들어오지 않는 거룩한 공간에 놓아둘 때에야 비로소 등장하는 이 별은 바로 '자기 자신'이다.(305쪽)

　저 선배 가수가 말한 '마니아로 살다 가는' 삶은 그래서 각별하다. 스스로 자기 자신을 알고 있기에 건넬 수 있는 말이었다. "나는 누구인가?"라는 내면의 질문에 그가 답한다. "나는 가수다." 그리고 덧붙인다. 가수란 노래를 잘하는 사람이기에 앞서 음악 자체를 사랑하는 사람(mania)이라고. 나는 그 마음으로 노래하는 사람이라고. 이제 "나는 가수다"는 곧 "나는 음악을 사랑한다"와 같은 말이 된다. 그는 자신이 누구인지, 자기가 하는 일의 의미가 무엇인지를 아주 명확하게 알았다. 그의 노래는 마지막 날까지 더 큰 울림을 전할 것이다. 혹여 삶의 경연에서 좌절하는 순간이 오더라도 말이다.

배철현 지음 | 21세기북스 | 2016년 07월 20일 출간

이 책은 진정한 나를 만나기 위한 여정으로 고독, 관조, 자각, 용기라는 자기 성찰의 4단계를 제시한다. 이 과정을 거쳐야만 비로소 과거의 구태의연한 나와 결별하고 제대로 된 삶을 살아갈 용기를 얻게 된다는 것이다. 잠들기 전 오롯이 나를 대면하며 더 새로워질 내일의 나를 그려보는 건 어떨까.

Keyword 1 **고독** 자신을 위해 스스로를 유배한 시간과 공간. 이렇게 분리된 시공의 또 다른 이름이 고독이다. 다른 이들과 어울리지 못해 불안해하는 외로움과는 다르다. 그것은 의도적인 분리이며 자신에 대한 온전한 헌신과 묵상 속에서 내 안의 위대함을 알아가는 상태를 뜻한다. 그래서 고독을 최고의 선물이자 위대한 스승이라 말하는 것이다.

Keyword 2 **관조** 관조란 동일한 사물이나 사람을 깊이 응시하고 자신이 사라지는 상태로 진입하는 단계를 말한다. 역사상 가장 오래된 비극으로 알려진 〈페르시아인들〉의 작가인 아이스킬로스가 확신했던 인간의 근원적 정서가 바로 관조다. 그는 아테네 시민 각자의 자주적이고 자발적인 '관조 수련'이 찬란한 그리스 문명을 실현하는 동력이라고 믿었다.

그리스 문명의 기반이 비극 경연에서 출발했다고 볼 때 비극과 관조 사이에는 뗄 수 없는 연결고리가 있다고 해도 과언이 아니다. 아리스토텔레스의 말을 잠시 빌리자. 그에 따르면 관조란 '테오리아(theoria)', 즉 '인간의 최

선'이다. 극을 관람하던 관객은 무대 위의 인물과 상황에 몰입하다가 감정이입을 넘어 제3자의 눈으로 자기 자신을 성찰하는 순간을 맞는다. 그것이 관조다.

Keyword 3 **자각** "여행자여, 아침에는 네 발로 걷고, 낮에는 두 발로 걷고 밤에는 세 발로 걷는 짐승이 무엇인가?" 스핑크스가 오이디푸스에게 던졌다는 수수께끼다. 오이디푸스는 답을 맞혔고 스핑크스는 죽음에 이른다. 한번 가정해보자. 만일 질문을 던진 스핑크스가 다름 아닌 오이디푸스 자신이라면? 그렇다면 스핑크스는 오이디푸스가 다음 단계로 나아가기 위해 반드시 없애야 할 '족쇄가 된 과거'이자 '자기 안에 존재하는 괴물'이다. 달리 부른다면 인생을 살면서 반드시 지나쳐야 하는 통과의례라 할 수 있다. 나를 대면하고 내 안의 괴물을 불러내는 일, 불러낸 괴물과 싸워 끝내 무찌르는 일, 괴물의 주검 위에서 자신을 극복한 기쁨을 맛보는 일, 그 기쁨을 담담히 추스르고 또 다른 여행을 떠나는 일…. 이렇듯 자각은 생의 어느 순간 반드시 마주하고 극복해야 할 성장의 벽을 넘어서게 하는 열쇠다.

Keyword 4 **용기** 진정한 나에 이르는 여정은 불안과 고독을 수반한 험난한 모험으로, 열정 없이는 시도조차 할 수 없다. 이는 흡사 짝사랑과도 같다. 아무리 간절히 원한다한들 그 마음은 시시때때로 외면당하기 일쑤이며, 이때의 나는 흔들릴 수밖에 없다. 바로 그 순간 흔들리는 자신을 다잡기 위해 주문처럼 되뇌며 소환해야 하는 것은 용기, 그것도 초인적인 용기다. 한 고비를 넘어 되돌아보면 흔들렸던 그 순간이 별것 아니게 보일지 모른다. 그러나 잊지 말자. 두려움에 대해서건 게으름에 대해서건, 과거의 나를 넘어서게 했던 그 순간만큼 당신이 낸 용기는 무척 초인적이었다는 사실을.

첫 번째 질문

생각하는 힘은 무엇에서 나오는가?

최진석의 『생각하는 힘 노자인문학』

우리는 유난히 남 탓을 많이 한다. 약속에 늦으면 막히는 도로 탓, 학교 성적이 떨어지면 엄마 잔소리 탓, 아들이 잘못을 저지르면 함께 어울린 친구 탓이다. 그래서인지 남 탓하는 것을 빗댄 속담도 많다. 잘되면 내 탓 못되면 조상 탓, 못 살면 터 탓, 소경이 넘어지면 막대 탓… 하지만 가만히 생각해 보면 그 원인은 사실 자신에게 있다. 막히는 줄 알면서 꾸물거리다 늦고 본인의 노력이 부족해서 성적이 떨어지고, 아들이 잘못을 저지른 것도 따지고 보면 자식을 돌보지 못한 부모 책임이 더 크다.

무언가 잘못되었을 때 그 원인을 주로 바깥에서 찾는 것. 어쩌면 이는 이 사회가 너무 경쟁적인 구도로 치달은 나머지 사람들이 점점 자기 방어적이 되어서일지 모른다. 하지만 나는 그 근본 원인이 주체성이 부족하기 때문이라고 본다. 주체성은 남이 아닌 내가 스스로 생각해서 얻은 힘, 소위 자신만의 소신과 주장이다. 이는 살면서 겪는 모든 문제에 대해 스스로 판단하고 책임 있는 선택을 하게 하는 기준이기도 하다. 그런데, 그렇게 못 하니 모든 것을 남 탓으로 돌리는 것이다.

생텍쥐페리의 『어린 왕자』에 보면 이와 관련한 의미 있는 장면이 나온다. 어린 왕자가 코끼리를 삼킨 보아뱀 그림을 보여주고 이 그림이 무얼 그린 것인지 묻자 사람들은 전부 모자라고 대답한다. 어린왕자는 그들에게 말한다. "중요한 것은 눈에 보이지 않아." 이 말은 오늘날 치열한 경쟁에 내몰려 스펙쌓기에 열중하는 청년들도, 그런 청년들에게 쟁취를 통한 성공을 자랑스러운 삶의 기준이라 강요한 기성세대도 한번쯤 곱씹어 볼만하다.

우리 대부분은 눈에 보이지 않는 가치가 아닌 눈에 보이는 물질적인 것을 손에 넣는 것을 성공이라 생각하며 산다. 그런 생각으로 숨차게 내달리면서 '그래도 나는 열심히 산다', '언젠가는 성공할 것이다'라며 스스로를 위로한다. 그 자체가 나쁜 것은 아니다. 문제는 언젠가부터 주체가 바뀌었다는 사실이다. 주체가 '나'가 아니라 '남' 또는 '밖'이다 보니 문제가 발생하고, 문제의 원인을 '나'를 살피기 전에 '바깥'에서 찾으려다 보니 남 탓이 늘어나는 것이다. 스스로 생각하는 힘을 잃어버린 결과다.

분명한 것은 사회가 복잡하고 경쟁이 치열할수록 '스스로 생각하는 힘'은 더더욱 나만의 강력한 힘이 된다는 사실이다. 변화무쌍한 시대에 살면서 어느 한 쪽에 편향되거나 남의 말에 갈팡대지 않으려면 스스로 생각하는 힘을 회복해야 한다. 내 삶의 근원, 내 삶의 진정한 가치는 밖이 아니라 내 안에 있기 때문이다. '불취외상 자심반조(不取外相 自心返照)'. 밖이 아니라 먼저 내 마음과 생각을 돌아보라는 말이다. 그렇게 하지 못하면 진정한 성공에 이를 수 없다. 이것이 2,500여 년 전 노자를 이 시대의 청년들에게 다시 소개하는 이유다.

본질과 기준에 매몰되지 말 것

'도가도비상도 명가명비상명(道可道非常道, 名可名非常名).'

노자가 쓴 『도덕경』의 첫 문구다. 워낙 유명한 구절이지만 사실 그 뜻을 정확히 이해하기란 쉽지 않다. 도를 도라고 말하면 진정한 도가 아니고, 이름을 그 이름으로 부르면 진짜 이름이 아니라고?

같은 동양의 지혜라고 해도 노자의 세계관은 공자의 것과 다르다. 공자는 수신(修身)과 격물치지(格物致知)를 치국평천하(治國平天下)의 전제 조건으로 삼는다. 공자의 이 같은 현실적인 처세에 비해 도(道)나 무위자연(無爲自然) 같은 노자의 말들은 어째 뜬구름을 잡는 것 같다. 적어도 최진석 서강대 철학과 교수가 쓴 『생각하는 힘 노자인문학』을 읽기 전에는 나 역시 노자의 말이 일면 명쾌하지 않은 부분이 없지 않다고 생각했다.

인간이 인간만의 능력으로 건립한 그 길을 바로 '도(道)'라고 합니다. 여기서 말하는 인간만의 능력이란 믿음의 힘이 아니라 '생각하는 힘'을 말해요. 인간은 이제 천명을 따르지 않고 도를 따라야 합니다. 우리는 이 단계에 이르러 비로소 우리에게 익숙한 도를 만나게 됩니다. 이렇게 보면, 도의 출현은 바로 중국 문명에서 최초로 터져 나온 인간의 독립선언이에요.(71쪽)

최 교수의 역사 강의에 따르면 주나라 시절까지 중국인은 하늘의 뜻에 운명을 맡기며 살았다고 한다. 개인의 삶, 공동체의 삶, 세계의 운행 원리들이 하늘의 뜻, 곧 천명에 의해 움직인다고 믿었다. 하지만 그 믿음은 혼란과 무질서, 절망과 참혹의 춘추전국시대에 이르러 무너지고 만다. '우리가 이런 고통을 당할 때 하늘은 대체 뭘 하는 거지?' 이런 의문 속에 사람들은 천명에 등을 돌렸고 결국 자력갱생의 삶을 시작했다는 얘기다.

이렇듯 하늘이 사라진 세상에서 인간이 인간만의 능력으로 건립한 길이 바로 도(道)다. 노자와 공자는 그러한 시대정신 위에 출현한 양대 스타쯤 될까. 그러나 두 사람의 논조는 사뭇 다르다. 공자는 인간이 인간인 이유를 '인(仁)'에서 찾았다. 그것이 인간의 존재 근거이기 때문에 이제부터 인간의 임무는 제 안의 인을 잘 보존하고 키우는 것이라 주장했다.

하지만 노자는 여기에 이의를 제기한다. 인(仁)이 인간의 '본질'이라면, 이것은 인간 사회에서 윤리적 실천적 '기준(규범)'으로 작용하게 된다. 그런데 하나의 기준이 사회적 권위로 작용한다면 어떻게 될까? 기준에 부합하느냐, 부합하지 못하느냐로 나뉘고, 이는 곧 선택과 배제의 논리로 이어지게 된다. 이런 이유로 노자는 본질이나 기준 자체를 부정했다.

본질의 내용이 도덕적으로 선이라고 할지라도 그것이 본질인 한 기준으로 성장할 수밖에 없고, 그것이 기준인 한 사회를 구분하고 차등화한다고 보는 거예요. 이렇게 본다면 공자가 건설한 인간의 길도 결국은 구분, 배제 그리고 억압이라고 하는 부정적 결과를 피해 갈 수 없게 됩니다.(76쪽)

인간에게 구원을 약속하는 종교도 중요한 기준의 하나다. 그런데 종교적 신념이 모두에게 부합하는 기준이 될 수는 없다. 굳이 중세의 마녀사냥이나 십자군 원정을 예로 들 것도 없다. 바로 지금 이라크나 시리아로 눈을 돌리면 사람 목숨을 너무나 가벼이 여기는 이슬람무장테러단체(IS)를 볼 수 있지 않은가. 정치적 신념이라고 다를 게 없다. 잘살자고 만든 이데올로기들이 서로에게 총칼을 겨누는 역사가 지금까지 반복되니 말이다.

그래서 노자는 집단적으로 공유하는 기준을 전제하는 한, 극단적인 경쟁과 폭력의 가능성을 없앨 수 없다고 봅니다.(102쪽)

노자는 기준에 매몰되지 말 것을 당부한다. 그가 바라본 세계는 '본질'이 아닌 '관계'로 이뤄진 공간이다. 본질은 유일무이하고 중앙집권적인 반면 관계는 항상 변화를 수반한다. 노자가 말한 무위(無爲)란 바로 이런 관계로 이루어진 세상을 살아가는 방식을 말한다. 즉, 게으르게 아무것도 하지 말라는 얘기가 아니라 특정한 본질을 기준 삼아 남에게 강요하지 말라는 것이다. 그것이 삶에서 구현된다면 이런 양상이 펼쳐질 것이다.

> '무위'는 결국 가정 안에서는 내 틀 안에 자식을 가두려 하는 것이
> 아니고, 국가에서는 통치자의 뜻 안에 백성들을 가두려는 것이 아닙
> 니다. 최대한 자신의 가치관을 약화시켜서 자식이나 백성의 자율성
> 을 보장해주는 것이죠.(277~278쪽)

여우형 인간 vs. 고슴도치형 인간

하나의 큰 본질만을 추구하지 않고 변화하는 온갖 만물을 있는 그
대로 수용해 받아들인다는 노자의 세계관. 노자의 철학을 이야기하
다 보니 다층적이고 복합적인 자유의 개념을 체계적으로 연구한 20
세기 학자 이사야 벌린(Isaiah Berlin)이 떠오른다. 그는 『고슴도치와
여우』에서 고대 그리스 시인 아르킬로코스(Archilochos)의 말을 인용
해 두 가지 인간형을 설명했다. "여우는 많은 것을 알고 있지만 고슴
도치는 큰 것 하나를 알고 있다."

고슴도치형 인간이 추구하는 '큰 것'은 노자가 문제 삼은 본질을
떠올리게 한다. 반면 여우형 인간이 지향하는 바는 '작고 다양한 것'
이다. 또한 고슴도치형이 변치 않는 하나의 원리를 향해 외곬으로 나
아가는 반면 여우형은 세상의 다채로운 반론을 수용할 줄 안다. 마치
자신의 믿음을 끊임없이 의심하며 스스로 세운 가설을 계속 수정해
가는 과학자처럼 말이다.

고슴도치형 태도를 최진석 교수의 언어로 표현하면 '사실을 자기 생각의 틀에 가두는 것'이라 할 수 있다. 또 다른 표현이 바로 '소유'다. 넓은 의미에서 볼 때 무언가를 자기 뜻대로 규정해버리는 행위도 소유이기 때문이다. 그렇다면 법정스님의 '무소유'도 자연스럽게 의미가 확장된다. 이는 곧 '사물을 있는 그대로 봄으로써 소유로 인해 생기는 고통을 해소하라'는 뜻일 것이다. 그러나 말처럼 쉬운 일이 아니다. 있는 그대로 받아들이기엔 우리가 사는 이 세상이 그리 단순하지 않기 때문이다.

노자 사상의 기본 구도는 이 세계가 두 대립면의 꼬임으로 되어 있다는 것입니다.(199쪽)

사물을 한 단면만 보고 해석하는 건 쉽다. 게다가 사람들은 매사 명쾌하고 시원시원한 고슴도치식 발언을 더 선호한다. 하지만 통찰력이 부족한 명쾌함은 막장 드라마처럼 선정적이고 깊이 없는 메시지만 남길 뿐이다. 노자가 세계를 '두 대립면의 꼬임'으로 본 것은 사물의 실상이 그렇게 모 아니면 도로 단순하게 나뉘지 않음을 뜻한다. 여우는 그것을 안다. 그래서 자신이 본 세계 및 그에 대한 해석과 판단이 정확하지 않을 가능성도 배제하지 않는다. 지적 겸손이란 그런 것이다.

그런데 만일 대립면 사이에서 오는 불안을 감당하지 못하고 어느 한 쪽을 선택하여 그쪽으로만 치달으려고 하면 파국을 맞이할 수밖에 없는 것이죠.(202쪽)

완전히 추하거나 완전히 아름답기만 한 사물은 없다. 세상은 미추(美醜)가 섞여 돌아간다. 노자에게는 삶과 죽음, 참과 거짓, 있음과 없음이 마치 실처럼 꼬여 세계를 구성하는 원소들이었다. 하나를 취하거나 버리지 않고 둘 모두를 견지하는 자세. 그런데 여기엔 꽤나 큰 정신적 긴장이 따른다. 사람 사이의 갈등 관계를 예로 들면, 나와 대립하는 이를 나쁜 놈으로 규정하는 것은 쉬워도 '나 역시 잘못한 것은 없는지' 반성하기는 어렵다. 후자의 태도에는 인내와 수용이라는 정신적 에너지가 수반되기 때문이다(이사야 벌린이 말한 고슴도치가 무조건 부정적이기만 한 것은 아니다. 우리가 지금 얘기하는 것은 하나의 통일된 생각만을 추구하는 고슴도치형 자세를 비판한 노자의 관점이다).

복잡한 인간군상이 모여 사는 현대인의 삶에서, 더욱이 세계화로 인해 국경이 사라진 21세기에는 맺어야 할 관계의 폭이 엄청나게 넓어졌다. 살아온 환경과 문화, 그 속에서 싹튼 가치관도 천차만별인 사람들의 만남. 당신이라면 그런 인연의 숲을 어떻게 헤쳐 나가겠는가. A 아니면 B인 고슴도치의 방식으로? 아니면 A와 B를 아우르는 여우의 자세로? 굳이 말하지 않아도 어느 쪽이 유리할지는 자명하다. 나와 다른 상대의 방식을 수용할 때 비로소 대립면 사이의 긴장을 갈등 없이 감내할 수 있다. 노자는 그 옛날에 이미 그 사실을 알았던 것 같다.

明道若昧
밝은 길은 어둑한 듯하고
進道若退
앞으로 나아가는 길은 물러나는 듯하며

夷道若纇

평평한 길은 울퉁불퉁한 듯하고

上德若谷

가장 훌륭한 덕은 계곡과 같으며

大白若辱

정말 깨끗한 것은 더러운 듯하고

廣德若不足

정말 넓은 덕은 부족한 듯하며

建德若偸

건실한 덕은 게으른 듯하고

質眞若渝

정말 참된 것은 변절된 듯하다.

(280~281쪽)

키워드로 되짚는
『생각하는 힘 노자인문학』

최진석 지음 | 위즈덤하우스 | 2015년 03월 12일 출간

노자의 사상을 '신선'이나 '불로장생'처럼 현실을 초월해 신비한 영향력을 지닌 것으로 보는 경향이 있다.『생각하는 힘 노자인문학』은 우리가 간과해온 역사 속의 노자, 현실과 함께하는 노자를 만날 수 있는 길을 터준다. 편견으로 잘못 알고 있던 사물을 재발견했을 때의 기쁨이야말로 공부하는 즐거움이 아닐까.

Keyword 1 **생각하는 힘** 현대인은 왜 스스로 생각하는 힘을 잃게 되었을까? 저자는 신념, 이념, 가치관, 지적 체계 등 외부적 요인의 영향이 너무 컸기 때문이라고 말한다. 어쩌면 우리 스스로 자초한 것인지 모른다. 세계는 항상 변하고 있는데 이를 간과한 채 불변의 본질을 찾는 건 애시당초 불가능한 일이었으니 말이다. 이에 노자는 본질이 아닌 관계에 주목한다. 세상이 정한 본질이나 기준은 애초에 존재하지 않음을 아는 것이 생각하는 힘을 복원하는 첫 단추다. 그다음 한 걸음 더 나아가야 한다. 기존의 신념이나 가치로부터 벗어나 자유로운, '경계에 있는 사람'이 되어야 하는 것이다. 그처럼 기존의 신념과 기준에 구애받지 않는 자기 자신을 복원함으로써 진정한 인문적 통찰력을 얻을 수 있다. 저자가 지금 우리에게 필요한 것은 공부를 끊고 자신에 대한 생각을 시작하는 것이라 말하는 이유가 여기에 있다.

Keyword 2 **고유명사** 그렇다면 자기로 돌아간다는 것은 어떤 의미일까? '나'

를 일반명사로 두지 않고, 고유명사로 살려내는 것이다. 그 첫걸음이 바로 자기로부터의 혁명이다. 저자의 말을 조금 더 들어보자. "자기 삶의 양식이 자기로부터 나오지 않은 삶, 세계와 관계하는 방식이 자기로부터 나오지 않은 삶은 결코 정상일 수 없습니다."

관습이나 세상이 정한 기준에 맞춰 살아온 나는 결코 고유명사가 될 수 없다. 그러니 자신이 서 있는 바로 지금, 여기로 눈을 돌릴 일이다. 하루를 살아도 나답게 살며 내 삶의 진정한 주인으로 거듭나야 한다는 메시지가 너무 이상적으로 들린다면 당신은 아직 일반명사로 불리고 있는 것이다. 고유명사를 되찾는 여정은 저 먼 곳이 아닌 바로 여기, 내가 숨 쉬고 있는 이곳에서 시작한다.

Keyword 3 **무위자연** 저자에 따르면 '무위'는 틀에 박히지 않은 상태를 의미할 뿐 결코 아무것도 안 한다는 뜻이 아니다. 오히려 노자의 지향점은 어떤 잣대에도 얽매이지 않고 개방성과 자율성, 다양성을 맘껏 발휘하며 현실적인 성취를 이루는 것이다. 무위자연을 제대로 이해하려면 이 무위가 의미하는 바를 정확히 알아야 한다. 무위 반대편의 '유위'와 견주어 살펴보자.

유위를 추구하는 사람은 '봐야 하는 대로' 보지만 무위를 추구하는 사람은 '보이는 대로' 본다. 정해진 규율대로 생각하고 행동하는 유위형 인간은 이데올로기, 종교적 신념, 기성의 가치관 등 온갖 외적 권위에 지배받는다. 이와 달리 무위형 인간은 세계가 존재하는 양상에 따라 반응할 뿐이다. 즉, 굳어진 이념이나 기준 같은 관념체계에 매몰되지 않고 세계의 변화에 따라 자발적이고 유연하게 대응할 줄 안다. 결국 무위자연이란 인공을 가하지 않은 세상(자연) 그대로를 받아들이고, 세계가 언제나 변화한다는 사실을 보다 적극적으로 수용한다는 뜻이다.

오직
내 삶 ——————— 강상중의 「고민하는 힘」
내 생각에
주목하는 일

서울의 한 대학에서 강연을 했을 때다. '헬조선', '이생망', '복세편 살' 같은 신조어가 유행하는 유쾌할 수 없는 현실에 놓인 학생들에게 내가 던진 첫마디는 이랬다.

"앞이 캄캄하십니까? 세상의 높은 벽이 두려운가요? 사실 저도 그 랬습니다." 그렇게 말한 뒤, 눈에 띄는 재능도 운도 없었던 내 청년 시 절을 고백했다.

가정 형편이 넉넉지 못한 시골집에서 태어난 나는 녹록치 않은 청 춘을 보냈다. 어렵게 서울에 유학을 오긴 했지만 별난 재주도 없고 비 빌 언덕도 변변치 않아 열등감만 쌓여갈 뿐이었다. '나는 무엇을 할 수 있는가? 앞으로 어떻게 살 것인가?' 하는 의문이 끊이지 않고 나 를 괴롭혔지만 한가하게 자리에 앉아 고민만 할 수 있는 입장이 아니

첫 번째 질문

었다. 가족을 돌보면서 어떻게든 생계를 이어가야 했기 때문이다.

그런 내가 내 길을 찾고 나만의 경쟁력을 만들 수 있었던 원동력은 과연 무엇이었을까? 그것은 바로 있는 그대로의 나를 그대로 받아들이고, 그 안에서 내가 할 수 있는 새로운 일을 찾아보려는 고민의 힘이었다. 열등감에 휩싸여 원망만 한다 한들 달라지는 건 없었다. 그래서 못난 나를 일단 인정하고, 부족한 채로 할 수 있는 일을 시작해보자는 결심을 하게 됐다.

광고인으로 살아온 경험에 기반을 두고 말한다면, '내가 지금 할 수 있는 일이 아무것도 없다'는 무력감은 부조리한 현실을 마주하고도 결국엔 아무런 고민 없이 순종하는 익숙함 때문에 생기는지 모른다. 늘 새로운 솔루션을 찾아야 하는 광고쟁이들은 기존의 익숙한 접근을 거부하고 관점을 바꿔 고민하는 것이 일상화되어 있고, 이를 통해 통념을 뛰어넘은 남 다른 답을 찾아내려고 노력한다. 어떤 문제가 생기든 다른 시각에서 달리 해석해야만 하는 것이다.

현실의 돌파구 혹은 새로운 대안은 익숙한 것을 바라보는 시선의 전환 즉, '새로운 고민'에서 비롯된다. 프랑스의 여행가이자 소설가인 마르셀 프루스트는 "발걸음을 위한 진정한 여정은 새로운 대륙을 찾는 것이 아니라 새로운 시선을 갖는 것으로부터 시작된다"라고 말했다.

지금 군복무 중이거나 입대를 앞둔 청년들이 간절히 찾는 것은 헬조선에 대한 새로운 대륙 즉 현실적인 솔루션일지 모른다. 그러나 세상이 변했다. 청년들이 살아갈 세상은 이 사회나 기성세대가 아닌 청년들 자신만이 만들 수 있는 새로운 미래다. 때문에 익숙하게 바라보던 과거의 성공, 기성세대들이 만들어놓은 그 성공의 기준에 부합하지 못한다고 아파할 이유가 없다. 그보다 세상을 바라보는 기존의 시선을 바꿔볼 필요가 있다. 결국 현실에 대한 새로운 고민이 내일을 위한 진정한 변화의 시작점인 것이다. 막막한 현실과 마주하고 있는 후배들에게 나는 먼저 관점을 바꾼 고민을 시작해보라고 말해주고 싶다.

세상은 바로 그런 새로움을 고민하는 청년들이 만들어왔다. 새로움을 향한 치열한 고민만이 절망에 젖은 현재의 나를 바꾸고 세상에 변화를 몰고 온다. 이것이 가능하기 때문에 뜨겁고 순수한 청년인 것이다. 또한 이것이 현실에 아파하는 청년들에게 『고민하는 힘』을 추천하는 이유다.

삶을 전면적으로 고민하라

'3포(연애·결혼·출산 포기)'를 외치던 청년세대가 '5포(3포+내 집 마련·인간관계 포기)', '7포(5포+꿈·희망 포기)'를 넘어 급기야는 'N포'를 선언하기에 이르렀다. 포기해야 할 게 너무 많아 숫자를 매길 수가 없단다. 여기에 암울한 소식 하나를 더 전한다. 그들이 50대 중장년층이 돼 있을 때쯤이면(2050년 기준) 5명당 3명꼴로 65세 이상 노인을 부양하고, 5명당 1명꼴로 유년기 아이들을 먹여 살려야 한단다. 이러니 "이생망(이번 생은 망했어)"이라는 소리가 절로 나올 밖에.

"포기하지 말고 네 운명을 사랑하라(amorfati)"는 말이라도 해주고 싶다. 그런데 왠지 휠체어 탄 환자에게 가끔 산보나 좀 하라는 말처럼 들릴까 싶어 겸연쩍다.

강상중 도쿄대 명예교수는 『고민하는 힘』에서 자유와 독립과 자아로 가득한 현대를 살아가는 우리가 지불해야 할 대가가 있다고 했다. 그것은 쓸쓸함이다. 강 교수는 그런 현대인의 정서가 불러일으키는 내면 풍경을 이렇게 묘사한다.

> 사람에 따라서는 '타자와의 관계에서 겉으로는 참고 견디고 진짜 자기는 감추는' 방법을 선택하는 사람도 있습니다. 그러나 그것이 어려워 완전히 자기 속에 파묻히는 사람도 있습니다. 질주하는 자기를 멈춰 세우지 못하고, 그렇다고 해서 누군가로부터 구원을 받지도 못해 악을 쓰며 비명을 지르고 싶어 하는 사람도 있습니다.(38쪽)

사람이라면 누구나 타인에게 인정받고 싶어 한다. 그것이 안 되니 자기 속에 파묻히거나 악을 쓰며 비명을 지르는 것이다. 과연 어떻게 해야 관계로 인한 이런 고통에서 벗어날 수 있을까. 다시 저자가 말한다. 인정을 받으려면 자신을 타자에게 던질 필요가 있다고, 그리고 그 던짐은 치열한 고민을 수반할 거라고.

> 시대는 이미 어중간함을 인정하지 않는 상태에 이르렀습니다. 따라서 어중간한 심각함이나 어중간한 낙관론을 버려야 합니다. 그리고 어중간하게 고민하는 것을 그만두지 않으면 자아를 세우는 것이나 타자를 수용하는 일도 할 수 없게 됩니다.(42쪽)

소세키와 베버의 눈으로 본 오늘

재일교포로 험난한 청춘을 지나온 강 교수는 한 개인으로서만이 아니라 일본에서 환대받지 못하는 한국인으로서도 심각한 정체성의 위기를 겪었다. 이는 그의 평생을 채운 이력일 듯하다. 도쿄대 교수라는 지식인의 명예와 일본 사회의 '적대적 이방인'이라는 고립감이 공존하는 삶을 살아왔으니 말이다(실제로 그는 일본 사회에 대한 비판적 견해로 인해 극우파의 칼에 맞을 것을 경계한 나머지 강연회 때마다 신문지를 배에 두른다고 한다). 그래서인지 실존적 고민 속에 삶의 의미를 치열하게 찾는 강 교수의 말이 결코 허투루 들리지 않는다.

이 책에 등장하는 소세키와 막스 베버에겐 공통점이 있다. 19세기 중반에 태어나 20세기 전반까지 살았다는 점, 제국주의가 지배하던 근대의 거친 격류에 맞서 시대를 꿰뚫어 보고자 고군분투했다는 점이다(그래서 둘 다 정신이상을 겪었는지도).

그들은 백 년 전 세기말을 겪으며 무엇에서 삶의 의미를 찾아야 하는지, 내면에서 끊임없이 솟는 '개인'의 문제를 어떻게 해결해야 하는지 치열하게 고민했다. 또한 그에 대한 답을 종교 등 외적 존재가 아닌 자신 안에서 찾기 위해 고군분투했다.

그들의 저작을 보고 있노라면 글자 하나하나를 피로 쓴 듯한 고행의 흔적이 느껴집니다. 매우 심원한 것인데 그것을 포기하지 않은 그들의 진지함과 정신력에 감탄할 따름입니다. 그리고 이렇게 말하는 나 또한 나를 믿을 수밖에 없는 '일인 종교'처럼 내 지성을 믿는 수밖에 없다고 생각합니다. (중략) '믿는 사람은 구원을 받는다'는 말은 궁극적으로는 그런 의미가 아닐 것입니다. 무엇인가 초월적 존재에 의지한 타력본원(他力本願)을 가리키는 것이 아니라고 생각합니다. (105~106쪽)

소세키와 막스 베버는 백 년 전에, 우리는 그들로부터 백 년 후에 똑같이 세기말의 혼란을 겪었다. 그러나 우리의 생각과 고민은 그들에 비해 너무 즉흥적이고 얕고 시끄럽다. 정보통신기술이 SNS와 같은 소통 공간을 비약적으로 넓혀준 것은 사실이지만 소통의 양만큼 노이즈에 불과한 소음도 늘었다. 거짓 정보, 가짜뉴스가 판을 친다. 광장으로 나와 자신 있게 주장하지 못하고 어두운 밀실에서 폭언을 내뱉는 키보드 워리어가 대거 등장한 것도 사실이다. 즉흥적이고 단편적인 생각의 비트(bit)가 우리의 삶을 너무 단편화시키는 건 아닐까. 그래서 우리는 깊은 성찰 없이 수박의 겉만 핥으며 세상을 판단하는 건 아닌가 말이다.

저자의 말에 따르면 우리는 삶을 천천히, 전면적으로 고민하는 과정에서 살아가는 힘을 얻을 수 있다. 고민을 한다고 해서 불행한 것이 아니다. 우리의 삶이 불행한 이유는 내가 지닌 문제를 남이 정한 잣대에 의존해 풀려고 하는 데 있다. 그러니 바깥으로 눈을 돌리지 말고 오직 내 삶, 내 생각에 주목해야 한다. 자력의 삶이란 그런 고민의 힘으로 얻어진다.

우리가 인생에 지불해야 할 삯

옛날 어느 왕이 나라의 모든 현자를 모아 이런 명령을 내렸다고 한다. "백성들이 살아가면서 익혀 두어야 할 귀감이 될 만한 글을 써서 올리시오." 그의 말에 현자들은 세상의 지혜를 모아 열두 권의 책을 만들어 왕에게 바쳤다. 그러나 왕은 받아들이지 않았다. "백성들이 읽지 않으면 소용이 없으니 책의 분량을 줄여주시오."

책은 절반으로 줄었다. 그래도 왕은 되돌려 보냈다. 책이 단 한 권으로 줄었어도 왕은 고개를 저었다. 급기야 한 권이 줄고 또 줄어 문장 하나로 정리되었다. 그 문장을 읽고 나서야 왕은 비로소 반색을 했다. "이거야말로 수많은 시대의 지혜가 집약된 결정체 아니겠소? 백성들이 이 문구를 깊이 새기고 실천한다면 살면서 해결하지 못할 문제가 없을 거요."

임금이 기뻐한 메시지가 궁금한가? 간단하다. '세상에 공짜는 없다'. 이 한 줄 뽑자고 땀 뻘뻘 흘리며 책을 열두 권이나 만든 현자들도 결국엔 동의했을 것이다. 그렇다. 뭔가를 얻고 싶다면 값을 치러야 한다. 그리고 우리가 인생에 지불해야 할 삯은 다름 아닌 '고민'이다. 고민 없이 성취되는 게 없음은 만고불변의 이치다. 물론 좌절과 비극의 씨앗을 잉태한 고민 앞에서 전전긍긍할 일도 있을 것이다. 그러나 이마저도 강 교수는 그러려니 하고 받아들이기를 권한다.

'해답이 없는 물음을 가지고 고민한다.' 그것은 결국 젊기 때문에 가능하다고 생각합니다. 달관한 어른이라면 그런 일은 애초에 시작도

하지 않습니다. (중략) 거기에는 좌절과 비극의 씨앗이 뿌려져 있기도 합니다. 미숙하기 때문에 의문을 능숙하게 처리하지 못하고 발이 걸려 넘어지기도 합니다. 위험한 곳에 빠지기도 합니다. 그렇지만 나는 그것이 청춘이라고 생각합니다.(85쪽)

청춘의 몫은 고민이라는 것이다. 청춘이여, 행복해지고 싶은가? 그렇다면 행복을 가로막는 자기 안의 어둠을 마주할 일이다. 거기에서 당신은 이유도 없이 출몰하는 '이매망량(온갖 유령과 도깨비)'을 만날 것이다. 물론 그런 위험을 슬쩍 피하며 원숙하게 사는 방법도 있다. 『고민하는 힘』의 저자에게는 진짜 원숙한 것이 아니라 그저 원숙한 흉내만 내는 것으로 여겨질 뿐이지만 말이다.

누군가는 청춘의 질풍노도를 지극히 소모적인 단계로 치부하기도 한다. 하지만 청춘은 타자와의 관계성을 미칠 듯이 추구하는 인생의 과정이다. 깨지고 부서지는 고통은 필연적으로 겪을 수밖에 없다. 그런데도 그런 치열함을 피해 원숙함만을 추구하려는 태도는 대체 무엇일까?

그것은 좋고 나쁨의 문제가 아니지만, 나는 인간관계에서 나타나는 일종의 발기불능이 아닐까 생각합니다.(87쪽)

물론 언제까지고 부서질 수만은 없다. 언젠가는 제대로 원숙해져야 한다. 하지만 초원을 휩쓴 영웅전사 중 몸에 흠집 하나 없는 이는 없다. 몸에 상처가 쌓이고 아무는 과정을 묵묵히 견딜 때 전사는 강함과 유연함을 겸비한 영웅으로 거듭난다. 강상중 교수가 '표층적으로 원숙한 것'의 반대 개념으로 말한 '청춘적으로 원숙한 것'의 의미는 바로 이런 것이다.

또한 청춘은 어느 단계에서 멈추는 것이 아니다. 청춘을 간직한 채 노련해질 수 있다. 피터팬이 사는 원더랜드의 주민이면서도 자상하고 지혜로운 부모가 될 수 있다는 말이다. 청춘만 고집하면 부러지기 쉽다. 오히려 노련함을 갖춰야 청춘이 소멸되지 않는다. 그게 바로 '뻔뻔해지는' 거다.

기성세대라고 해서 얌체처럼 지하철의 빈자리만 노리는 것은 아니다. 정작 청년보다 더 청춘스러우면서 지혜로운 사람도 많다. 교활한 세상이 청년들의 기를 꺾지만 이 노련한 청춘들은 어지간해서 꺾이지 않는다. 왜? 뻔뻔해서다. 다음과 같은 저자의 말은 일본뿐 아니라 우리 모두에게 적용된다고 볼 수 있다.

젊은 사람들이 더 크게 고민했으면 좋겠습니다. 그리고 고민을 계속해서 결국 뚫고 나가 뻔뻔해졌으면 좋겠습니다. 그런 새로운 파괴력이 없으면 지금의 일본은 변하지 않을 것이고 미래도 밝지 않을 것이라고 생각합니다. (170쪽)

키워드로 되짚는
『고민하는 힘』

강상중 지음 | 이경덕 옮김 | 사계절 | 2009년 03월 27일 출간

『고민하는 힘』은 나쓰메 소세키와 막스 베버의 혜안을 빌어 현대인의 문제를 성찰한 기록이다. 개인, 돈, 지식, 청춘, 믿음, 일, 사랑, 죽음, 늙음, 이 9개의 주제에 대한 차분한 사유가 담겨 있다. 이 모든 탐색의 과정을 관류하는 주제의식이 바로 '고민'이다.

Keyword 1 **자아** 17세기 프랑스 철학자 르네 데카르트(1596~1650)는 "코기토 에르고 숨(Cogito, ergo sum)"이라고 말했다. '나는 생각한다. 고로 존재한다'로 풀이되는 이 명제를 모르는 이는 없다. 데카르트 식으로 말하면 '나'는 곧 생각하는 주체다.

그런데 나, 곧 자아를 '자기중심주의'와 혼동해서는 안 된다. 자기중심주의는 타인의 기분은 아랑곳하지 않고 자기 생각만 밀어붙이는 것을 말한다. 생각하는 주체로서의 '나'는 시선을 외부에 두지 않고 자신에게 본질적인 물음을 던지는 존재다. 자아를 찾으려면 끊임없이 자기 자신에게 질문을 던지고 고민을 거듭해야 한다. 그런 치열한 자기 고민이야말로 청춘을 청춘이라 부를 수 있는 근거다.

Keyword 2 **타자와의 관계** 근대 이전은 주술적 세계였다. 태양이 신의 은혜일리 없고 사슴도 신이 주신 일용할 먹을거리가 아니었지만 객관적으로 그걸 증명할 증거가 없었다. 그러나 과학과 합리적 사고로 무장한 근대에 이르러

나는 나에게 누구인가

그런 믿음은 하나씩 떨어져 나간다. 그 결과 자연 속에서 친화적이던 인간, 자연의 일부로 인식되던 인간이 개별화된다. '우리'에서 '나'로 바뀐 것이다. 이 같은 근대적 자아는 개인의 자유를 기초로 한 개인주의와 맥을 같이한다.

근대 이후 자아는 개별자이며 타자와의 '상호 인정'에 의한 산물이며, 이를 인정하지 않는 일방적 자아는 존재할 수 없다고 여겨져 왔다. 중요한 것은, 인정을 받으려면 자기 자신을 타자에게 던질 필요가 있다는 점이다. 또한 자아가 비대해질수록 타자와 관계를 맺기 어려워진다. 카를 야스퍼스(1883~1969)는 이렇게 말했다. "자기의 성을 쌓는 자는 반드시 파멸한다."

Keyword 3 **진지함** "당신은 진지합니까?" 선생이 다짐하듯 물었다. "나는 과거의 인과 때문에 사람을 잘 믿지 않습니다. 사실 당신에게도 의심의 눈초리를 거두지 않고 있지요. 그렇지만 당신만은 의심하고 싶지 않아요. 당신은 의심하기에는 너무나 단순한 사람이거든요. 나는 죽기 전에 단 한 사람이라도 좋으니 누군가를 믿으며 죽고 싶습니다. 당신이 그 한 사람이 되어 줄 수 있습니까? 바로 그 사람이 되어 줄 수 있습니까? 당신은 뱃속까지 진지합니까?"

저자가 나쓰메 소세키의 소설 『마음』에서 인용한 내용이다. 타자와 연결되고 싶고 제대로 인정을 받고 싶을 때는 '어중간함'과 반대되는 '진지함'이 필요하다. 인생에는 진지하게 고민하고 타자와 마주해야만 하는 시기가 몇 번 있다. 고민의 밑바닥을 진지하게 계속 파고들면 그 끝이 있을 것이고 타자와 만날 수 있는 곳에 도달할 것이다. 가벼운 가운데 때로 진지한, 균형 있는 삶이 그래서 필요하다.

오늘
이 순간에
일어나는
것들 ——— 니코스 카잔차키스의 「그리스인 조르바」

누군가 내게 가장 좋아하는 영화가 무엇이냐고 묻는다면 주저 없이 〈죽은 시인의 사회〉라고 말할 것이다. 한참 광고에 대한 열정을 불태우던 시기에 만난 이 영화는 당시 사회생활을 시작한 내게 큰 울림을 주었다. 특히 '오늘을 즐겨라!'로 번역되는 라틴어 '카르페 디엠'은 현역에서 물러나 또 다른 인생을 개척하는 지금까지도 내 삶의 중요한 지침이 되고 있다.

최근 '욜로(YOLO)'라는 말을 자주 듣는다. '당신은 인생을 단 한 번만 살 수 있을 뿐(You Only Live Once)'이라는 뜻으로 언뜻 '카르페 디엠'과 비슷하게 느껴진다. 인생은 한 번뿐이라는 원래의 문장은 오래 전부터 쓰였지만, 이를 축약한 '욜로'는 2011년 미국 래퍼 드레이크의 노래 〈The Motto〉에 처음 등장해 전 세계적으로 유명해졌다. 그런데 가사의 의미를 잘 들여다보면 이 말이 마치 자살 같은 무모한 행동을 하기 전에 외치는 감탄사처럼 들린다. 실제로 서양에서는 오직 자신만의 행복을 위해 마음껏 소비하겠다는 부정적인 의미로 많이 회자됐다. 한국에 들어오면서 순화되긴 했지만, 여전히 이 욜로를 마치 내일은 없는 양 오늘을 소진하는 모습으로 받아들이는 경우가 많아 안타깝다.

헬조선이니 흙수저니 하는 말을 달고 사는 오늘의 청년들이 이 말에 빠져드는 것도 이해 못하는 바는 아니다. 최근의 한 조사 결과에 따르면 우리나라 20~30대 젊은이 가운데 67퍼센트가 "하고 싶은 일을 하지 못하면서 산다"고 말했다고 한다. 한창 꿈 많은 시기에 이전과는 사뭇 다른 막막하고 힘든 현실을 만났으니 욜로라는 말이 청년들 사이에 급격히 번지는 것도 당연하다.

하지만 '카르페 디엠'과 '욜로'는 근본적으로 다르다. 〈죽은 시인의 사회〉에서 '카르페 디엠'을 외치는 키팅 선생은 학생들에게 오늘을 즐기라고 당부하면서 이렇게 말한다. "그 누구도 아닌 자기 걸음을 걸어라. 나는 독특하다는 것을 믿어라. 누구나 몰려가는 줄에 설 필요는 없다. 자신만의 걸음으로 자기 길을 가라. 바보 같은 사람들이 뭐라고 비웃든 간에…."

결국 그 말은 머리가 아닌 가슴으로 살라는 뜻이다. 언론사 취업에 실패하고 뜻하지 않게 광고회사에 들어가 자괴감에 빠져있던 내게 다시 한 번 도전하라고 힘을 준 말이기도 하다.

욜로라는 말을 기왕 쓰고 싶다면, 오늘을 즐긴다는 말이 정말 무엇을 의미하는지 생각해보았으면 한다. 덧붙여 『그리스인 조르바』도 한

번쯤 읽어보길 바란다. 자신의 인생은 자신이 살아야 한다고 주장하는 조르바 역시 내일을 걱정하는 우리 청년들에게 인생에서 정작 중요한 것이 무엇인지를 일깨워주니 말이다.

호우시 료칸, 욜로 그리고 조르바

일본 이시카와(石川) 현 코마츠(小松) 시에 가면 호우시(法師)라는 료칸이 있다. 서기 718년에 개업해 46대를 이어 온 유서 깊은 곳이다. 세계에서 가장 오래된 호텔로 기네스북에 등재된 사실에 별다른 감흥이 일지 않는다면 이 여관이 개업했을 당시를 떠올려보자. 옆 동네인 한반도와 동아시아 대륙에는 통일신라와 당나라 사람들이 살고 있었다. 자그마치 1,300여 년이나 된 숙박업소다.

그 까마득한 옛날부터 21세기인 지금까지 살아남은 비결이 뭘까. 온천수를 관리하는 정성, 멋진 풍광의 정원, 일본인 특유의 친절 서비스, 최고의 식재료 등 여러 가지 이유가 있을 게다. 하지만 그보다는 단골을 만들지 않는다는 이 여관의 특이한 영업방침에 더 눈길이 간다. 영업장에서 단골을 마다한다니 희한하지 않은가.

알고 보니 단골이 생기면 손님 응대에 차별이 생겨서란다. 그래서 호우시 사람들은 손님을 처음 만날 때 이번 만남이 마지막이라고, 평생 단 한 번의 만남이라고 여기며 온 힘을 다한다고 한다. 46대 주인장이 자신을 다잡으며 붓으로 쓴다는 '일기일회(一期一會)'는 최선의 영업 태도를 다짐하는 주문이기도 하다.

기회(期會)란 '정기적인 만남'을 뜻한다. 이것을 일기일회(一期一會)로 늘여 쓰면 '한 번의 만남을 위한 단 한 번의 때'라는 말이 된다. 정기적인 만남은 인간관계에 친밀감이라는 미덕을 가져다주지만 그에 못지않게 타성의 습관도 쌓이게 한다. 하지만 그 만남을 일생 단 한 번뿐으로 여긴다면 어떨까. 현재의 인연을 미치도록 소중하게 여기지 않겠는가.

인생도 마찬가지다. 한번 가면 다시 오지 않는 인생이니 매사에 충실하고 현재를 살아야 한다. 이는 내일이 없는 듯 오늘을 소진하는 것과는 다르다. 『그리스인 조르바』는 현재에 충실한 삶을 산다는 것이 어떤 의미인지 잘 설명해준다. 뜬구름 잡는 담론이 아니라 소설답게 아주 구체적인 몸짓과 언어로 말이다. 가령 일기일회를 조르바 버전으로 표현하면 다음과 같다.

"새 길을 닦으려면 새 계획을 세워야지요. 나는 어제 일어난 일은 생각 안 합니다. 내일 일어날 일을 자문하지도 않아요. 내게 중요한 것은 오늘, 이 순간에 일어나는 일입니다. 나는 자신에게 묻지요. '조르바, 자네 지금 이 순간에 뭐 하는가?' '여자에게 키스하고 있네.' '조르바, 잘해보게. 키스할 동안 딴 일일랑 잊어버리게.' '이 세상에는 아무것도 없네. 자네와 그 여자밖에는. 키스나 실컷 하게.'"(391쪽)

입술 마주치는 것과 욜로가 무슨 상관일까. 하지만 그가 늙은 애인과 나눈 사랑의 의미를 이해한다면 고개를 끄덕일 수도 있겠다. 조르바가 한 이 말은 부불리나(오르탕스 부인)가 죽고 나서 두목(소설의 화자)과 나눈 대화의 일부다. 세월과 함께 퇴물이 됐지만 부불리나는 한 때 열강 함대의 제독들과 화려한 사랑을 나누던 카바레 여가수였다.

"이유를 알고 싶어요? 이 세상의 모든 카나바로(그 이름의 원 소유자
는 그녀와 사랑을 나눈 이들 중 하나인 이탈리아 해군제독)는 그 여자
에게 키스하면서도 자기 함대나, 왕이나, 크레타나, 훈장이나, 마누
라나… 이런 걸 생각했습니다. 그러나 나는 이런 걸 깡그리 잊어버
립니다." (391쪽)

조르바는 그녀가 전성기에 있었다 해도 자기만큼 사랑해준 남자는 없었을 거라고 단언한다. 왜냐하면 그때 그의 눈앞에 있는 것은 오직 늙은 부불리나의 입술뿐이었기 때문이다. 사랑뿐만 아니라 자신이 몰두하는 모든 대상 앞에서 조르바는 오직 직진으로 주행한다. 이 정도면 얼추 욜로에 대한 설명이 되지 않을까.

무균실 문 너머, 거기 깨달음이

"… 죽으면 말썽이 없지. 산다는 것은… 두목, 당신, 산다는 게 뭘 의
미하는지 아시오? 허리띠를 풀고 말썽거리를 만드는 게 바로 삶이
오!" (149쪽)

조르바가 보기에 순탄한 삶은 죽음과도 같다. 그런데 이 세상에 과

연 말썽 없는 삶이 존재하기는 할까. 불가능하다. 동물이든 식물이든 목숨을 가진 것이라면 언제나 변화하는 환경을 마주할 수밖에 없고, 그 속에서 우리는 부비트랩으로 가득한 삶을 만나게 된다. 여기저기서 터지는 파열음들이 한 생애를 채운다. 훌륭한 삶이라고 해도 다를 바 없다. 다만 자신에게 닥친 말썽을 최대한 현명하게 넘길 따름이다.

그런데도 욕심 많은 어른들은 말썽 제로의 삶을 원한다. 특히 자식에게는 더더욱 집요하다. 한평생 아무 걱정 없이 살 수 있도록 무균실이라도 차려줄 기세다. 단, 그 속에서 살려면 부모님이 시키는 대로 해야 한다는 조건이 붙는다. 그 공간은 이미 세상을 경험해본 이들의 지혜와 자식 사랑이 디폴트값으로 설정돼 있기 때문이다. 하라는 대로 하고 하지 말라는 것만 안 하면 일생이 평온하다. 말썽 없는 삶은 허상이지만 저 사랑의 무균실에서는 그런 삶이 실재할 것이라는 믿음이 통용된다.

물론 자식 대부분은 반기를 들 것이다. 그래도 남는 아이들은 남는다. 그들은 거칠게 일어나는 말썽의 파열음에 아예 귀를 닫고 있다. 그게 잘못된 선택일까. 적어도 조르바에게는 한소리 들을 만하다.

"… 당신은 영원히 귀머거리의 집 대문만 두드리는군!"(153쪽)

캣 스티븐스(Cat Stevens)라는 전설적 포크 가수가 들려주는 〈아버지와 아들(Father and Son)〉은 바로 저 무균실 문가에서 아버지와 아들이 나눈 대화다. 나직하고 다정한 목소리로 "아직은 변할 때가 아니란다(It's not time to make a change)"라고 말하는 아버지는 자식이

저 문을 나서길 원치 않는다. "나도 네 나이 때 다 겪어봤지만 결국 어른들 말씀이 옳더라. 날 봐라. 어른 말씀 고분고분 듣고 살아서 이렇게 행복하잖니?"

아들은 높고 격앙된 목소리로 그 말을 부정한다. 이번에는 아들에게 빙의된 가수의 음성에서 울먹임 섞인 떨림마저 전해진다. 뭔가를 하려고만 하면 말리기 급급한 아버지가 그만큼 답답한 거다. 그러나 여전히 아버지는 차분하게 자기 삶의 방식을 강요한다. 서둘지 말고 천천히 생각해보라고, 그러면 떠나고 싶은 마음도 점점 가실 거라고. 물론 아들이 이 말에 수긍할 리 없다. "하지만 그건 부모님께나 올바른 것이지 내겐 아니잖아요(But it's them they know, not me)."

노래는 결국 자신의 인생을 찾아가겠다는 아들의 목소리로 끝난다. 미지의 길로 들어선 그의 행로에 수많은 말썽이 기다리겠지만 인생을 향한 구애는 끊이지 않을 것이다.

조르바가 돌과 비와 꽃이 하는 말에 언제쯤 우리의 귀가 뚫릴 것인지를 물어온다. "두목, 어떻게 생각해요? 당신이 읽은 책에는 뭐라고 쓰여 있습디까?" 하지만 책에서 얻을 수 있는 답이 아니다. 세상과 살을 부대끼며 스스로 느껴야 하는 일이다. 그러다 보면 단 한 번뿐인 이 삶을 향해 우리의 오감이 열리고, 돌과 비와 꽃이 자신들의 언어로 응답해줄 날도 오지 않겠는가. 그때 우리 모두는 생의 예술가가 될 것이다. 경사면을 굴러가는 돌멩이에게서 불현듯 깨달음을 얻은 조르바처럼, 그런 조르바를 보며 경외감을 느끼던 두목처럼.

"사면에서 돌멩이는 다시 생명을 얻습니다." 나는 아무 말도 하지 않왔다. 하지만 내심 놀랍고도 기뻤다. (아무렴. 무릇 위대한 환상가와 위대한 시인은 사물을 이런 식으로 보지 않던가! 매사를 처음 대하는 것처럼! 매일 아침 그들은 눈앞에 펼쳐지는 새로운 세계를 본다. 아니, 보는 게 아니라 창조하는 것이다!)(199쪽)

줄을 잘라야 비로소 다가서는 것들

"이 세상이 아무리 나쁘더라도, 부모들은 항상 자녀들이 현존하는 환경에 스스로 적응할 수 있는 방식으로만 교육한다." 철학자 칸트 (Immanuel Kant)가 말했듯이 우리의 교육은 현존하는 환경, 곧 기성의 가치나 시스템에 익숙한 방향으로 진행되는 경우가 많다. 4차 산업혁명이 도래하면 500만 개의 직업을 기계에게 빼앗긴다는데도 여전히 우리는 자식에게 사(士) 자 달린 직업을 권한다.

빌 게이츠(Bill Gates)가 하버드를 중퇴하고 자기 집 차고에서 창업했다는 사실은 널리 알려진 일이다. 마이크로소프트가 전성기를 누리던 어느 날 그는 한 기자에게서 "이 순간 당신을 가장 두렵게 하는 것은 무엇인가?"라는 질문을 받았다. 그 답변으로 빌 게이츠는 '자기와 같이 어느 차고에서 무언가를 개발하고 있을 미래의 경쟁자'를 꼽았다. 당장 눈앞에 보이는 트렌드와 가치에 연연하는 이에게 미래가 보일 리 없다. 누군가는 지금 당장 빛나 보이는 길을 택하고, 또 누군가는 차고 속에서 차근차근 미래를 만들어간다.

욜로를 이야기하며 현재에 충실하라는 말을 했다. 이것을 현실에

연연하고 안주하라는 말로 받아들이면 곤란하다. 미래를 향해 나아
가되 지금 이 순간 자신이 가장 열망하는 방식을 취하라는 뜻이다. 내
가 원하는 삶을 찾기 위한 탐색과 그것을 실현하기 위한 용기와 노력.
결국 '나'에 대한 믿음 없이는 발휘할 수 없는 미덕이다. 나라는 인간
의 고삐를 쥔 사람도 결국에는 나다. 남이 그 고삐를 대신 잡아줄 수
없다. 그러니 캣 스티븐스의 노래 속 아들처럼 우리는 타인(아버지)이
아닌 자신(아들)의 의지대로 스스로를 움직여야 한다. 조르바가 오직
조르바 자신만을 믿는 이유도 이것이다.

"내가 조르바를 믿는 건, 내가 아는 것 중에서 아직 내 마음대로 할
수 있는 게 조르바뿐이기 때문이오. 나머지는 모조리 허깨비들이오.
나는 이 눈으로 보고 이 귀로 듣고 이 내장으로 삭여 내어요. 나머지
야 몽땅 허깨비지. 내가 죽으면 만사가 죽는 거요. 조르바가 죽으면
세계 전부가 나락으로 떨어질 게요."(82쪽)

이제 조르바의 마지막 권고만이 남았다. 진정으로 자신이 원하는
삶을 살고자 할 때의 전제조건을 그가 귀띔한다. 물론 이 또한 타인의
권고일 뿐이니 수용하고 안 하고는 고삐를 쥔 당신의 몫이다. 다만 너
무 잔머리를 굴리진 말자. 자신의 열망에 가장 충실히 현재를 살려면
관념이 아닌 몸의 언어에 익숙해져야 한다. 그것을 막는 관념의 유희
야말로 두목이 조르바에게 욕을 먹는 이유였다. 때로 인생은 당신 자
신이 판돈인 내기를 요구한다. 그러니 꿈을 이루고 싶은 자라면 저 판
앞에서 미적거리게 만드는 관념의 줄을 냉큼 자르고 뛰어들어라. 그

판돈은 허황된 관념이 아닌 몸과 땀으로 지불하는 것이기 때문이다.

"두목, 어려워요. 아주 어렵습니다. 그러려면 바보가 되어야 합니다. 바보, 아시겠어요? 모든 걸 도박에다 걸어야 합니다. 하지만 당신에게 좋은 머리가 있으니까 잘은 해나가겠지요. 인간의 머리란 식료품 상점과 같은 거예요. 계속 계산합니다. 얼마를 지불했고 얼마를 벌었으니까 이익은 얼마고 손해는 얼마다! 머리란 좀상스러운 가게 주인이지요. 가진 걸 다 걸어볼 생각은 않고 꼭 예비금을 남겨 두니까. 이러니 줄을 자를 수 없지요. (중략) 잘라야 인생을 제대로 보게 되는데!"(429쪽)

조르바는 자유인이다. 관념의 허상은 물론 선악이나 진위, 미추의 이분법에 매인 사람이 아니다. 그가 던진 말을 곱씹어보며 퍼즐 몇 개를 추려본다. 그것은 조르바라는 용기 있는 자유인의 풍모를 드러내는 단서가 될 것이다. 진리는 단순하다 했던가. 투박하지만 정곡을 찌르는 구절들이다.

Keyword 1 **존재의 주인은 몸이다** "시장하지 않으시다… 하지만 아침부터 아무것도 안 들지 않았어요? 육체에는 영혼이란 게 있습니다. 그걸 가엾게 여겨야겠지요. 두목, 육체에 먹을 걸 좀 줘요. 뭘 좀 먹이셔야지. 아시겠어요? 육체란 짐을 진 짐승과 같아요. 육체를 먹이지 않으면 언젠가는 길바닥에다 영혼을 팽개치고 말 거라고요."

Keyword 2 **선도 악도 아닌** "먹은 음식으로 뭘 하는가를 가르쳐주면, 당신이 어떤 사람인지 나는 말해줄 수 있어요. 혹자는 먹은 음식으로 비계와 똥을 만들고, 혹자는 일과 좋은 유머에 쓰고, 내가 듣기로 혹자는 하느님께 돌린다고 합디다. 그러니 인간에게 세 가지 부류가 있을 수밖에요. 두목, 나는 최악의 인간도 최선의 인간도 아니오. 중간쯤에 들겠지요. 나는 내가 먹는 걸 일과 좋은 유머에 쓴답니다. 과히 나쁠 것도 없겠지요!"

Keyword 3 **대립되는 것들의 하나됨** "어느 날 나는 조그만 마을로 갔습니다.

갔더니 아흔을 넘긴 듯한 할아버지 한 분이 바삐 아몬드 나무를 심고 있더군요. 그래서 내가 물었지요. '아니 할아버지! 아몬드 나무를 심고 계시잖아요?' 그랬더니 허리가 꼬부라진 이 할아버지가 고개를 돌리며, '오냐, 나는 죽지 않을 것 같은 기분이란다.' 내가 대꾸했죠. '저는 제가 금방이라도 죽을 것처럼 살고 있군요.' 자, 누가 맞을까요, 두목?" (중략) 나는 아무 대꾸도 하지 않았다. 두 갈래의 똑같이 험하고 가파른 길이 같은 봉우리에 이를 수도 있었다. 죽음이 존재하지 않는 듯이 사는 거나, 금방 죽을 것 같은 기분으로 사는 것은 어쩌면 똑같은 것인지도 모른다고 나는 생각해 왔다.

Keyword 4 **원초적 순수** "산투르를 치려면 환경이 좋아야 해요. 마음이 깨끗해야 하는 거예요. 마누라가 한 마디로 될 것을 열 마디 잔소리로 늘어놓는다면 무슨 기분으로 산투르를 치겠소? (중략) 산투르를 치려면 온갖 정성을 산투르에만 쏟아야 해요. 알아듣겠어요?" 그렇다. 나는 그제야 알아들었다. 조르바는 내가 오랫동안 찾아다녔으나 만날 수 없었던 바로 그 사람이었다. 그는 살아 있는 가슴과 커다랗고 푸짐한 언어를 쏟아내는 입과 위대한 야성의 영혼을 가진 사나이, 아직 모태(母胎)인 대지에서 탯줄이 떨어지지 않은 사나이였다. 언어, 예술, 사랑, 순수성, 정열의 의미는 그 노동자가 지껄인 가장 단순한 인간의 말로 내게 분명히 전해져 왔다.

한 인간으로 가족을 이해하다 ─── 최광현의 『가족의 발견』

잠을 깨우는 어머니께 얼굴을 붉히며 짜증을 낸 적이 있는가. 아니면 아버지의 사소한 잔소리에 거세게 대든 적이 있는가.

살면서 과연 우리는 가족에 대해 얼마나 깊이 생각할까. 그냥 부모니까, 그냥 형제니까 공기처럼 당연하게 곁에 있는 존재가 바로 가족이다. 특별한 사건이 없는 한 평소에 안부를 물을 일도, 건강을 챙길 일도 없다.

최근 1인 가구 '혼족'이 늘고 있다. 〈나 혼자 산다〉, 〈미운 우리 새끼〉, 〈혼술남녀〉 등 TV 방송을 비롯한 여러 언론에서 1인 가구에 대한 다양한 정보가 쏟아지고 있다. 통계청 조사 결과 2015년도 1인 가구는 520만으로 전체 가구 형태의 27.2퍼센트를 차지한다고 한다.

일본의 카프카라고 불리는 아베고보(安部公房)가 1973년 발표한

『상자인간』은 상자를 뒤집어쓴 채 익명으로 살아가는 고독한 개인의 모습을 그리고 있다. 비현실적인 모습이지만 그가 40여 년 전에 예견한 현대인의 삶은 오늘날 우리의 모습과 크게 다르지 않은 듯싶다. 디지털이 가속화되면서 저마다 자기만의 상자 하나씩을 만들고는 그 안에서 고립된 생활을 하고 있으니 말이다.

한번 생각해보자. SNS를 통해 알게 된 많은 사람 중에 진정한 관계를 맺고 있다고 생각되는 사람이 과연 몇이나 될까. 낮에는 직장에서, 혹은 학교에서 이런저런 사람들과 관계를 이어가며 바쁘게 살지만 저녁이 되면 허탈하고 지친 마음에 혼술, 혼밥을 하는 모습이 현대인의 삶이 아닐까 싶다.

이런 상황 속에 유일한 위안이 되는 존재가 가족일진대, 오히려 가족이라는 이유로 부모, 형제, 자식 간에 상처를 주고받는다. 어쩌면 이전 시대와 달리 모든 걸 혼자 해결하고 책임져야 하는 사회적 스트레스를 소중한 가족에게 풀고 있는 건 아닌가 하는 생각도 든다. 그렇게라도 하지 않으면 모진 사회를 살아낼 재간이 없어서 말이다.

가족 관계도 전 같지 않다고들 하지만 그래도 마지막 순간 내 손을 잡아 일으켜줄 존재는 다름 아닌 가족이다. 가족을 일컬어 '천륜'이라고 한다. 하늘이 맺어준 인연이니 끊으려야 끊을 수 없는 존재라는 의미다. 그런데, 어떻게 해도 끊어질 연이 아니기 때문에 오히려 함부로 대하기도 하고 위로의 말도 건네지 않는다.

청년들에게 이 책을 권하는 건 가족과 잘 지내라는 고리타분한 훈계를 하려는 것이 아니다. 다만 나와 평생 동안 관계를 이어가야 할 그 가족을 하나의 인간으로서 이해해볼 기회를 가져보라는 의미다.

그리고 내가 그들에게 상처를 입듯 나 역시 나도 모르게 그들에게 적지 않은 상처를 주고 있다는 것을 한번쯤 상기했으면 한다.

부정하고 싶다고 해도 가족은 내 일부다. 가족이라는 이름으로 맺어진 연이 아니라면 세상 그 어디에서도 대가 없는 사랑과 헌신을 기대할 수 없다. 또한 온전히 나를 내어주는 데서 오는 기쁨도 맛볼 수 없다.

그러니 나 살기 바쁘다고 변명하기 전에 한 번 생각해보자. 나는 가족에게 상처받지 않기를 바라는가. 아니면 나로 인해 가족이 상처받지 않기를 바라는가. 나는 가족에게 과연 떳떳한가.

가족과 군대가 닮은꼴이라고?

군대와 가족의 공통점이 있을까? 병역 의무 대상만 놓고 보면 군대는 대한민국 20대 남성이 국방의 의무를 수행하기 위해 모인 집단이다. 구성원들 간엔 그 어떤 연결 고리도 없다. 이에 비해 가족은 혈연으로 이뤄진 운명 공동체. 대체 둘 사이에서 무슨 공통점을 찾을 수 있을까. 그런데 곰곰이 생각해보니 하나 떠오르는 것이 있다. 바로 '강제성' 또는 '불가항력'이란 말로 대변되는 독특한 성격이다.

가족은 애초부터 내가 선택할 수 있는 대상이 아니다. 그냥 태어나보니 엄마, 아빠로 불러야 할 어른 여자와 남자가 내 눈앞에 있었다. 살아보니 마음에 들지 않는다고 소속을 옮길 수도 없다. 힘들 때 위로가 되지만 때로는 벗어날 길 없는 숙명의 굴레로 여겨지는 것, 그게 가족이다.

이제 생활관의 동료들을 둘러보자. 이 중에 군대에 너무 오고 싶어 제 발로 달려온 친구가 몇이나 될까. 대개는 나라가 정한 병역의 의무 때문에 모였을 뿐이다. 입영소에서 가족이나 애인과 헤어질 땐 억울하다는 생각도 들었을 것이다. 하지만 그렇다고 위병소를 박차고 나갈 수는 없는 일. 좋든 싫든 한 2년은 한 생활관에서 부대끼며 살아가야 한다. 적어도 불가항력이라는 측면에서, 쉽게 말해 내 의지로 통제할 수 없다는 점에서 가족과 전우는 동류항이다. 『가족의 발견』을 읽으며 언뜻언뜻 군 생활에 적용시켜 보게 되는 이유가 그래서였던가. 이 책에서 다루는 가족에 관한 심리학을 군대 생활에 적용해보는 것도 재미있을 듯하다.

당신은 어떤 권력자인가

저자가 무라카미 하루키의 『1Q84』에서 인용한 구절처럼 어떤 사람이든 사고나 행동에 반드시 패턴이 있고, 그런 패턴이 있으면 거기에 약점이 생긴다. 생각하고 행동하는 패턴은 사람마다 다르고 한순간에 만들어지지도 않는다. 오랜 시간 학습된 것으로 그만큼 굳어져 있기 쉽다. 그래서 하루키는 인간의 사고와 행동 패턴이 우리의 삶에 틀을 만들고 자유를 제약하는 요인이 된다고 말한다.

컴퓨터 용어로 정보를 주고받을 때 필요한 통신 방법상의 규칙이나 약속을 프로토콜(protocol)이라고 한다. 소통이라는 측면에서 볼 때 인간은 꽤나 섬세한 프로토콜을 요구하는 존재다. 그만큼 호환이 쉽지 않다. 때로 버퍼링이 심하게 일어나는데 이를 감정의 언어로 해석하면 '상처'가 된다. 특히 군대에서는 정도가 심해질 수 있다. 하루키가 말한 패턴의 측면에서 볼 때, 군대는 살아온 내력이 천차만별인 개개인이 모인 곳이다. 게다가 모인 이유 역시 자발적 의사보다는 강제적 요인이 크다. 불만이 없을 수 없고 불협화음을 일으킬 여지 또한 다분하다.

오래 부대끼고 살아온 가족도 서로 맞지 않아 상처를 주고받기 십상이다. 하물며 설익은 젊은이들이 모인 군대 생활관은 어떻겠는가. 그래서 우리에게는 상처를 최소화하기 위한 하나의 프로토콜이 필요해진다. 그것은 상대방 역시 나처럼 존중받고 싶어 하는 존재임을 인정하는 것이다.

> 모든 인간은 권력을 추구한다. 단지 힘에 대한 갈망이 아니라 인정받기 위해서, 자존감을 획득하고 자기의 삶의 의미를 얻기 위해서이다.(53쪽)

여기서의 권력은 자기 삶에 대한 주권을 말한다. 말단 신병부터 지휘관까지, 각자 인간으로서 존중받고 싶은 욕망은 계급과 관계없이 존재한다. 그러나 사람이 모인 곳에서는 권력의 높고 낮음이 생기게 마련이고, 특히 군대처럼 상명하복 문화가 지배적인 곳에서는 높낮음이 특히 심할 수밖에 없다. 이때 지휘관이 병사에게, 선임이 후임에게 폭군이 되는 방법은 간단하다. 자존감을 일시에 무너뜨리는 것이다. 속칭 '까라면 까' 식의 언어폭력이 대표적인 예다.

아무리 명령에 따라 움직이는 입장이라 해도 무시당하는 느낌이 들면 마음이 따르지 않는다. 명령의 진정한 권위는 윽박지르는 소리의 크기가 아니라 명령의 타당함에 비례한다. 불합리한 명령일수록 부하가 받는 굴욕감은 커진다. 그런 상사를 누가 사랑하겠는가. 합리적인 자세로 부하를 포용하는 리더는 삶 자체로 자식에게 본이 되는 아버지와 같다. 굳이 애쓰지 않아도 그는 이미 존경받는 가장이며 그의 말에는 권위가 선다. 그러나 쉽게 동요하고 자기도취적인 당신이라면 불가능하다. 어느 못난 아버지처럼, 부하에게 불쑥불쑥 자기 내면의 불만과 감정적 동요를 드러낼 뿐이다.

> 우리의 의식은 모순도, 아픔도 애써 자신의 것으로 받아들이고 살아가려 하지만, 무의식 속에 있는 그림자 인격은 그러한 자아를 순순히 따르지 않는다. 그림자는 더욱 커지게 되고, 이로 인한 심리적 불균형은 어떤 식으로든 그림자를 해소할 것을 요구한다. 그러는 사이 아버지들은 자기도 모르게 가족을 그림자 해소 도구로 사용하게 된다.(113쪽)

결국 못난 선배 하나 때문에 후임들만 고통을 받는다. 그들이 굳은 얼굴로 입을 다무는 이유는 단지 기분이 나빠서가 아니다. 자신이 어느 미성숙한 인간의 기분풀이 도구로 이용된다는 자괴감 때문이다. 단순히 개인 대 개인의 갈등으로만 그치면 좋으련만, 더 큰 문제가 있다. 건강하던 생활관의 질서가 그 사람 하나로 인해 무너지게 된다는 사실이다. 이제부터 생활관을 움직이는 것은 합리적인 룰이 아니라 '그의 기분'이다.

이야기는 다시 쓸 수 있다

분대장이 자신의 감정을 분대원들에게 마구 쏟아낸다면 병영은 누군가에게 지옥이 된다. 폭력적인 아버지를 둔 자식들이 경험하는 공포와 비슷할 것이다. 그렇다고 생활관을 뛰쳐나갈 수는 없는 노릇. 그때 군대는 닫힌 공간이 된다. 출구 없는 절망이 어떤 선택으로 치닫는지는 이미 수많은 병영 사고로 증명됐다.

그래서 선임의 균형 잡힌 시각이 중요하다. 그것은 성숙한 인격에서 나오며 자신의 내면을 잘 살펴야 가능한 일이다. 자기 안의 그림자를 찾아 이를 잘 다독이는 사람만이 진심으로 타인을 감싸 안을 수 있다. 리더의 넓은 품은 그런 성숙의 과정을 거쳐 만들어진다.

불안, 상처, 미움… 그 그림자의 이름이 무엇이든지 그것에 눌려 타인에게 자신의 불만 가득한 감정을 떠넘겨선 안 된다. 물론 성숙의 과정은 쉽지 않다. 또한 거기엔 꼭 필요한 요소가 있다. 다름 아닌 주변 사람의 따뜻한 위로와 공감이다.

자기중심적 사고에 사로잡힌 사람이 균형 있는 시각을 회복하기 위해서는 무엇보다도 '공감'이라는 치료제가 필요하다. 가족과 주변 사람들로부터 공감받고 위로받아야 자기 자신의 상처와 감정을 감싸 안을 수 있다. 그러면 자기중심적 사고에 대해 들여다볼 수 있는 마음의 여유가 생기고, 자신과 타인 간에 생각의 차이가 존재한다는 사실을 받아들일 수 있게 된다.(136쪽)

인생이란 결국 사람과 사람이 만들어가는 이야기다. 긴 인생에서 잠시 머물다 가는 군 생활도 결국 우리 인생의 한 대목이다. 거기엔 상처도 있고 전우애도 있고 온갖 희로애락이 있다. 이 모든 것을 행복한 이야기로 추억하려면 지금 이 순간 함께하는 우리가 행복해져야 한다. 저 선임도, 언젠가 선임이 될 나도.

만일 현재의 병영일기가 그다지 행복한 내용으로 채워져 있지 않다면 이제라도 다시 써야 한다. 저자는 행복하지 않은 가족의 변화를 위해 호주의 가족심리치료사 마이클 화이트(Michael White)가 제시한 방법을 소개하고 있다. 마이클 화이트는 가족마다 이야기를 가지고 있고, 그것이 가족 구성원의 생각과 행동을 좌우한다고 말한다. 쉽게 말해 '우리 가족은 너무 불행하다'고 스스로 규정하면 불행을 자기 가족의 운명으로 받아들이게 된다는 얘기다.

가족의 문제와 갈등을 해결하고 가족을 좀 더 긍정적인 방향으로 변화시키기 위해서는 무엇보다 먼저 가족이 기존에 가지고 있던 이야기를 해체하고 새로운 이야기를 만들어 내는 작업이 필요하다.(256쪽)

드라마를 새로 쓰려면 등장인물의 캐릭터에도 많은 변화가 따라야 한다. 그 변화의 출발점은 언제나 우리 자신, 즉 주인공이다. 주인공의 긍정적인 변화 없이 해피엔딩을 기대하기란 어렵다. 그 과정에서 우리는 스스로를 되돌아보게 될 것이다. 자기 내면의 가장 힘겨운 감정조차 객관화해서 볼 수 있어야 비로소 나를 주인공으로 한 새로운 드라마를 쓸 수 있을 것이다. 가족을 주제로 한 드라마든 병영을 무대로 하는 드라마든 말이다.

> 자신의 상처에 '말'이라는 옷을 입혀 표현할 수 있다면 말 못할 괴로움에서 벗어날 수 있다. 지금껏 말하지 못했던 것을 이야기와 생각을 통해 정리하고 구분하는 행위는 감정적인 부담을 크게 덜어준다. 자기가 겪었던 트라우마를 말로 표현할 수 있다면 그 상처는 이제 덜 아프고 통제할 수 있는 상처로 변할 것이다.(260쪽)

키워드로 되짚는
『가족의 발견』

최광현 지음 | 부키 | 2014년 12월 19일 출간

가족의 삶은 구성원 개개인의 상호작용으로 만들어진다. 그 상호작용이 행복한 웃음으로 마무리된다면 좋으련만, 아쉽게도 그간 주고받은 많은 상처들이 이를 방해한다. 가족의 심리치료는 이 상처로 인해 꼬인 매듭을 풀어내는 일이다.

Keyword 1 **요나 콤플렉스** 자아실현심리학의 창시자 에이브러햄 매슬로(Abraham Maslow)가 말한 요나 콤플레스는 착한 사람들이 가진 지나친 겸손과 조심성, 소극적인 태도의 기저에 깔린 심리를 가리킨다. 우리는 착한 사람이 되라는 말을 수없이 들으며 자랐다. 그러나 성인이 돼서 만난 사회는 착하면 복을 받는다는 법칙이 통용되지 않는 곳이다. 그때부터 마음의 병이 시작된다. 그러니 굳이 착하게 살 필요는 없다. 단, 이 말을 악하게 살라는 말로 받아들이면 곤란하다. 이는 타인의 시선을 벗어나 자신의 인생을 살라는, 딱 그만큼의 담백한 권고다.

Keyword 2 **불행의 대물림** "마치 건물의 회전문을 통과하듯이 가족은 세대 전수를 통해 비슷한 삶을 살아간다." 보스조르메니 나지(Ivan Boszormeni-Nagy)라는 가족치료사가 한 말이란다. 우리 사회에 전해지는 말 중에도 "딸은 엄마의 인생을 닮고, 아들은 아빠의 인생을 닮는다"는 말이 있다. 부모는 자신과 자녀를 동일시해 자녀에게 감정과 욕망을 투사하고, 부모가 억눌러

왔던 감정과 욕망은 자녀에게서 실현된다. 자녀 입장에서는 억울할 법도 하다. 하루아침에 이를 바꿀 순 없지만, 가족 안에서 반복되고 있는 갈등이 세대를 통해 전이되고 있다는 것을 이해하기만 해도 주고받는 상처의 정도가 덜해진다.

Keyword 3 **가족은 살아있는 유기체** 가족상담사들은 가족을 살아 있는 하나의 유기체로 본다. 가족 구성원이 따로 독립된 존재가 아니라 끊임없이 상호작용하며 존재하기 때문이다. 그래서 가족 안에서 한 구성원에게 문제가 생길 경우 가족 전체의 문제로 확산된다. 마치 자연 생태계에서 어떤 종이 변화를 겪으면 다른 종에게도 영향이 미치는 것과 유사하다. 또 홍수와 가뭄, 각종 재해 속에서도 자연이 생태적 균형을 유지하듯 가족도 경제적 어려움이나 부부싸움 등의 어려움 속에서도 다시 일정한 균형을 맞추곤 한다. 위기는 바로 그 균형 상태를 회복하지 못할 때 찾아온다. 깨진 가족의 균형을 회복하는 건 구성원 개인의 작은 변화다. 가족 중 누군가 자신의 본질을 찾고 제 자리를 찾게 되면 그 변화는 가족 전체의 변화로 이어지게 된다.

Keyword 4 **공감으로 보듬기** "지금까지 수많은 가족을 상담하면서 내가 알게 된 건, 진짜 문제는 트라우마를 일으킨 사건 그 자체라기보다는 자신의 트라우마에 대해 어떤 이해도, 공감도 받지 못했던 데 대한 절망과 슬픔이라는 사실이다." 저자가 고백하듯이 '공감'은 심리치료에서 아주 중요한 요소라 할 수 있다. 불행한 일을 겪은 이들의 내면에는 분노, 슬픔, 불안, 공포 같은 부정적인 감정이 싹튼다. 어린 시절에 겪은 불행이 아직도 해소되지 않은 경우라면 그 감정들은 더욱 뿌리 깊게 박혀 있을 것이다. 이를 치료하는 데 사랑하는 사람과의 따뜻한 소통과 공감은 큰 힘이 된다.

I

무너진 마음은 다시 쌓으면 된다.

아니, 한 번 쌓은 마음이 영원할 거라 믿어서도 안 된다.

고인 물이 썩듯이 쌓은 마음에도

이끼와 먼지가 앉기 때문이다.

그러니 허물어진 마음을 다시 일으켜 세우기를

당연히 받아들여야 한다.

중요한 것은 그 과정을 반복하며

자신이 가닿을 미래를

건강하게 희망하는 것이 아니겠는가.

I

내 감정의 주인이 되려면

불안한 나를 위하여 ———————— 알랭 드 보통의 『철학의 위안』

　내게도 이등병 시절이 있었다. 아무것도 모르고 아무 생각도 하지 못한 채 정해진 규율에만 충실했다. 어리기도 했거니와 군대라는 조직이 주는 낯선 분위기가 이등병인 나를 더 위축 들게 만들었다. 게다가 입대 전에, 휴가 나온 친구들한테서 군대 고참병들의 전설 같은 괴소문(?)을 들은 터라 바짝 긴장할 수밖에 없었다. 입대를 앞둔 내게 한 교수님이 당부하신 말씀대로 "절대 요령 피지 마라", "시키면 시키는 대로 해라"를 모토 삼아 이등병 시절을 정신없이 보냈다. 하지만 그도 잠시, 처음과 달리 낯설고 두려웠던 병영생활도 제법 익숙해졌고 규칙적인 일상이 주는 또 다른 재미도 알게 됐다. 닥치면 다 적응하게 돼있다던 어느 선배의 말이 새삼 와 닿기도 했다.

　그때를 돌이켜보면 인간은 확실히 적응의 동물이 맞는 듯하다. '철학'은 현실의 충격을 완화해 부드럽게 적응할 수 있도록 돕는다는 세네카의 말도 떠오른다. 나는 고참이 되면서 물리적으로나 정신적으로 웬만큼 여유가 생기는 것을 느꼈다. 처음의 불안감은 조금씩 누그러들었고 생각이 단순 명쾌해졌다. 사회에 있을 때와 달리 복잡다단한 문제들이 차단되는 효과가 있었던 것이다.

의외로 혼자서 생각을 할 수 있는 시간이 많다 보니 힘이 든 순간에도 나 스스로 묻고 스스로 답을 내리는 일도 늘었다. 어쩔 수 없는 일에 연연한들 딱히 묘수가 있는 것도 아니니, 그렇게 자문자답하며 어려운 고비를 넘겼던 것이다. '이 또한 지나가리라'라는 말을 주문처럼 되뇌며 말이다. 어느 순간에는 "영혼을 위한 의술이 바로 철학이다"라고 말한 고대 로마 철학자 키케로처럼, 스스로 자신을 치료하며 힘든 순간들을 견뎌대고 있는 나 자신이 대견스럽기까지 했다. 감히 말하건대, 이것이 나 스스로 터득한 실존철학이 아니었을까.

철학은 어렵다. 실제로 복잡하고 난해해보이기도 한다. 하지만 고고한 철학자의 어렵고 관념적인 철학도 현실 속으로 들어오면 나만의 새로운 실존철학이 된다. 특히 두렵고 불안한 삶을 사는 사람들에게는 오히려 뜻밖의 지침과 적지 않은 위안이 될 수 있다. 삶이 불안하다면, 그래서 생각이 복잡하다면 가끔은 고매한 철학자들과의 소개팅을 준비해보라.

잡념을 떨치고 조용히 그들과 함께 나만을 위한 실존철학을 논의해보자. 단언컨대, 눈앞의 현실적인 삶에 대한 색다른 위안을 발견할 수 있을 것이다. 실존철학은 배우는 것이 아니다. 그냥 사는 것이다. 살면서 만들어 가는 것이다.

저마다 철학자가 돼야 하는 이유

'불안한 존재들을 위하여'라는 부제가 붙은 알랭 드 보통(Alain de Botton)의 『철학의 위안』을 펼쳐 든다. 아무리 인문학 열풍이 뜨겁다고 해도 철학은 사실 좀 버겁다. 비트 단위로 세상이 변하는 요즘에는 철지난 학문으로 비치기도 한다. 게다가 인기 전공이나 유망 취업 분야는 더더욱 아니다.

그럼에도 철학은 중요하다. 아니, 인간 치고 철학과 상관없이 사는 사람은 없다. 저잣거리의 철학이든 직업철학자의 전공지식이든 누구나 마음속에는 철학하는 사람이 살고 있다. 그러니 이제부터 철학을 논할 때 전문가들 사이에 오가는 복잡한 논쟁을 떠올리진 말자. 그저 일상적으로 '내가 생각하고 행동하는 준거가 되는 가치관' 정도, 조금 덧붙여 더 나은 삶을 향해 한 걸음 나아가게 하는 의미쯤으로 규정하면 좋겠다. 이 책을 쓴 알랭 드 보통 역시 철학에 대해 거창한 의미를 부여하고 있는 것 같지는 않다.

> 우리가 철학자들에게 기대할 수 있는 것은 각자의 용렬함을 극복하는 데에 필요한 도움이다.(21쪽)

'용렬하다'의 사전적 의미는 '사람이 변변치 못하고 졸렬하다'이다. 무지해서 용렬해질 수도 있고, 인격 수양이 덜 된 탓에 그럴 수도 있다. 그런데 이 책의 부제 '불안한 존재들을 위하여'를 떠올리니 문득, 어쩌면 저자가 불안감과 용렬함 사이에 밀접한 관계가 있다고 여긴 건 아닐까 하는 생각이 든다.

어쨌든 인간은 불안할 때 좀 더 용렬해진다. 불안이라는 정서는 결국 어떤 상황을 제 힘으로 통제하지 못하고 불가항력으로 휩쓸릴 때 느끼는 것 아닌가. 야구로 치자면 투수와의 수 싸움에서 진 타자처럼 말이다. 이때 투수는 '운명'이고, 타자는 투수의 수를 예측할 수 없는 나약한 '인간'이다(물론 타자가 강하면 투수와 처지가 바뀌기도 한다). 패스트볼? 슬라이더? 커터 아니면 체인지업? 무슨 공이 날아올지 모르니 대처할 길이 없다. 그래서 폼은 무너지고 헛스윙만 남발한다. 불안한 자의 몸짓이 그렇다. 게다가 2천 년 전 세네카가 한 말이 맞다면, 설상가상으로 저 타자는 태생적인 B급이다.

> 인간이란 무엇인가? 약간의 충격, 약간의 타격에도 터질 수 있는 혈관…… 자연 그대로의 상황에서는 무방비이고 다른 사람의 도움에 의존해야 하고, 운명의 여신이 내리는 온갖 모욕에 고스란히 노출된, 허약하고 부서지기 쉽고 발가벗은 육체. ―『마르키아에게 보내는 위로문』(120쪽)

알랭 드 보통은 그래서 철학이 필요하다고 말했다. 철학은 그처럼 '안정되지 않은(不安)' 존재를 '위로하여 안정시키는(慰安)' 역할을 하기 때문이다. 이 책에서 소개하는 6인의 철인(哲人)들, 소크라테스를 비롯해 에피쿠로스, 세네카, 몽테뉴, 쇼펜하우어, 니체의 안내로 우리는 서로 다른 버전의 불안 극복 매뉴얼을 접하게 될 것이다. 그러나 먼저 해야 할 것이 있다. 내 불안의 정체를 들여다보는 일, 바로 그것이다. 당신은 과연 무엇 때문에 불안해하는가?

입영통지서를 들고 있는 그대에게

현재 군대에 와 있거나 조만간 올 예정이라면 무엇이 가장 불안할까? 한창 자유를 구가하던 시절에 꼼짝없이 맞닥뜨려야 하는 상명하복의 문화, 농담으로만 받아들일 수 없는 온갖 '빡센' 군 생활 전설들…. 그래서 많은 청년들이 오늘도 입영통지서를 받아 들고 세상 끝난 표정을 짓는다. 하지만 그들이 느끼는 불안은 단지 미지의 세계 앞에서 느끼는 막연한 감정이 아니다. 보다 현실적인 차원에서 이해되어야 한다.

우선, 한창 미래를 위해 달려가야 하는 과정이 단절된다는 불안이 있다. 국가고시나 취업 준비 과정은 물론 심지어 생계까지 일시 멈춤 상태가 돼버리는 것이다. 가뜩이나 경쟁이 치열한 세상에서 전력으로 질주해도 모자랄 판에 내 인생의 엔진만 공회전을 해대는 느낌일 것이다. 그런 사람에게 재충전의 시간이니 이보 전진을 위한 일보 후퇴니 하는 위로는 큰 의미가 없다. 그들에게 닥친 일시 멈춤 상태는 그저 허송세월로 여겨지기 십상이니까.

또 다른 불안은 자기가 이 상황을 어찌 할 수 없다는 무력감에서 온다. 단지 입영통지서를 받았을 때만이 아니다. 신병교육을 마치고 자대배치를 받으면 본격적인 고난의 행군이 시작된다. 편해졌다지만 그래도 군대는 군대다. 명령에 의해 일사불란하게 움직이는 것이 미덕인 조직이다. 그 명령이 아무리 합리적이더라도 누군가의 강제에 구속된 삶이 유쾌할 리 없다.

게다가 군대 다녀오면 바보가 된다는 말은 왜 그리들 많이 하는가. 물론 아주 틀린 말은 아니다. 군대란 전쟁을 전제로 성립된 조직이기 때문에, 다급한 위기의 순간에 민주적 운영 절차를 따르는 데는 한계가 있다. 엄밀히 말해 전장이 요구하는 덕목은 생존이지 도덕이 아니기 때문이다. 따라서 민주 사회의 문화인 대화나 타협과는 모순된 상황이 발생하기도 한다. 캠퍼스로 복귀한 예비역 학생들이 가끔 군대와 사회를 혼동하는 멀미 증세를 보이기도 하는데, 선배의 그런 모습이 자신의 미래처럼 느껴지기도 할 것이다.

인생에 필요한 쓴 약

결핍에서 오는 고통만 제거된다면, 검소하기 짝이 없는 음식도 호화로운 식탁 못지않은 쾌락을 제공한다. -『메노이케우스에게 보내는 서한』(86쪽)

그래도 어차피 거쳐야 할 군 생활이라면 에피쿠로스가 한 저 말을 곱씹어보면 어떨까. 여전히 불만 가득한 심사를 품고 군 생활 2년을 보낼 수도 있다. 허나 당신이 힘들어도 긍정적인 마음으로 임한다면 군 생활이 또 다른 성장의 장이 될 수도 있다. 선택은 당신의 몫이다. 『철학의 위안』에서 저자가 하려는 말도 결국 '긍정하라'로 압축된다. 자신이 어찌 할 수 없는 운명에 대해서도 그렇다. 우리는 이미 소크라테스에게서 그러한 태도의 전범을 봤다. 세네카 역시 한때 제자였던 네로 황제로부터 자결 명령을 받고도 그 불가항력의 운명을 긍정했다. 하지만 역사는 소크라테스와 세네카를 나약한 겁쟁이라 부르지 않는다. 아마 어떤 독으로도 죽이지 못할 그들의 강인한 신념 때문이었을 게다. 그리고 보면 죽음 앞에서 건넨 소크라테스의 말에는 확실히 불안한 떨림은 느껴지지 않는다.

> 나는 숨을 쉬는 한, 그리고 지적 능력을 잃지 않는 한, 철학을 가르치고, 사람들을 훈계하고, 만나는 모든 사람들을 위해서 진리를 명료하게 밝히는 일을 결코 멈추지 않을 것이오. (중략) 그대들이 나를 무죄로 하든 말든, 나는 나 자신의 행동을 바꾸지 않을 것임을 그대들은 알게 될 것이오, 일백 번을 더 고쳐 죽는다고 해도 말이오. -『변명』
> (10쪽)

입영통지서와 독배를 비교하는 건 사실 좀 과하다. 하지만 그 정도는 아니더라도 군 생활이 마냥 지겹고 무의미한 것으로 느껴진다면 알랭 드 보통이 건네는 짧은 조언에 귀기울여보았으면 한다. "우리는 인간 존재의 피할 수 없는 불완전성과 화해해야만 한다."

단, 기억해야 할 사실이 있다. 그가 말하는 화해란 인간의 불완전성을 포용하라는 의미이지 아무 상황에서나 대강 타협하며 살라는 말은 아니다. 소크라테스가 "악법도 법이다"라고 한 것 역시 불의 앞에서 순응하는 태도로 받아들여선 곤란하다. 그가 독배를 들면서도 꺾지 않았던 신념에 주목해야 한다.

니체는 "존재를 통해서 가장 위대한 성취와 가장 위대한 즐거움을 일궈내는 비결은 위험을 감수하며 사는 것"이라고 했다. 현실이 불안한가? 그렇다면 소크라테스와 세네카가 보여준 당당함을 기억하자. 크든 작든 인생에는 고난과 역경이라는 쓴 약이 필요하다.

쉬운 해법에만 도취되지 말자. 어쩌면 그것은 우리에게 필요한 고통을 외면하게 만드는 마취제일지 모른다. 아마도 니체가 남긴 이 말이 불안한 생 앞에 선 우리에게 정말 좋은 약이 되지 않을까 생각해본다.

즉각적으로 효과를 나타내는 수단들, 마취와 도취, 이른바 위안들이 어리석게도 실질적인 치유책으로 생각되었다. 알려지지 않은 사실은 (중략) 고통을 곧장 진정시키는 방법들은 그 고통을 낳은 불만을 일반적으로 더욱 깊이 악화시키는 대가를 치른다는 것이다. -『서광』(328쪽)

두 번째 질문

키워드로 되짚는
『철학의 위안』

알랭 드 보통 지음 | 정명진 옮김 | 청미래 | 2012년 04월 05일 출간

소크라테스, 에피쿠로스, 세네카, 몽테뉴, 쇼펜하우어, 니체. 6인 6색의 생애와 사상을 살필 차례. 이들이 철학의 본질과 목적을 찾는 과정을 좇다 보면 인간 존재의 불안과 그것을 극복할 수 있는 지혜를 배울 수 있다. 철학이란 결국 저 불안한 생의 바다를 헤쳐가게 해줄 위안과 행복의 부표를 찾는 일 아닐까.

Keyword 1 **소크라테스-용기** 인기에 영합하지 않고 자신의 신념을 지키며 사는 삶이 얼마나 가치 있는지를 소크라테스는 자신의 일생으로 보여줬다. 미움을 받아 독배를 들이키는 마지막 순간에도 결코 당당함을 잃지 않았는데, 스스로에 대한 신념과 철학에 대한 확고한 사랑이 없었다면 불가능했을 것이다. 우리는 스스로의 행위를 평가할 때 종종 다수의 시선에 기댄다. 이때의 시선이 바로 '권위'다. 타인이 세운 기준과 견해를 맹종하지 않고 스스로 행위의 준칙을 세우는 용기야말로 소크라테스가 죽음을 통해 우리에게 남긴 교훈이다.

Keyword 2 **에피쿠로스-우정** 쾌락주의자로 알려진 에피쿠로스. 그에게 지고의 쾌락과 행복은 물질이 아닌 '친구', '사색', '자유'와 같은 가치에서 얻을 수 있는 것이었다. 내 마음과 존재의 가치를 알아주는 '친구'가 있다면, 다른 이의 평가에서 벗어나 나만의 온전한 행복을 찾을 수 있는 '자유'가 있다면,

내 감정의 주인이 되려면

삶의 불안과 두려움, 위협에 대한 걱정에서 해방시켜 줄 '사색'이 있다면, 에피쿠로스의 주장처럼 우리도 행복해질 수 있다. 물질에 대한 소비로 허기를 달래려 들지 말자. 우리가 물질의 소비로 얻고 싶은 것은, 실은 그것의 이면에 있는 비물질이다. 물질로 이를 해소하려는 것은 편두통의 고통을 없애기 위해 관자놀이를 뚫는 것과 같다.

Keyword 3 **세네카—순명** 금욕주의로 알려진 스토아학파에게 금욕이란 어떤 의미일까. 세네카의 태도에서 확인되듯 그것은 길들이거나 예측할 수 없는 인생을 견디기 위한 방편이었다. 로마인들이 섬기던 운명의 여신 포르투나는 한 손에는 풍요의 뿔, 다른 한 손에는 방향타를 들고 있다. 그 모습은 불운 가득한 인생을 상징한다. 그녀는 선물을 뿌릴 수 있지만, 가공할 만한 속도로 방향타의 방향을 바꿀 수도 있었다. 그렇다면 인간은 무작정 물질과 쾌락을 추구하기보다, 이 운명이 언제든 나를 좌절시킬 수 있음을 긍정하는 것이 현명하다. 다만 무조건 순응하는 것이 아니라, 운명이 주는 그 고난 앞에서 이렇게 소리쳐야 마땅하다고 세네카는 말한다. "그대의 옆이나 뒤에서 누군가가 쓰러질 때마다 외쳐라. '운명의 여신이여. 그대는 나를 속이지 못할 것이다. 그대는 자신만만하고 여유만만한 나를 쓰러뜨리지 못할 것이다'라고."

Keyword 4 **몽테뉴—불복종** 우리가 몽테뉴에게 취할 점은 권위를 의심하고 낡은 전통에 대해 회의하는 태도다. 그는 더 나은 것과 보다 못한 것을 구분하는 층위, 다시 말해 어떤 권위나 기준을 인정하지 않았다. 소위 '정상'이라 불리는 기준도 그랬다. '정상'을 기준 삼아 '비정상'을 구분하고 배제하기 시작했을 때 그 극단의 결과가 무엇이던가. 아메리카 원주민을 '비정상적'으로 여긴 '정상적'인 스페인 사람들의 집단학살이었다. 그러니 몽테뉴가

전하려는 메시지는 분명하다. "권위에 불복하라. 그리고 당신의 삶을 누군가의 것과 애써 견주려 하지 말라." 그가 『수상록』에서 전한 말도 결국 같은 맥락이 아니겠는가. "심지어 카이사르의 삶까지도 우리 자신의 삶보다 더 모범적일 수는 없다."

Keyword 5 **쇼펜하우어—사랑** 이 지독한 염세주의 철학자에게 달콤한 사랑의 송가를 기대할 일은 아니다. 그에게 사랑에 대해 묻는다면 아마 이런 답이 돌아올 것이다. "인간의 사랑은 다른 생물체와 똑같이 적용되는 일종의 자연법칙일 뿐이다." 그에게 사랑은 후세를 생산하기 위한 과정에 불과했다. 사랑이 동물의 접붙이는 과정으로 격하됐으니 사랑에 실패한다 해도 그리 아파할 이유가 없다. 그저 후세를 생산하기에 적합한 조건이 아니어서 헤어졌을 뿐이다.

쇼펜하우어에겐 행복 역시 '허망한 실체'에 지나지 않는다. 그래서 그는 냉정한 목소리로 사랑과 행복을 찾아 헤매는 청춘에게 말한다. "적절한 충고와 가르침으로 젊은이들의 마음에서 이 세상이 그들에게 줄 것이 아주 많다는 그릇된 관념을 털어낼 수만 있다면, 그들은 많은 것을 얻게 될 것이다."

Keyword 6 **니체—고통** 니체에게 고통이나 불행은 심신을 단련하기 위해 꼭 필요한 것이었다. 그는 말한다. "가장 훌륭하고 가장 알찬 결심을 남긴 사람들의 삶을 찬찬히 뜯어보면서, 그대 자신에게 악천후와 폭풍을 견디지 못하는 나무들이 장래에 거목으로 훌쩍 자랄 수 있을지 한번 물어보라. 불운과 외부의 저항, 어떤 종류의 혐오, 질투, 완고함, 불신, 잔혹, 탐욕, 폭력… 이런 것들을 경험하지 않고는 어떤 위대한 미덕의 성장도 좀처럼 이룰 수 없다." 결국 고통과 행복은 쌍둥이처럼 늘 함께한다. 고통이 클수록 행복은 크다. 니체의 말처럼 심지어 악조차도 함부로 버려선 안 되는 것이다. "인류의 역사에서도 역시 그렇다. 더없이 잔혹한 세력들이 길을 만들었으며 그들은 또 대부분 파괴적이었다. 그러나 그럼에도 불구하고 그들의 업적은 훗날 보다 고귀한 문명이 꽃을 피우기 위해서는 꼭 필요한 것이었다. 악으로 불리는 끔찍한 힘들도 인간성의 거대한 건축가이자 도로 건설자 역할을 한다."

내 마음은 왜 무엇 때문에 이렇게?

구사나기 류슌의 『나를 피곤하게 만드는 것들에 반응하지 않는 연습』

광고는 스트레스가 가장 많은 업종 중 하나로 꼽힌다. 광고회사에 입사해 처음 들은 말이 "광고인의 평균 수명은 일반인보다 10년이나 짧다"였다. 너는 전생에 무슨 죄를 저질렀기에 광고회사에 온 거냐며 농을 거는 선배도 있었다. 그런데 정말 광고 일은 만만치 않았다. 야근과 휴일근무는 일상이었고, 밤을 꼬박 샌 다음 날도 언제 그랬냐는 듯 회의 자리에서 열띤 설전을 벌이곤 했다.

그런데 그 와중에 신기했던 것이 있다. 마감과 클라이언트의 압박에 시달리면서도 너무나 신명나게 일하는 선배들의 모습이었다. 화병이 나거나 쓰러질 법도 한데, 지친 기색은커녕 마지막 순간까지 온 힘을 다해 열정을 퍼부었다.

선배들이 과중한 업무에도 불구하고 그렇게 신명나게 일할 수 있는 이유를 아는 데는 그리 오래 걸리지 않았다. 그 비밀은 소위 광고쟁이 혹은 크리에이터라고 불리는 사람들이 자신에게 주어진 일을 대하는 마음가짐에 있었다. 소위 광고쟁이라면 대부분 'Labor(노동)'가 아닌 'Plabor(즐거운 노동)'를 한다. 즉, 일을 즐기는 것이다.

광고인의 생리 중 하나가 일이 주어지면 그 누구도 아닌 자신과의 싸움을 시작한다는 것이다. 최종 선택이 자신의 몫은 아니니 결국 남의 일이라 볼 수 있지만, 적어도 아이디어를 도출해내는 동안은 정말 자기 일처럼 스스로 만족할 때까지 생각에 생각을 거듭한다. 혹시 친구들과 밤새 카드놀이를 해본 적이 있는가? 아니면 온라인 게임을 하느라 날 새는 줄 모르고 컴퓨터 앞에 앉아 있어본 적이 있는가? 경험해본 사람은 누구나 공감할 수 있을 것이다. 밤새 잠 한숨 자지 않고 몇 시간씩 불편한 자세로 열중하다 보니 다리에 쥐가 나기도 하지만 힘들다고 불평하거나 짜증내는 일은 없다.

결국 즐거운 일을 할 때 힘도 덜 들고 스트레스도 이겨낼 수 있다. 적어도 주어진 일을 내 일로 생각하고, 그 속에서 창작의 즐거움을 찾아 즐기다 보면 화라는 감정은 오히려 에너지로 바뀐다.

만일 내 안에 부정적인 감정이 가득 차 있다면 그것은 내 시선이 온통 밖으로 향해 있다는 증거다. 상황에 휘둘려 나 자신을 놓아버릴 때 외부의 모든 자극에 일일이 반응하고 화를 키우게 된다. 먼저 아주 작은 일에도 예민하게 반응하는 내 마음을 들여다보면 어떨까. 내가 무엇 때문에 화를 내는지, 내 고민이 진정 무엇 때문인지 찬찬히 마음을 들여다보자. 내 마음이 외부의 그 무엇 때문에 지치고 힘들어지게 그냥 두지 말자.

고민의 시작점, 마음이라는 놈

저자 구사나기 류슌의 삶은 참 독특하다. 그는 중학교를 중퇴한 후 가출을 감행하는 등 질풍노도의 청소년기를 보내다가 독학으로 검정고시를 치르고 도쿄대 법학부에 입학했다. 그러나 그의 최종 선택은 입신양명의 길로 이어지지 않았다. 공부로 자부심을 채우는 사람들 속에서 끝없이 경쟁하는 삶을 사는 동안 그는 우리가 하는 모든 고민의 근저에 '마음의 반응'이 있다는 사실을 깨달았다. 이를 끊어내야 한다는 결단이 뒤를 이었고, 그렇게 그는 스님이 됐다. 『나를 피곤하게 만드는 것들에 반응하지 않는 연습』(이하 『반응하지 않는 연습』)은 그가 인도, 미얀마, 태국 등지에서 수행하며 얻은 깨달음을 정리한 일상 속 수행 안내서다.

> 고민의 시작점에는 반드시 '마음의 반응'이 있습니다. 마음이 나도 모르게 움직이는 것이야말로 고민을 만들어내는 '단 하나의 근원'입니다. 그렇다면 모든 고민을 근본적으로 해결할 수 있는 방법을 생각해봅시다. 바로 '헛되이 반응하지 않는' 것입니다.(7쪽)

오해하진 말자. 이 말은 어떤 상황에서든 아예 반응을 하지 말라는 것이 아니라 '헛된 반응'을 애초에 하지 말라는 것이다. 반응하지 않겠다며 억지로 참거나 무관심으로 일관할 필요는 전혀 없다. 저자는 우리가 일상에서 반응 연습을 쉽게 할 수 있도록 2,500년 전 붓다의 가르침(원시불교)을 빌어 아주 쉽게 설명하고 있다. 총 6개의 장으로 간결히 세분해 놓아서 접근하기도 쉽다. 가볍고(輕), 얇고(薄), 짧고(短), 작은(小) '경박단소' 지향의 일본인답다.

불교의 심오한 뜻을 간단한 설명서 보듯 이렇게 쉽게 배울 수 있나 싶기도 하지만 뭐 어떤가. 무릇 진리란 단순한 법. 가르침이 꼭 심오하고 철학적이어야 한다는 생각도 일종의 편견이다. 그러니 『반응하지 않는 연습』을 읽으며 좀 더 편한 마음을 갖기를 권한다. 수행이니 명상이니 하는 어렵고 무게감 있는 표현은 잊자. 그냥 요가 연습을 하듯 일상 속에서 조금씩 '헛되이 반응하지 않는 연습'을 해보는 거다. 앞으로 소개할 두 가지 연습만으로도 당신은 꽤나 탄탄한 마음의 근육을 키울 수 있다.

있는 것을 있는 그대로 보기

전 세계 신화와 전설을 통틀어 가장 유명한 영웅으로 불리는 헤라클레스의 이야기다. 어느 날 좁은 길을 지나던 그의 눈앞에 사과 크기만 한 물건 하나가 막아섰다. 사건은 헤라클레스가 그것을 별 생각 없이 발로 툭 찼을 때 일어났다. 사과만 하던 물건이 어느새 수박만 해진 것이다.

"어쭈? 감히 내 앞을 막아?" 하며 다시 발로 툭 차니 이제는 바위만 해진다. 슬슬 부아가 치밀기 시작한 헤라클레스. 이번에는 들고 있던 커다란 쇠몽둥이를 휘두르는데, 물건 역시 헤라클레스의 힘만큼 몸집이 불어나버린다. 분노가 폭발해 웃통까지 벗어던진 헤라클레스가 악다구니를 쓰지만, 그럴수록 크기가 사과였던 수박은, 수박이었던 바위는, 바위였던 언덕은, 마침내 산이 돼버렸다.

사실 이 싸움은 애초부터 헤라클레스가 이길 수 없는 게임이다. 연출자가 전쟁의 여신 아테네였기 때문이다. 씩씩거리는 헤라클레스 앞에 나타난 아테네 여신이 노래를 부르자 산만큼 컸던 물건이 언덕으로, 바위로, 수박으로, 마침내 사과만 한 크기로 줄어들었다. 망연자실한 헤라클레스에게 건넨 아테네의 말이 어쩌면 이렇게 붓다의 가르침과 비슷한가.

"오, 헤라클레스여! 그것을 더 이상 건드리지 말기를. 그냥 놔두면 그대로지만 건드릴수록 더욱 커질 뿐이라네. 궁금하지 않은가? 그대 마음속에 똬리 튼 그것의 이름이. 내 가르쳐주지. 우리는 그것을 '분노'라고 부른다네. 건드릴수록 커지고, 차분히 놔두면 작아지는 것!"

『반응하지 않는 연습』에서는 우리가 갖게 되는 모든 고민의 원인이 근심을 일으키는 헛된 반응에 있다고 말한다. 헤라클레스처럼 자꾸 건드릴수록, 곧 반응할수록 우리의 마음은 온갖 부정적인 감정을 만들어낸다는 것이다.

그가 그토록 길 위의 물건을 치우는 데 집착한 이유는 단순하다. 힘으로는 누구보다 뛰어나다는 자부심을 그 작은 물건이 건드렸기 때문이다. 힘으로 자기 존재를 인정받아야 했던 헤라클레스는 물러설 수 없었다. 저자 역시 현대인이 마음에 고민을 끌어들이는 이유로 '타인에게 인정받고 싶은 욕구'를 든다. 인정받고 싶어서 우리는 과시하고, 경쟁하며, 때로 시기와 모략을 일삼는다. 결국 인정받으려는 욕구 때문에 마음이 두서없이 반응하며 관계마저 어지럽히는 것이다. 그래서 저자는 헛된 마음의 반응을 막는 방법으로 세 가지 자기 점검법을 알려준다.

첫째, 말로써 현재의 자기 감정을 표현하기(라벨링).
둘째, 눈 감은 채 손끝 발끝까지 몸을 미세하게 움직이며 감각을 확인하기.
셋째, 자신의 정서 상태를 탐욕, 분노, 망상의 세 가지 범주로 분류해보기.

저자는 이러한 과정을 거치면서 자기 자신을 올바르게 이해할 수 있다고 말한다. 불교에서 흔히 "사물을 있는 그대로 관(觀)하라"는 말을 하는데, 이 역시 결국 자기 내면을 왜곡 없이 바라보기 위한 수행이라 할 수 있다. 제대로 보는 것 자체가 이리저리 얽힌 마음의 실타래를 푸는 열쇠가 되는 것이다. 저자는 사물의 실상을 정확히 보는 사람, 그런 이가 곧 부처라고 말한다.

'붓다'란 올바른 이해의 궁극에 도달한 사람이라는 의미입니다. '깨달음을 얻은 자' 또는 '각성자'라고도 불리지요. 이 대목은 불교에 흥미가 없는 사람에게도 중요한 포인트라고 꼭 전해드리고 싶습니다. 올바른 이해란 자신이 옳다고 생각하는 것이 아닙니다. 자기만의 견해나 사고방식으로 이해하는 것 또한 아닙니다. 오히려 반대로 '나는 이렇게 생각한다'는 판단이나 해석, 사안에 대한 견해를 일체 배제하는 것을 말합니다. 있는 것을 있는 그대로 받아들이고 객관적

으로, 즉 주관을 배제한 '중립적인' 시선에서 매사를 제대로 바라보는 것을 의미합니다.(46쪽)

마음을 무엇으로 채우려는가

앞서 소개한 마음의 반응을 막는 세 가지 방법은 무술이나 스포츠로 말하면 기본자세에 해당한다. 그러나 언제나 그렇듯 실전이 어렵다. 테니스를 배운다 치자. 라켓을 잡는 법부터 시작해 서브, 스매싱, 백핸드, 포핸드, 드롭샷 등 온갖 동작을 정확히 배운다 해도 어디까지나 정지 상태에서 익히는 것이다. 정작 실전에서는 그렇게 안정된 자세를 취할 틈이 없다. 그래서 기본기를 반복해서 익히는 게 중요하다. 물론 언제고 폼이 흐트러질 일은 많다. 마음으로 치자면 헛된 반응으로 인해 피곤과 허무, 분노나 슬픔, 불안 같은 사념에 쉽게 빠지는 형국이다. 하지만 저자는 그토록 무너진 마음이 의지처로 삼는 것 또한 결국 우리의 마음이라고 말한다.

그럴 때일수록 잠시 동안 눈을 감아봅시다. 호흡을 느끼고 어둠을 주시하기 바랍니다. 그때 보이는 것은 자신의 '마음' 뿐입니다. 거기에 올바른 마음가짐을 올려 놓아봅시다. (중략) 진정한 인생은 돌아왔다가 다시 걸음을 내딛는 것의 반복입니다.(195쪽)

오래 전 달라이 라마를 다룬 다큐멘터리에서 본 수행 장면이 떠오른다. 작은 바구니에 가득 담긴 게 조약돌이었던 걸로 기억한다. 달라이 라마는 아무 말 없이 그것들을 차곡차곡 쌓고는 이내 무너뜨리기를 반복했다. 그 자체가 수행이었던 거다. 어쩌면 우리 마음도 이와 같지 않을까? 잘 쌓았다고 해서 영원한 것이 아니고 무너졌다 해서 파국으로 끝나는 것도 아니다.

무너진 마음은 다시 쌓으면 된다. 아니, 한 번 쌓은 마음이 영원할 거라 믿어서도 안 된다. 고인 물이 썩듯이 쌓은 마음에도 이끼와 먼지가 앉기 때문이다. 그러니 허물어진 마음을 다시 일으켜 세우기를 당연히 받아들여야 한다. 중요한 것은 그 과정을 반복하며 자신이 가닿을 미래를 건강하게 희망하는 것이 아니겠는가.

붓다는 결코 어두운 미래를 망상하지 않습니다. 그렇다고 근거도 없이 밝은 미래를 망상하지도 않습니다. 오히려 지금 할 수 있는 일을 소중히 여기며, 바람직한 지평에 도달할 수 있도록 밝은 희망을 지니고 소망하자고 말합니다. 앞으로의 인생을 신뢰한다는 마음 상태이지요.(197쪽)

리더십과 조직 컨설팅의 세계적 권위자인 스티븐 코비(Stephen Covey)는 '90 대 10의 원칙'을 말한다. 인생의 10퍼센트는 '당신에게 일어나는 사건들'로 결정되고, 나머지 90퍼센트는 '당신이 어떻게 반응하느냐'에 따라 결정된다는 이론이다. 일이 서툰 후임이 실수를 저질렀을 때 얼차려로 다스릴 것인가, 따뜻한 지도편달로 다스릴 것인가. 선택에 따라 관계의 지도가 달라질 것이다.

관계의 지도란 결국 인연을 말한다. 인간의 운명은 얽히고설킨 인연의 관계망 속에 있으니, 지도(인연)가 달라지면 운명도 달라지게 마련이다. 그렇다면 당신은 어떤 길로 지도를 채울 것인가. 결국 '마음의 반응이 중요하다'는 답으로 돌아온다. 그래서 이 책의 결론도 그런 마음을 소중히 여기며, 함부로 반응하지 않는 연습으로 튼튼히 가꾸라는 당부인 것이다.

사람의 마음은 바깥 현실에 지배되지 않는 '행복의 성역'입니다. 이제 남은 것은 그 마음에 어떤 '생각'을 둘지 뿐입니다.(209쪽)

키워드로 되짚는
『나를 피곤하게 만드는 것들에
반응하지 않는 연습』

구사나기 류순 지음 | 류두진 옮김 | 위즈덤하우스 | 2016년 05월 12일 출간

바쁜 현대인에게 수행이니 참선이니 하는 말은 너무 한가한 소리일지 모른
다. 하지만 수행은 별게 아니다. 그저 최대한 왜곡 없이 감정을 배제한 채 마
음을 들여다보는 일이다. 외부의 자극에 내 마음이 헛되이 반응하는 것만 조
금씩 줄여도 확실히 일상이 쾌적해진다. 마음에 휩쓸리지 않고 유연하게 대
응하는 지혜 하나가 당신의 인생에 어떤 호재를 가져다줄지 모른다.

Keyword 1 **먼저 이해하기** 막연한 결핍을 느끼면서 정작 고민의 정체를 모르
면 문제는 좀처럼 해결되지 않는다. 또한 고민의 이유를 모르면 마음속 괴로
움은 언제까지나 계속 이어질 수밖에 없다. 하지만 반대로 고민의 이유를 바
로 알면 그 고민은 해결 가능한 과제, 즉 희망으로 바뀐다. 첫걸음은 자신의
상태를 말로 확인하는 작업이다. 마음 상태를 의식적으로 잘 살펴보면 헛된
반응 대신 깊은 안정과 집중을 할 수 있게 된다. 따라서 짜증 혹은 화가 나거
나 스트레스가 느껴질 때 '이것은 분노 상태'라고 이해하는 노력을 의식적
으로 기울여보자.

Keyword 2 **판단하지 않기** 판단이란 이 일에 의미가 있는지 없는지, 인생은
살 만한 값어치가 있는지 없는지, 그 사람과 자신을 비교하면 어느 쪽이 뛰
어나고 뒤처지는지 등 단정을 짓거나 선입견을 갖는 것을 말한다. 인간이란
애초에 각자 처한 상황에 따라 자신만의 판단을 내리게 마련이다. 그럼에도

우리는 모든 것을 이해했다는 착각에 빠져 스스로 옳다고 믿는다. 판단을 내리기에 앞서 문제의 본질을 올바르게 이해하려는 노력을 계속해야 한다.

Keyword 3 **부정적 반응 떨쳐 버리기** 불교에서는 감정을 둘러싼 고민을 두 방법으로 해결한다. 첫째, 불쾌한 감정이 생기는 것을 방지하고 이미 생긴 감정은 빨리 거둬들이는 것이다. 둘째는 상대방과 어떻게 관계하는 것이 좋은지를 생각하는 것이다. 첫째는 감정의 문제, 둘째는 관계의 문제다. 이때 중요한 것이 함부로 반응하지 않는 것이다. 붓다는 보통 사람이라면 화를 낼 법한 말에도 무반응으로 응수했다고 한다. 쓸데없이 반응하는 것이 마음을 어지럽힐 뿐이라는 것을 알았기 때문이다.

Keyword 4 **타인의 시선에서 자유롭기** 사람은 흔히 자신이 거둔 성과에 집착해 우월감을 느끼거나 반대로 자신의 부족한 부분에 연연해 열등감에 시달린다. 하지만 그것이야말로 괴로움을 낳는 집착이라는 사실을 현자는 안다. 나와 타인을 비교하는 것 자체가 괴로움에 스스로를 가두는 것이다. 자기 삶에 집중할 때 타인의 평가는 무의미해지고 비로소 충만감과 기쁨을 맛볼 수 있다. 그것의 가치는 남이 해주는 감사 인사나 칭찬 따위와 비교할 수 없는 것이다.

Keyword 5 **경쟁하지 않기** 사람에게는 남보다 더 유리하고 우월한 위치에 있는 자신의 모습을 지향하는 '탐욕'이 있다. 탐욕은 게임을 끝내듯이 어느 선에서 딱 멈출 수 없다. 눈을 감아보면 이기고 싶은 욕심이 만들어낸 망상밖에 없다. 망상을 알아차리고 서둘러 빠져나오는 것이 경쟁에서 자유로워지는 첫 걸음이다.

Keyword 6 헛된 반응이 없어지면 해탈하지 않은 이상 고민은 다시 찾아온다. 고민 자체를 차단하려는 노력 역시 마음의 헛된 반응일지 모른다. 그보다는 차라리 다시 찾아온 고민을 대하는 내 태도가 중요하다. 고민을 무조건 거부 하기보다 차라리 '처음 마음가짐으로 돌아오자'라고 생각해보는 거다. 그런 여유가 갈 곳 잃은 내 마음의 의지처가 된다. 돌아갈 곳이 있다는 것은 상황에 휩쓸려 온갖 부정적인 반응을 보일 기회를 줄여주는 힘이다. 그런 여유를 간직할 수 있다면 언젠가 이런 말을 하게 되지 않을까. "극심한 마음에 농락 당하던 나는 이제 겨우 진실의 길에 다다랐다."

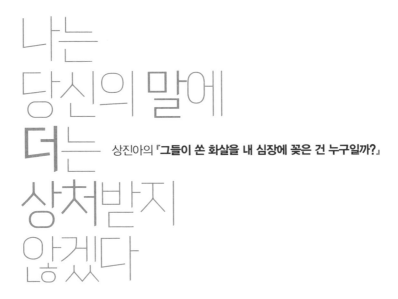

나는 당신의 말에 더는 상처받지 않겠다

상진아의 『그들이 쏜 화살을 내 심장에 꽂은 건 누구일까?』

소싯적 나는 한마디로 '열등감 덩어리'였다. 가난한 시골집에서 태어났고 대학 입시에 낙방하기도 했다. 대학 생활 중에는 학사경고를 받았고, 졸업한 뒤엔 기자 시험에 떨어졌다. 차선으로 광고회사를 선택했지만 당시 내겐 광고적 재능이라곤 털끝만치도 찾아볼 수 없었다. 광고회사는 애초 내가 원한 직장이 아니었고 더구나 나는 소위 창작을 한다는 이들에게서 볼 수 있는 '끼'와는 태생적으로 거리가 먼 사람이었다. 때문에 나는 제법 오랫동안 선배들의 괴롭힘(?)을 견뎌야 했다.

상황이 이렇다 보니 유년 시절부터 쌓여왔던 그 열등감은 극에 달했고 자존감은 바닥을 쳤다. 하지만 인생은 참 아이러니하다. 처절한 패배로 끝나버릴 것 같았던 광고 일은 천직이 되었고, 결국 제일기획

내 감정의 주인이 되려면

최초의 공채 및 광고 전문가 출신 CEO라는 영예까지 안게 됐으니 말이다. 그래서인지 청년들에게 종종 어떻게 신입사원에서 CEO의 자리에 올랐는지 그 비결을 묻는 질문을 받는다.

궁하면 통하고, 또 극과 극은 연결되어 있다고 했던가. 당시 단 한 톨의 자신감도 없었던 나는 계속 포기할지 말지를 두고 고민했다. 그러다가 어느 순간, 이럴 바에야 차라리 한번 제대로 즐겨보자는 생각이 들었다. 어차피 그만둘 일이라면 원 없이 나를 던져보자고 마음먹은 것이다.

그 뒤로 그냥 닥치는 대로 무엇이든 하기 시작했다. 오전 4시 30분에 일어나 관련 서적을 읽고, 부족한 광고 지식을 메우기 위해 일본의 광고 전문지 구독에 소중한 월급을 쪼갰다. 아이디어가 떠오르지 않을 때엔 그와 관련된 자료를 밤새 찾아보고, 그래도 안 되면 도움을 줄 만한 사람들을 찾아가 질문을 퍼부으며 끝까지 물고 늘어졌다.

그런 모습에 가장 먼저 달라진 건 나를 바라보는 선배들의 시선이었다. "대체 뭘 그렇게 파고드는데?" 하며 내 아이디어를 관심 있게 보기 시작했고, 묻지 않아도 이런저런 조언을 해주었다. 그러면서 광고가 조금씩 재미있어졌다. 그리고 어느 순간, 내 안에 흔들리지 않는 자존감이 조금씩 생겨나기 시작했다. 즐겨보겠다는 마음이 열정을 불러왔고, 그 열정이 어느덧 자존감으로 변모했던 것이다. 아이디어는 타고난 재능이 없어도 시간과 경험을 통해 충분히 개발할 수 있다는 사실도 그때 알게 됐다.

돌이켜보면 결국 그 과정에서 내가 얻은 것은 나에 대한 '긍정', 즉 자존감이었다. 열등감을 열정으로 바꾸고 내 가슴에 자신감을 키운 것도 다름 아닌 강한 자존감이라고 믿는다.

흔히 주체 못할 고민에 휩싸이면 외부의 도움을 먼저 찾게 된다. 하지만 남에게 받는 위로나 격려는 일시적인 위안은 될지언정 지속적이지 못하다. 그러니 생각해보자. 나를 강하게 만드는 것, 내 열정을 폭발하게 하는 것은 과연 무엇인가. 아무리 절망스럽고 막막하더라도 결국 나를 일으켜 세우는 것은 남이 아닌 바로 내 의지와 강한 자기 긍정, 즉 자존감이다. 하늘은 스스로 돕는 자를 돕는다는 말도 자존감을 가진 사람들에게 해당하는 말이다. 이 책 『그들이 쏜 화살을 내 심장에 꽂은 건 누구일까?』(이하 『그들이 쏜 화살』)가 안내자가 될 것이다. 나 자신을 더 힘들게 하는 부정의 화살을 버리고 스스로를 일으켜 세우는 긍정의 화살을 얻게 되기를 기대한다.

자존심과 자존감의 차이

어느 누구도 상처받지 않고 인생을 살아갈 수는 없다. 화살이 빗발치는 전장에서 날아드는 모든 화살을 다 피하고 살 수도 없다. 하지만 맞지 않아도 될 화살을 굳이 자진해서 맞거나, 땅에 떨어진 화살을 집어 들어 스스로 내 가슴에 꽂지는 말자.(8~9쪽)

저자가 하고 싶은 이야기는 분명하다. 누군가 지난 상처를 굳이 되돌리려 한다고 하자. 그는 빗나가는 화살에 일부러 몸을 던지거나 땅에 떨어진 화살을 주워 다시 제 몸을 겨누기도 한다. 제 심장을 과녁으로 만들어야 직성이 풀리는 이 사람의 이름은 바로 '나'다. 이 책의 저자라면 이런 유형의 사람들을 보며 한마디 들려주었을 것도 같다. "스스로에 대해 웃을 수 있는 능력을 배우지 못해 이토록 힘든 것이 아닌가 싶다." 그런 능력이 부족해 습관처럼 정신적 자해를 가하는 이가 얼마나 많은가. 이 책은 그런 습관의 굴레를 벗어던지려는 이에게 필요한 등대가 될 것이다.

> 나는 회복탄력성이 있는 사람과 없는 사람, 즉 인생의 고통을 딛고 다시 일어설 수 있는 사람과 그렇지 못한 사람의 차이는 바로 긍정적인 '자기 대화'에 있다고 믿는다. 힘든 일에 부딪혔을 때 스스로에게 어떤 말을 하느냐에 따라 다시 일어나 위로 올라갈 수도, 모든 것을 포기하고 밑바닥에 주저앉아 버릴 수도 있는 것이다.(21쪽)

일부러 자신에게 상처를 내는 사람을 보면 과거에 입은 상처로부터 벗어나지 못한 경우가 많다. 상처를 털어내고 앞을 향해 나아가야 하건만 나약한 마음은 한 번 든 멍을 쉽게 회복하지 못한 채 과거를 맴돈다. 그렇게 해소되지 않은 아픔은 결국 자신을 향한 화살이 된다. 저자가 말하는 긍정적인 자기 대화란 이런 마음의 상처를 아물게 하고 자존감을 회복시켜주는 일종의 치유제다.

상진아 교수의 긍정적인 자기 대화는 재평가하기와 비슷하다. 이는 실수를 저질렀을 때 스스로를 비난하기에 앞서 "괜찮아, 우선 문제부터 해결해보자"라고 다독이는 것이다. 꼬인 매듭을 풀 생각을 하지 못하고 무조건 억누르려 든다면 결국 더 큰 부정적 에너지에 함몰되고 만다. 자신만 망치는 게 아니라 남에게 상처 주는 말을 남발할 수도 있다. 그런 사람에게 저자의 조언은 긍정적인 자기 대화를 위한 구체적인 지침으로 활용할 만하다.

> 내가 스스로에게 하는 말이 주변의 친하고 아끼는 사람에게도 거리낌 없이 할 수 있는 말인지 생각해보라. 만약 소중한 사람에게 하지 않을 말을 스스로에게 하고 있다면 내적 리모델링이 필요하다.(31쪽)

자신을 소중히 여기고 잘 달래는 것이 긍정적인 대화를 이끄는 자세라면 이는 결국 자존감의 문제로 귀결된다. 남이 나를 인정해주길 바라면서 타인과의 경쟁에서 스스로를 긍정하는 자존심과 달리, 자존감은 남과 상관없이 스스로를 가치 있게 여기고 존중하는 마음이다. 남이 나를 어떻게 평가하든 스스로를 사랑하고 소중히 여긴다. 발레리나 강수진은 한때 자신을 경계했던 동료에 대해 "나에겐 내가 정한 수준에 오르는 것이 중요했고, 누구를 뛰어넘거나 이기는 것은 중요하지 않았다"고 말했다. 이렇듯 자존심과 자존감은 내 가치를 규정하는 주체가 남인가 나인가에 따라 구분된다.

그 반면 자존감이 높은 사람들은 다른 사람들을 자신과는 무관하게 바라보기 때문에 타인의 실수에 관대하며("그럴 수도 있지 뭐. 괜찮아") 업적이나 잘한 것, 뛰어난 점에는 칭찬을 아끼지 않는 여유로움을 갖고 있다("정말 대단하다. 나 같으면 그렇게 못했을 것 같아"). 또한 자존감이 높은 사람들은 스스로의 가치를 소중히 생각하기 때문에 자신의 약점을 받아들이고 부족한 점은 더 발전하기 위한 기회로 삼으며, 실수나 잘못을 했을 때도 이를 솔직히 인정하고 사과한다. (45쪽)

타인 없이는 자기 존재의 의미를 찾을 수 없는 사람은 늘 가난하며, 자신을 긍정하지 못하는 사람은 결국 타인마저 부정하게 된다. 그들이 쏜 화살을 내 심장에 꽂은 건 결국 나다. 그런데 내게 꽂힌 화살을 뽑고 보니 엉뚱하게도 타인의 구멍 난 가슴에서 피가 흐르고 있다. 자해와 타해는 동떨어진 행위가 아니다.

때로는 둔감한 게 지혜다

다람쥐는 겨울이 오기 전에 도토리를 부지런히 땅에 묻는다. 그러나 애석하게도 어디에 도토리를 묻었는지 온전히 기억하지 못한다. 부실한 기억력 탓에 녀석의 노동은 수고만큼 결실을 거둘 수 없다. 여기까지는 '기브 앤 테이크'가 분명한 현대인의 셈법이다. 하지만 반전이 있다. 겨우내 땅속에 묻혀있던 도토리들이 다음해 봄 싹을 틔워 아름드리나무로 자라났다는 것. 녀석은 둔감한 기억력 덕분에 도토리 몇 알을 잃고, 그 대신 도토리나무 숲을 얻은 것이다.

자기 몫을 찾는 데는 영리하다 못해 영악하기까지 한 세상이다. 그런 세상에 잘 적응하면 손해 볼 일은 없을 듯한데, 제 꾀에 제가 넘어간다는 옛말은 여전히 유효하다. 아무리 치밀하게 계산한다 해도 세상의 흐름을 예측할 수 없기 때문이다. 언제나 우리의 뒤통수를 때릴 준비가 돼 있는 것이 삶이다. 삶이 인격화한 존재라면 "인간의 운명 따위야 언제든 굴복시킬 수 있다"며 우리를 조롱할지 모른다.

하지만 우리도 그런 삶에게 뒤통수를 갈길 수 있다. 자만하지 않으면, 쉽게 절망하지 않으면 가능하다. '허허실실'이 좋은 방법이 된다. 내 발을 걸어 넘어뜨릴 만반의 준비가 되어 있는 운명 앞에서 어딘가 모자란 것처럼 허점투성이의 모습을 드러내는 것이다.

일할 때만 보더라도 혼자 모든 걸 움켜쥐고 있으니 때로 손을 놓는 것이 더 나은 경우가 많다. 내가 놓아버린 빈자리는 나를 도우려는 친절한 손들이 채워줄 것이다. 혼자보다는 여럿이 함께 가는 게 더 수월하고, 더 멀리 간다.

마음의 상처는 내 욕심이 너무 커서, 너무 예민하게 굴어서 생길 때가 많다. 잘나 보이고픈 욕심에 과욕을 부리다 실책을 범하기 일쑤다. 자존심을 자존감으로 착각하고 서로 과잉반응을 주고받는 것도 다반사다. 『그들이 쏜 화살』의 상진아 교수는 본인도 내성적이고 예민한 사람이라 예전엔 타인의 화살에 상처입을 때도 있었고, 타인의 위로에 위안을 받을 때도 있었다고 한다. 그러나 이제는 안다. 잠깐의 위로로 마음은 편해질 수 있으나 근본적인 처방은 되지 않음을 말이다.

정작 중요한 것은 누군가가 해주는 위로의 한 마디가 아닌, 나 스스로에게 직접 건네는 긍정적인 말이다. 만약 내가 매일 스스로 나를 질책하는 말을 한다면 내 인생은 어떻게 되겠는가. 다른 사람으로부터 듣는 위로의 말보다는 내가 나 스스로에게 하는 말, 즉 내가 어떤

생각을 하는지 매일매일 돌아보고 살펴야 한다.(322쪽)

저자의 말처럼 환경을 바꿀 수는 없어도 나는 바꿀 수 있다. 그러나 앞서 살펴본 억누르기 전략처럼 수동적이고 무기력한 변화여선 안 된다. 바꿀 수 없는 환경이나 나 자신의 한계에 대해서는 일단 둔감해지자. 그러고는 자신의 긍정적 변화를 위한 노력에만 집중하는 것이다. 이를 위해 과거의 자신으로부터 벗어나는 한 걸음이 중요하다. 당신은 지금 그 걸음을 떼고 있는가, 아니면 여전히 자신을 닦달하며 비난만 하고 있는가.

키워드로 되짚는
『그들이 쏜 화살을 내 심장에
꽂은 건 누구일까?』

상진아 지음 | 시그니처 | 2017년 04월 01일 출간

저자는 인지행동 치료법을 기반으로, 수많은 생각이 머릿속에 떠오를 때 우리가 어떤 마음을 먹고 행동해야 하는지 알려준다. 과연 어떤 장애물이 우리의 사고 패턴을 왜곡시키는 것일까? 이를 바꾸려면 어떻게 해야 할까? 저자는 책에서 35가지 행동 요령을 소개한다. 잃어버린 자존감을 되살리는 데 좋은 지침이 될 것이다.

Keyword 1 그 누구도 아닌 나와 잘 지내려면

1. 혹시 지금 힘들고 지쳐 주저앉아 있다면 자신에게 이야기해준다. 괜찮다고, 힘들면 좀 쉬어도 된다고. 그러다 힘이 생기면 그때 다시 일어나면 된다고.
2. 머릿속에 들어오는 생각을 모두 붙잡으려 하지 않는다. 때로는 구름처럼 그냥 흘려보내야 할 때도 있다.
3. 하루 종일 자신에게 하는 말이 내 인생을 결정한다는 것을 잊지 않는다.
4. 내 단점은 약점이 아니라 타인과 조금 다른 것임을 명심한다.
5. 작은 장점이라도 찾아내 매일 스스로에게 칭찬 한마디씩 건넨다.

Keyword 2 나 자신이 싫어진다면

6. 어떤 상황에서(A) 어떻게 자기 대화를 하는지(B) 어떤 감정이나 기분을 느꼈는지(C) 잘 관찰한 뒤 일기를 써본다.

7. 어떤 감정이 느껴질 때 잠깐 생각을 멈추고 자문해본다. '지금 무슨 생각을 했길래 그런 감정이 올라온 것일까?'
8. 잘못된 사고 패턴으로 생각한다는 사실을 스스로 깨닫고, 내게 도움이 되는 생각에 집중한다.
9. 친구에게 하지 않을 거친 말은 자신에게도 하지 않는다.
10. 타인의 칭찬을 기대하기보다는 스스로를 먼저 칭찬한다.
11. 작은 실수에도 혹독하게 자신을 다그치지 말고 "그럴 수도 있어. 괜찮아"라고 말한다.
12. 누군가 내게 상처를 주려는 건 내 문제가 아니라 그들이 가진 오래된 상처 때문이라고 생각한다.

Keyword 3 나는 나에게 상처받지 않겠다

13. 일 년 전의 나, 한 달 전의 나, 어제의 나는 어떤 모습이었는지 떠올려보고, 아주 조금이라도 발전한 모습을 찾아본다.
14. 내가 꼭 해야만 한다고 여기는 목표가 과연 내 것인지 물어본다. 남이 나대신 세운 목표라면 "이건 내 것이 아니야"라고 스스로에게 말해준다.
15. 내 것이 아닌 마음의 짐은 굳이 짊어지지 않는다.
16. 내 불완전함은 내가 현재에 머무르지 않고 앞으로도 발전할 수 있는 미래가 있다는 뜻임을 명심한다.
17. 가족에게 화를 낸다는 건 그들에게 유독 특별한 의미를 부여하고 기대를 하기 때문이다. 가족 구성원을 하나하나의 인간으로 바라보는 연습이 필요하다.
18. 모든 이에게 사랑받고 싶다는 욕망 때문에 거절 못 하는 버릇이 생긴다. 세상은 오히려 분명히 거절하는 사람을 존중한다는 사실을 기억하자.

Keyword 4 **감정에 지지 않는 법**

19. 머리로는 이해하지만 가슴으로는 아직 받아들이지 못하는 상처에 대해 스스로 위로하는 연습을 한다.

20. 화나게 만드는 상대를 바꾸려 들기보다 "그건 나와 아무런 상관없어"라고 자신을 설득하는 게 더 낫다.

21. 무엇에 상처받았는지, 무엇에 그리 아프고 좌절하고 두려워했는지 곰곰이 생각해본다.

22. 갑자기 등장하는 분노에 대응하려면 예행연습이 필요하다. 운동을 하거나 음악을 듣거나 이도 저도 아니면 그냥 1부터 10까지 세거나 찬물로 세수라도 한다.

23. 화는 인간의 당연한 감정이므로 화 좀 냈다고 자책할 필요는 없다. 다만 화를 '잘' 내는 방법을 연구한다.

24. 불안할 때는 자신의 마음을 잠시 바라본다. 이 또한 지나갈 것이므로.

25. 하루에 한 번만이라도 머릿속을 비우고 심호흡을 한다.

Keyword 5 **의식적으로 생각을 멈추는 기술**

26. 떨어도 괜찮고 두려워도 괜찮다. 잘하지 않아도 되니 그냥 해보기나 한다.

27. 누군가 나를 괴롭힐 때 이렇게 생각한다. '너 참 불쌍하다. 난 너 같은 사람에게 내 귀중한 에너지를 낭비하지 않겠어.'

28. 최고의 성과를 올리겠다는 생각 대신 최선을 다하면 된다고 생각한다.

29. 내가 하는 걱정이 도움이 되는 걱정인지 도움이 되지 않는 걱정인지 차분히 따져본다.

30. 일어나지 않은 일을 굳이 머릿속에 끌어들이지 말고 지금 이 순간에 집중한다.

31. 이게 끝이구나 싶을 때 단 한 명에게라도 자신이 왜 끝난 것인지 설명해 본다.

Keyword 6 뒤돌아보며 울고 있는 나를 위해

32. 자리에서 일어날 힘도 없을 땐 아무라도 붙잡고 일으켜 달라고 말한다.

33. 하늘이 무너져도 솟아날 구멍이 없으면, 구멍이 뚫릴 때까지 소리친다. "Help!"

34. "~했어야 했는데"라고 자책하지 말고 스스로를 용서한다. 이미 지나간 일이고 나는 그만큼 성장했다.

35. 저만치 목표지점이 보이는데 더는 발이 떨어지지 않을 땐 뛸 생각을 하지 말고 '딱 한 걸음'만 나아간다.

변화되는
나를 향해
반복해서————— 최인철의 『프레임』
리프레임!

우리는 살면서 무수한 생각과 행동을 한다. 그리고 저마다 이런 생각과 행동의 기준이 되는 자신만의 틀을 가지고 있다. 그 틀에 맞춰 세상을 해석하고 나름의 판단을 내리는데, 이를 가리켜 '프레임'이라고 부른다. 프레임에 맞춰 우리는 세상을 바라보고 인생을 계획하며 자신과 함께할 사람을 선택한다.

그런데 이 프레임은 광고에서 아주 중요한 요소로 작용한다. 광고 아이디어 발상의 핵심이 바로 사물을 바라보는 프레임의 전환이기 때문이다. 프레임의 전환이 제대로 이뤄질 때 비로소 성공적인 광고가 탄생한다.

가령, 에이스침대가 자사 제품의 우수성을 부각하기 위해 사람들에게 가구로 인식되던 침대를 "침대는 가구가 아닙니다. 과학입니다"라고 한 것, 삼성생명이 생명보험에 대한 사람들의 인식을 바꾸기 위해 소비자가 수령하는 생명보험금을 '보장자산'으로 표현한 것, SK가 입시에 실패해서 하게 된 '재수'를 '실패에 대처하는 법'으로 표현한 것 등이 대표적인 사례다. 어느 대상에 대한 기존의 인식, 즉 프레임을 바꿈으로써 새로운 가치를 전한 것이다.

한번쯤 내가 가진 프레임이 어떤 것인지 생각해볼 필요가 있다. 급변하는 세상에서 휩쓸리지 않고 나만의 길을 개척하려면 세상을 바라보는 자기만의 '틀'이 분명히 필요하다. 하지만 그것이 단지 고집이어서는 안 된다. 때로는 과감히 수정하고 나와 다른 것을 받아들일 줄 아는 유연함이 필요하다. 그러지 못하고 자신의 틀만 절대적으로 믿는다면 편향적인 사람이 되고 만다. 당연히 더불어 살기 위한 객관적인 공감력은 떨어질 수밖에 없다.

결국 프레임은 지키기 위해 고집하는 것이 아니라 갈고 닦아야 하는 것이다. 그런 유연함이 있어야만 상대방은 물론 나 자신도 제대로 볼 수 있다. 나 자신을 제대로 직시하고 근본적인 변화를 꾀하고 싶다면 먼저 프레임을 바꿔야 한다. 이를 위해 꼭 하나 기억할 말이 있다. "나에게 익숙한 모든 것을 의심하라!"

세상을 보게 하거나, 가두거나

건물 어느 곳에 창을 내더라도 그 창만큼의 세상을 보게 되듯이, 우리도 프레임이라는 마음의 창을 통해서 보게 되는 세상만을 볼 뿐이다. 우리는 세상을 있는 그대로 객관적으로 보고 있다고 생각하지만, 사실은 프레임을 통해서 채색되고 왜곡된 세상을 경험하고 있는 것이다.(11쪽)

『프레임』의 저자 최인철 서울대 심리학과 교수가 밝히듯 우리 눈앞에 존재하는 사물은 있는 그대로의 객관적인 대상이 아니다. 인간이 대면하는 모든 사물은 있는 그대로가 아닌, 우리가 바라보고 해석하거나 가치를 부여한 대로 존재한다. 우리가 눈여겨보지 않는 사물은 존재하지 않는 사물일 뿐이다.

이렇듯 어떤 대상이나 개념을 해석하는 틀, 프레임은 인간이 다른 사물이나 현상과 공존하는 방식이며 인간 존재의 전제 조건이다.

프레임은 정치적 이데올로기부터 예술가의 사상에 이르기까지 인간의 삶과 관련한 모든 것에 적용된다. 인간은 프레임으로 인해 어떤 현상을 특정하게 '해석'하고 '행동'하며, 지향하는 바가 서로 같으면 화합하고 다르면 대립한다.

그런데 만일 이런 프레임이 필연적이라면 한편으론 절망스럽다. 인류의 역사에서 인종, 종교, 이데올로기 같은 프레임들로 인해 얼마나 많은 대립과 피 흘리는 투쟁이 펼쳐졌는가. 저자의 지적처럼 그것은 '대립되는 특성이 한 몸에 담긴 모순'이다. "프레임은 특정한 방향으로 세상을 보도록 이끄는 조력자의 역할을 하지만, 동시에 우리가 보는 세상을 제한하는 검열관의 역할도 한다."

프레임을 한 개인이 가진 마음의 창이라고 볼 때, 세상에는 사람 수만큼이나 많은 프레임이 존재할 것이다. 사람 간의 견해차와 이로 인한 갈등은 필연적이며 많은 이가 대화와 타협, 조정을 거쳐 이를 극복해 나간다. 하지만 그런 노력이 늘 성공하는 것은 아니다. 광복 후 70년이 넘었지만 우리는 여전히 진보와 보수라는 이데올로기적 프레임에 갇혀 있다. 여기에 '꼰대'나 '틀딱'이라는 말에 반영된 세대 갈등, '김치녀', '한남충' 따위로 도배된 젠더폭력의 프레임까지 더해졌다. 서로 대립한 프레임 사이에는 쉽게 넘어서지 못할 장벽이 견고하게 자리한다.

조금만 유연했더라면, 이해가 상충할 때 각자의 주장을 내세우기 전에 상대방의 입장을 한 번쯤 미리 헤아렸더라면, 내게 없는 것을 네게서 볼 줄 알았다면, 그리하여 세상에는 내가 모르는 것이 아주 많다는 걸 자각할 수 있었더라면…. 이런 노력을 기울이지 않았기 때문에 우리는 무지와 맹목으로 인한 비극을 견뎌야 했던 게 아닐까. 최인철 교수는 한계를 인정하는 것이야말로 지혜라고 했다. 그렇다면 우리가 보여주는 오만과 독선은 우리의 무지에 대한 증거일 것이다. 우리는 언제쯤 지금보다 더 지혜로워질 수 있을까. 쉽지 않은 일이지만 최 교수의 말에서 길이 보인다.

지혜가 간구의 대상인 것은 분명하지만 동시에 지혜는 끊임없는 훈련의 대상이기도 하다. 지혜는 오랜 연륜을 필요로 하지만 교육을 통해서도 얻을 수 있다. (중략) 지혜가 이처럼 기다림의 대상이 아닌 적극적인 훈련의 대상이 될 수 있는 이유는, 지혜의 본질이 우리 마음의 한계를 지각하는 데 있기 때문이다.(95쪽)

　　　　　　　　　　　　　　　　　　두 번째 질문

진시황이 생전에 만들었다는 중국 시안(西安)의 병마용갱에는 전사, 말, 장교, 악사에 이르는 수천의 토용(土俑)이 있다. 그중 서 있는 자세의 병용(兵俑)은 심하게 훼손된 것이 많다. 반면 한쪽 무릎을 땅에 대고 꿇은 자세의 병용은 대부분 옷의 무늬는 물론 머리카락조차 완벽히 보존돼 있다. 추측하건대 천장이 무너질 때 뻣뻣이 선 자세보다는 아무래도 구부린 자세가 피해를 덜 받았을 것이다. 모난 돌이 정 맞는다는 얘기는 여기서도 적용된다.

'꿇는' 행위가 굴욕적으로 비칠지 모르지만 저 멀쩡한 병용의 모습에서 일면 생존의 지혜가 느껴진다. 잠시 〈동물의 왕국〉으로 채널을 돌려보자. 사냥감을 저만치에 두고 무릎 꿇은 맹수가 있다. '요만한' 가젤 한 마리 잡겠다고 '이따만 한' 사자가 한껏 웅크린 모습이 좀 우습기도 하다. 그러나 사냥은 번쩍이는 황금 갈기와 사나운 포효로 하는 것이 아니다. 사냥터에서는 오직 죽고 사는 최선의 경주만이 의미가 있다. 그러므로 저 맹수의 무릎 꿇음은, 꿇지 않으면 먹이를 허락하지 않는 자연 앞에서의 겸손이다. 백수의 왕도 자연을 넘어설 순 없다. 그 한계를 알기에 사자는 무릎을 꿇는다.

무릎 꿇음은 능력의 한계를 깨달은 자의 행위다. 완강한 자의식과 쓸데없는 허세를 버려야만 세상은 버린 그만큼을 채워준다. 그러니 나만 옳다, 나만 할 수 있다는 오만의 무릎을 바닥에 꿇고 겸손할 일이다. 세상은 나를 중심으로 돌아가지 않는다. 그러나 그 사실을 깨닫기는 참 어렵다.

나는 있는 그대로의 세상을 보고 있기 때문에, 내 주관적 경험과 객관적 현실 사이에는 어떤 왜곡도 없다고 믿는 경향을 철학과 심리학에서는 '소박한 실재론(Native Realism)'이라고 한다. 소박한 실재론 때문에 사람들은 '내가 선택한 것을 다른 사람들도 똑같이 선택할 것'이라고 믿는다.(121쪽)

리프레임을 위한 반복 또 반복

"각 대학에서 재학생들이 선배의 권위를 내세워 신입생을 괴롭히는 소위 '대학 내 꼰대질'이나 도를 넘은 군기 문화가 화두가 되고 있다. (중략) 일부 제보는 재학생과 신입생 간 오해로 생긴 해프닝이기도 하지만, 대부분은 '학내 문화'라는 이름으로 반복되던 악습을 짚고 있다. 그 덕에 과거 일부 대학의 잘못된 문화로만 여겨지던 군기 문화가 서울 유명 대학에서도 자행되고 있다는 사실이 드러났다."

2017년 3월 15일자 《주간동아》(1079호)에 게재된 칼럼 〈'대나무숲'에 드러난 대학가 젊은 꼰대들〉의 일부다. 기존의 낡은 습속을 깨고 한창 리프레임해 나가야 할 젊은이들이 구세대의 '꼰대 바이러스'에 감염되었다면 걱정이 아닐 수 없다.

2015년 5월 모 사립대 총학생회가 축제 현장에서 보여준 모습 역시 리프레임과는 상당히 거리가 있다. 무대 가까운 곳에 편히 앉아 여유롭게 공연을 즐기는 총학 간부들과 통제선 밖에 새떼처럼 모여 있는 학생들을 담은 그 사진은 한동안 SNS를 소란스럽게 했다. 특히 군복까지 걸치고 인간 바리게이트를 친 예비역들의 모습은 할 말을 잃게 만들었다. 대학가 싱그러운 축제 현장을 칙칙하게 수놓은 패션 테러는 과연 누구의 아이디어였을까.

우리가 긴장해야 하는 이유가 바로 여기에 있다. 살아가면서 주기적으로 내려야 하는 무수한 선택들, 어떤 신문을 구독할 것인지, 어떤 우유를 먹어야 할 것인지, 어떤 휴대폰을 구입하고, 어떤 자동차를 선택하고, 어떤 보험을 들어야 할 것인지…. 반복되는 이런 결정을 내릴 때마다 대부분 현재 사용하고 있는 제품과 서비스를 '중립적인 대안'으로 리프레임하고 있지 않다. 그렇기 때문에 계속해서 같은 제품과 서비스를 유지하는 쪽으로 선택하고 만다.(262쪽)

권위주의의 낡은 유산이 대학가에 등장한 것은 군 생활을 하며 터득한 '군기'라는 프레임과 무관하지 않은 듯하다. 책임은 기성세대에게 있다. "어차피 사회에 나가면 익숙해져야 할 것들"이라며 낡은 구태를 대물림한 것이다. 군기란 그렇게 유전된 문화적 DNA의 하나다.

그러니 '청년 꼰대' 소리를 듣지 않으려면 전역할 때 군기만큼은 두고 나와야 한다. 당신이 복귀할 세상은 수평적인 리더십과 능률적인 협력을 필요로 하기 때문이다. 또한 당신이 일상에서 마주할 후배들은 군기 없이도 얼마든지 제 역할을 해낼 수 있음을 알아야 한다. 결국 당신이 앞으로 연마해야 할 리더십은 군기와는 다른 질감을 가졌다고 할 수 있다.

넬슨 만델라는 "세상에서 가장 어려운 일은 세상을 바꾸는 것이 아니라, 당신 자신을 바꾸는 것"이라고 말했다. 변화의 시대에 맞춰 자신을 적절히 리프레임하려면 끊임없이 다짐해야 한다. 자기중심적 사고를 깨고, 내 한계를 인정하는 지혜를 갖자고.

인지심리학 분야에는 '10년 법칙'이라는 규칙이 존재한다. 어떤 분야에서건 전문성을 획득하기 위해서는 최소한 10년 이상 부단한 노력과 집중력이 필요하다는 법칙이다. (중략) 프레임은 단순한 마음먹기가 아니다. 한 번의 결심으로 프레임은 쉽게 바뀌지 않는다. 그것이 습관으로 자리 잡을 때까지 리프레임 과정을 끊임없이 반복해야 한다. 규칙적인 운동을 통해 근육을 늘리듯이, 규칙적이고 반복적인 연습을 통해 새로운 프레임을 습득해야 한다.(292~293쪽)

키워드로 되짚는
『프레임』

최인철 지음 | 21세기북스 | 2016년 08월 25일 출간(개정판)

저자는 말한다. "심리학은 우리 마음이 얼마나 많은 착각과 오류, 오만과 편견, 실수와 오해로 가득 차 있는지를 적나라하게 보여주는 동시에 이런 허점들이 프레임이라고 하는 마음의 창에 의해서 생겨남을 증명하고 있다." 세상을 이해하도록 우리를 이끄는, 그러나 주의하지 않으면 쉽게 사물을 왜곡시킬 수도 있는 프레임. 인식의 창이거나 오류의 덫일 수도 있는 그것.

Keyword 1 **자기중심적 프레임에 빠지면** 자기중심적 프레임이란 판단의 주체가 오직 자신뿐이라는 인식을 바탕으로 한다. 여기에 갇히면 다른 사람도 나와 비슷하다고 생각하고, 내 선택이 보편적인 것이라고 믿는 오류에 빠지기 쉽다. 그러나 세상은 복수(複數)다. 숱하게 다른 생각의 프레임이 존재한다는 점을 알아야 한다. 진정한 지혜는 내가 내 행동을 설명하는 것과 동일한 방법으로 다른 사람의 행동을 설명하는 마음의 습관에서 나온다.

Keyword 2 **그랬다면 어땠을까** 어떠한 일의 결과를 알 수 있는 것은 현재 시점뿐이다. 문제는 그처럼 현재에만 존재하는 '결과론적인 지식'이 과거에도 존재했던 것처럼 착각하는 경우에 발생한다. 일이 다 끝나서 결론을 알게 됐으면서 마치 과거의 그 시점에서 이미 알았다는 듯 "내 그럴 줄 알았지" 하는 태도 말이다. 역사에 가정이란 없다는 진리를 알면서도 사람들은 말한다. "그때 이순신 장군이 죽지 않았다면…", "정조가 그렇게 일찍 죽지만 않았다면", "만일 고구려가 삼국을 통일했다면…" 현재에만 분명해지는 결론을 과거에 대입시키는 것으로 "우리 때는 안 그랬는데"라는 말도 있다. 변화된 현재의 내 모습에 익숙해진 탓에 마치 과거의 나도 현재의 나처럼 행동했으리라고 생각하는 것이다.

Keyword 3 **자신이 이름 붙인 대로** 프레임을 좌우하는 중요한 요소 중 하나가 바로 '이름'이다. 평소에 의식하고 있지 않지만 사람들은 자신이 붙인 이름대로 세상을 판단한다. 가령 어떤 사람을 두고 '테러리스트'라고 이름 붙이는 것과 '자유의 전사' 혹은 '혁명가'라고 이름 붙이는 것은 질적으로 다른 생각과 행동을 하게 만든다. 다시 말해 이름 프레임에서의 이름은 '어떻게 명명하느냐' 또는 '어떤 조건을 다느냐'는 것과 같은 의미다. 여러 영역 중 이름의 영향을 가장 심각하게 받는 영역은 바로 돈인데, 같은 9,900원짜리 물건이더라도 '만 원도 안 되는 가격'으로 볼 것인가, '만 원에서 겨우 100원 빠진 금액'으로 볼 것인가에 따라 소비 선택이 크게 달라진다.

Keyword 4 **중립적인 대안을 찾아라** 어두운 극장에 들어가면 처음에는 좌석 찾기가 힘들다. 그러나 곧 어둠에 익숙해져 어렵지 않게 좌석 번호를 확인할 수 있다. 인간은 적응의 동물이라 변화에 민감하다. 이런 특성이 경제적 선택의 핵심원리로 작용한다. '이득'의 상황으로 문제를 프레임하면 사람들은 모험보다는 안정적인 선택을 지향한다. 그러나 '손실'로 프레임할 경우 오히려 모험을 강행하려는 경향을 보인다. 이는 모두 변화하는 상황에 민감하게 반응하는 속성에서 비롯된 것이다. 이때 중요한 것은 현재 상태에 매몰되지 않는 것이다. 지혜로운 선택을 하려면 현재 상태에 주어진 대안을 '중립적인 대안'으로 리프레임해볼 필요가 있다.

두 번째 질문

낭만적이지만은 않은 사랑 보존의 법칙

—— 사이토 다카시의 『**사랑이 필요한 시간**』

　지금 사랑하는 사람이 있는가? 그렇다면 그 사랑은 어떤 모습일까? 사랑은 인간의 근원적 감정이다. 고대 그리스에서 사랑은 에로스로 불렸는데, 서로의 부족한 부분을 채워 가장 이상적인 상태를 추구하려는 열망을 뜻한다. 이런 맥락에서 에로스는 상대방보다 자신을 더 사랑한다. 이와 달리 기독교에서의 사랑은 아가페, 즉 상대를 위해서 자기희생도 마다 않는 절대적인 사랑 혹은 일방적인 헌신을 의미한다. 신이 인간에게 주는 사랑이나 부모가 자식에게 주는 사랑이 예가 된다 하겠다.

　무수한 사랑의 이론이 있지만, 현대에 이르러서도 여전히 사랑은 어렵다. 수많은 사람이 사랑을 정의하지만 하나로 정리되지 않는다. 사랑은 그렇게 저마다 다 다른 이야기가 되어 서로를 울고 웃게 한다.

한 가지 재미있는 점은 사랑과 관련한 소설이나 드라마, 영화를 보면 대부분 이별 이야기가 빠지지 않는다는 것이다. 아니, 이별이 없으면 사랑이 아예 성립되지 않을 정도다. 그런 의미에서 결국 현대의 사랑은 상처가 전제된 채 '썸'을 타는 이야기인지도 모른다. 이별이 두려워 사랑을 아예 시작조차 하지 않는다는 사람도 있으니 말이다.

우리는 주로 사랑을 관념적으로 이해하지만, 조금 다른 각도에서 사랑을 바라보는 사람도 있다. 『이기적 유전자』의 저자 리처드 도킨스(Clinton Richard Dawkins)는 인간을 '유전자를 보전하기 위해 맹목적으로 프로그램을 짜 넣은 로봇 기계'로 정의한다. 따라서 사랑 역시 결국은 유전자가 자기 보전에 유리하도록 고안해 놓은 프로그램일 뿐이라는 거다.

또한 우리가 다룰 『사랑이 필요한 시간』의 저자 사이토 다카시(齋藤孝) 메이지대 교수는 사랑을 '어떤 일을 계속해나갈 수 있게 해주는 에너지의 근원'이라고 말한다. 관념화한 대상이 아니라 물리적 세계에 속한 에너지라는 것이다. 만물의 영장이라는 인간을 유전자 운반 기계로 전락시키든 사랑을 그저 하나의 물리현상으로 취급하든, 중요한 것은 관점의 변화다. 오래 된 사랑도, 새롭게 시작하는 사랑도, 반복되는 헤어짐과 상처도 결국은 그 모든 것이 우리를 다시 살게 하는 에너지인 것이다.

병사도, 대학생도, 취준생도, 모든 청춘의 피는 뜨겁다. 그 뜨거운 피로 맞서 나가야 할 세상은 그리 만만치 않다. 어려운 현실이 주는 상처에 맞서려면 지금보다 더 많은 에너지가 필요하다. 그런 의미에서 류시화 시인의 시 한 구절을 소개해본다. "사랑하라! 한 번도 상처받지 않은 것처럼."

사랑이 무어냐고 물으신다면

우리가 가지고 있는 에너지는 상대가 있어야만 순환한다. 사랑은 에너지를 회전시키는 회로다. 그리고 에너지를 계속 순환시키기 위한 장치가 바로 '습관'이다. 습관 없이는 에너지 순환 회로를 유지할 수 없다.(6쪽)

결국 사랑도 습관이라는 얘기다. 사랑이란 늘 신선한 충격이고 희열이고 낯선 설렘이어야 한다고 여기는 사람에겐 좀 거북하게 들릴 수도 있다. 그러나 사이토 다카시 교수의 저 말이 꼭 틀렸다고 할 수는 없다. 연애감정의 분출력과 추진력이 굉장하긴 해도, 그의 말처럼 '비유하자면 로켓의 1단, 2단'에 불과하니 말이다.

정상적인 연인 관계가 성립되면 두 사람의 연애는 정해진 궤도를 관성적으로(다르게 말하면 습관적으로) 도는 인공위성과 비슷해진다. 본 게임은 이때부터다. 누군가는 그 관성의 궤도 안에서 묵은 정을 계속 쌓아갈 것이다. 가끔은 일상이 된 사랑이 지겨워 이탈하고픈 충동을 느끼겠지만, 연인 사이의 오래된 믿음이 충분히 구심력으로 작용할 것이다. 한편으론 궤도를 이탈하는 인연도 있을 것이다. 정해진 궤도가 주는 안정감을 사랑이 식은 증거라 생각하는 사람들이다.

다카시 교수의 『사랑이 필요한 시간』은 사랑을 주제로 한 온갖 음식을 한 데 모아둔 뷔페 같다. 어떤 음식은 입에 꼭 맞지만 또 어떤 음식은 영 별로일 수 있다. 워낙 다양한 이야기를 하고 있어서 사랑은 이런 것이라고 한마디로 정의내리기도 어렵다. 하지만 지고지순한 사랑에 속아 눈물을 흘려본 이 시대의 청춘들에게 적어도 왜 사랑을 해야 하는지, 사랑을 지속해나가려면 무엇이 필요한지에 대해 답을 찾을 수 있게끔 도와준다. 다만 사랑을 해석하는 여러 시선 가운데 무엇을 택할지는 독자의 몫이다.

　도파민이 왕성하게 분비되는 첫 18개월 동안 우리의 몸과 마음은 힘들여 노력하지 않아도 저절로 사랑을 한다. 하지만 그 단계가 지나 롱런할 수 있는 관계를 만들어가려면 몸과 마음을 의식적으로 작동시키는 훈련이 필요하다. 다카시 교수는 바로 이 단계에 사랑을 자리매김한다. 물질적인 성공을 꿈꾸든 이타적인 삶을 꿈꾸든 인간의 모든 열망은 지속적인 에너지를 필요로 한다. 그에 따르면 그것은 상대가 있어야만 순환하는 에너지라는 것이다. 결국 사랑은 삶의 열망을 북돋기 위해서라도 필요한 사회적 행위다.

　그렇다면 "사람은 왜 사랑을 하는가?"라는 질문에 이렇게 답할 수 있다. "강력한 동기를 가지고 살아가는 일은 혼자서 하기 어렵기 때문이다."(중략) 사랑은 어떤 일을 계속해나갈 수 있게 해주는 에너지의 근원이다. 사랑이 없다면 수고에 대한 보람이 따르지 않는다. 일을 아무리 열심히 해도 보람이 없다면 나는 '도대체 무엇을 위해 일하는가'라는 회의를 품게 된다. 성공을 해도 허무해질 뿐이다.(20쪽)

습관의 사랑이 필요한 이유

이 시대의 사랑에 대해 논하려니, 김애란의 소설집 『바깥은 여름』
에 수록된 단편 소설 「건너편」의 한 장면이 떠오른다.

노량진 고시학원가에서 만나 동거에 들어간 연인 이수와 도화. 이
수는 고시를 치는 족족 떨어지는 반백수이고 도화는 경찰 채용 시험
에 합격한 사회인이다. 사랑의 설렘이 사라진지는 이미 오래. 남자는
점점 주눅이 들고 여자는 그런 남자가 한심해 보인다. 마침내 도화는
가망 없는 남자친구에게 이별을 선언한다. "나는 네가 돈이 없어서,
공무원이 못 돼서, 전세금을 빼가서 헤어지려는 게 아니야. 그냥 내
안에 있던 어떤 게 사라졌어."

네가 무능력해 떠나는 게 아니라고 말하는 도화. 하지만 그녀는 이
미 알고 있었다. 그가 전세금을 빼돌렸을 때 차라리 안도했던 자신의
마음을. 이것으로 그녀는 남자친구에게 덜 미안해하며 떠날 명분이
선 것이다.

한편으론 냉정하지만 이것이 오늘날의 현실적인 사랑의 모습이 아
닐까 싶다. 동화처럼 영원한 사랑을 꿈꾸기에 어깨의 짐이 너무 무거
우니 말이다. 한때 가요 차트를 휩쓴 〈썸〉이라는 노래 역시 이런 현
실을 대변한다. '내 거인 듯 내 거 아닌 내 것 같은 너~'라는 노랫말
처럼, 아리송한 '썸 타기'의 밀당을 옹호하는 사람도 꽤 있다. 미숙한
선택으로 인한 사랑의 정신적·육체적 기회비용을 절약할 수 있다는
논리다.

물론 다른 한편에선 반론을 제기하기도 한다. 연애의 달달함은 누

리고 싶지만 연인으로서 관계를 이어가는 책임은 피하고 싶은 비겁함일 뿐이라는 것이다. 어느 쪽이든 이 시대의 사랑은 전에 비해 가볍고 또 궁핍해졌다. 그렇다면 이런 가볍고 궁핍한 사랑의 시대에 사이토 다카시 교수가 말한 '습관'은 어디에 위치하는 걸까.

우리 사랑의 관계도 한쪽에는 그가 말하는 도파민을 연료로 질주하는 사랑이 있다. 그 시간을 지나 이수와 도화처럼 시들어버리는 인연이 있고, 썸이라는 이름으로 아예 핑크빛 판타지만 소비하려는 이도 있다. 관계도의 가장 외곽에 위치한 이들이 바로 '초식남'과 '비혼녀'다. 저자에게 이들은 사랑에 무기력한 인류의 표상이다. 그들이 사랑을 하지 않거나 몰라서가 아니다. 둘이 함께 시간을 보내면서 서서히 깊어지는 애정, 곧 관계를 숙성시키는 '습관의 사랑'을 하지 못한다는 뜻에서다.

> 만약 사랑이 오래가지 않아 고민이라면 연애의 흥분을 잘라내고 습관으로 생활 방식을 전환해보자. 예를 들어, 상대방과 매일 아침 잠깐씩 이야기를 나누고 출근하는 습관이 들었다고 하자. 갑자기 그 상대가 없어진다면 상당히 쓸쓸해질 것이다. (중략) 이렇게 뭔가를 함께하는 습관을 들인 경우, 그 습관을 기반으로 생활하기 때문에 싸움을 해도 이별로 이어지는 경우는 거의 없다. 습관의 유대가 너무 강한 나머지 헤어지기가 번거롭기 때문이다. 적극적인 애정 표현을 전혀 하지 않는 부부라도 습관의 유대로 얽히면 굳이 '사랑한다'는 말을 하지 않아도 사랑의 관계가 성립된다. (84~85쪽)

사랑에도 체력이 필요하다

함인희 이화여대 사회학과 교수는 "결혼은 사랑하는 두 사람의 평화로운 결합인 동시에 두 사람이 끊임없이 변화되어 가는 과정"이라고 했다. 그러나 사이토 다카시 교수가 소개한 부부처럼 극도의 고통을 견뎌야 하는 전쟁 같은 사랑도 있다.

카와노 유코와 나가타 카즈히로는 유명한 시인 부부였다. 사랑이 깊었던 이 부부는 아내 카와노의 유방암 투병과 함께 이별을 향한 동행을 시작한다. 서로에게 보내는 연시(戀詩)는 카와노가 세상을 뜨기 전날까지도 이어졌다. 병마와 싸우는 와중에도 아내는 시를 썼고, 가족을 위해 밥을 하고 싶다는 소망을 실현했다. 너무나 애틋하고 절절했던 시간이었을 것이다.

허나 그게 다였을까. 때로 나가타는 정신이 불안정해진 카와노를 바라볼 때, 지금의 아내가 자신이 사랑했던 사람이 아니라는 생각으로 괴로워했다. 아픈 아내는 때로 남편에게 울음 섞인 원망과 욕설을 퍼부어댔다. 누군가 그 전쟁 같은 시간을 지켜봤다면 갈수록 피폐해지는 연인의 모습에 넌덜머리가 난 나머지, 그들이 나눈 연시를 고통의 절규로 여겼을지 모른다.

"하루에도 몇 번씩 웃는다. 웃음소리와 웃는 얼굴을 당신에게 남기고 싶어서." 카와노의 고백에 나가타가 응답한다. "오늘 하루가 지나면 또 하루가 줄어버리는 당신과의 시간, 이제 곧 하지(夏至)다."

카와노와 나가타처럼 극도의 고통을 견뎌야만 하는 사랑은 그리 많지 않다. 하지만 그런 고통까진 아니더라도 사랑에는 크든 작든 부담이 따른다. 이는 사랑의 필연적인 대가다.

　결국 연인끼리 시간을 인내하는 노력이 필요하다. 당연히 에너지가 소모되는 일이다. 하지만 그 노력은 충분히 가치가 있다. 다카시 교수는 "사랑이란 어떤 일을 계속해나갈 수 있게 해주는 에너지의 근원"이라고 말했다. 이제 당신이 말할 차례다. 당신에게 사랑은 '에너지의 근원'으로 존재하는가, 아니면 한 번 타오르고 재가 되는 '쾌락의 세계'일 뿐인가. 『사랑이 필요한 시간』은 전자를 택하라고 말한다. 이런 사랑에는 습관이 필요하며, 이를 위해 마음의 근력도 키워야 한다. 습관처럼 일상화된 사랑은 결국 고통마저 삶의 일부로 끌어들인다. 그리고 끝까지 삶을 살아내는 원동력이 된다.

　카와노가 세상을 떠난 다음해에 나가타는 〈나는 죽어서는 안 된다. 내가 죽었을 때 당신은 정말 죽는다〉는 시로 자신이 죽으면 가슴 속에 살아 있는 아내가 정말 죽어버린다는 마음을 표현했다.(197쪽)

사랑은 스펙쌓기가 아니다. 사람이 사람을 사랑하게 되는 계기는 아주 단순한 마주침에서도 생길 수 있다. 사소한 장점 하나가 상대에게는 넓고 무성한 아름드리나무의 그늘로 여겨지기도 한다. 그러니 사랑을 어떻게 해야 할지 고민하지 말자. 이 책에서 사랑에 대한 엄청난 깨달음 따위는 기대하지 않는 것이 좋다. 작고 소박한 것부터 사랑해보길.

Keyword 1 왜 사랑을 해야 하는가

저자의 말처럼 사람은 누구나 굉장한 에너지를 지닌 채 태어난다. 이 에너지는 무엇인가와 이어지기도 하고 이어지지 않기도 한다. 이 에너지를 쏟을 대상을 찾은 사람은 무엇과도 바꿀 수 없는 삶의 충만감을 맛본다. 허나 그 대상이 꼭 연인은 아니어도 좋다. 저자의 말처럼 아이, 강아지, 식물, 음악 등 그 무엇이라도 상관없다. 50세의 나이로 아직도 현역으로 뛰고 있는 일본 축구 선수 미우라 가즈요시는 "축구가 내 삶의 일부가 되어 버렸기 때문에 언제 그만둬야 할지 모르겠다"고 말했다. 어쩌면 당신 주변에도 사랑을 쏟을 대상이 많을지 모른다. 하지만 직접 만나보지 않으면 알 수 없다. 만일 당신에게 사랑할 그 무언가가 아직 없다면 이제라도 눈을 돌려 찾아보자. 그 무엇도 아닌 내 삶을 위해 말이다.

Keyword 2 긍정적 의미의 체념 대부분 연인 관계는 서로에게 결핍감을 채우

려 든다. 그러나 그런 마음은 사랑을 깨뜨리는 원인이 된다. 그런 의미에서 저자는 성숙한 사랑이란 서로에게 대가를 바라지 않는 것이라고 말한다. 대가를 바라지 않음으로써 서로를 진정한 운명공동체라 여기게 되고 그것이 결국 감정의 결속력을 높이기 때문이다. 그 감정이란 다름 아닌 '체념'이다. 하지만 저자가 말하는 '체념'은 흔히 생각하는 부정적인 의미가 아니다. 현재의 사랑을 운명으로 믿고, 보다 충만한 사랑을 만들어가려는 적극적인 태도다. 이처럼 사랑을 지키려는 긍정적인 체념은 위기 앞의 연인을 뭉치게 하는 효과를 일으킨다. 이것이 바로 사랑이 아니겠느냐는 저자의 물음을 한번쯤 곱씹어 볼 필요가 있다. 적어도 눈앞의 사랑을 지키고 싶은 마음이 있다면 말이다.

Keyword 3 새로운 사랑의 패턴, 성숙녀 일본에서는 30~50대의 매력적인 여성이 추앙받는 '성숙녀(成熟女) 붐'이 일고 있다. 이를 두고 저자는 "성숙녀 붐은 아무리 나이가 많더라도 여자가 여자이기를 포기하거나 단념하지 말아야 한다는 굉장히 멋진 현상"이라고 말한다. 문화 성숙이라는 관점에서도 성숙녀 붐은 당연히 밟아가야 할 단계라는 것. 과거에 여성의 경쟁력으로 젊음이 우선시되던 것을 생각하면 발전된 모습이다.

한국에서도 점차 이런 풍속도가 자리 잡고 있는 건 긍정적으로 해석할 여지가 있다. 여성에겐 외적이든 내적이든 나이에 관계없이 스스로를 성장시키는 계기가 될 수 있고, 남성에겐 사랑을 쏟을 대상의 범위를 확장시키는 기회가 될 수 있으니 말이다. 사랑과 나이의 새로운 함수관계가 어떻게 발전하는지 지켜볼 일이다.

Keyword 4 갠지스 강과 결혼의 유사성 저자는 갠지스 강에서 결혼의 모습을 찾는다. "갠지스 강에는 죽은 이의 시체도 떠다닌다. 하지만 현지인들에게는 성스러운 강이다. 그들은 갠지스 강에서 목욕도 한다. 모든 것을 받아들이고 유유히 흘러가는 큰 강에 몸을 담가 자신을 깨끗이 씻어낸다. 그러고 보면 결혼은 시체가 떠다니는 갠지스 강에서 목욕하는 것과 같다고 할 수 있다. 아이가 따돌림을 당하기도 하고, 병에 걸리기도 하고, 돈 때문에 배우자와 싸우기도 하면서 흘러가는 강이다."

결혼할 때 우리는 과연 이 강에 몸을 담그고 살 수 있을지 의심을 하게 된다. 서로의 감정이 숨김없이 드러나는 결혼 생활을 과연 견딜 수 있을지도 자신이 없다. 여러 난관 앞에서 속내를 드러내며 살기보다는 차라리 홀로 살아가는 것이 낫다고 생각할지 모른다. 하지만 저자는 이렇게 말한다. "혼자서는 성스러운 갠지스 강의 묘미를 맛볼 수 없다."

I

한 인간의 인생사를 지도라고 한다면,

출발점에서 도착점까지 우리는

긴 여정 속에서 수많은 사람을 만나게 된다.

친구나 스승, 혹은 직장 선후배 등 만나는 모든 이가

내게 크든 작든 영향을 미친다.

그들 모두가 인생이란 지도에서 내 운명을 가르는

숱한 갈림길과 이정표가 되는 것이다.

그러니 인사가 만사라는 말은 조직뿐 아니라

한 개인의 삶에도 예외가 아니다.

I

누구와 함께 갈 것인가

훌륭한 국가는 무엇으로 만들어지는가

유시민의 『국가란 무엇인가』

군에 입대하기 전까지 나는 사회정의와 민주화를 외치며 제대로 된 나라를 만들어야 한다는 사명감에 불타던 젊은이였다. 그러나 트럭에 실려 도착한 최전방 GOP부대는 패기 넘치던 나를 주눅 들게 하기에 충분했다. 내가 처한 진짜 현실이 어떤 것인지를 극명하게 깨달았다고 할까.

이전까지 내가 가진 지식과 생활습관들은 아무 소용이 없었다. 선임병을 통해 전해들은 온갖 무용담은 한국의 분단 현실을 체감하기에 충분한 것들이었고, 외부 세계와 철저히 차단된 가운데 새롭게 익히는 군 생활은 모든 게 낯설기만 했다.

그런 적응의 시간을 거치며 나는 국가에 대해 진지한 물음을 다시 던져보게 되었다. 눈이 오나 비가 오나 산비탈을 오르내리며 오직 철책선 경계 근무에 집중하는 동안 스스로에게 묻고 또 물었다. '나는 누구이고 왜 여기에 서 있는가. 우리 민족은 어떤 연유로 이렇게 서로 갈라져 총부리를 겨누고 있는가. 국가는 무엇이고 국가는 나를 위해 무엇을 해주었는가.'

지척에 마주한 북한군의 초소를 밤낮으로 지켜보며 이전까지는 피상적으로 느껴온 국가라는 존재를 직면했다. 그 당시 가슴으로 깨달은 것은 국가가 있어야 가족도 나도 존재할 수 있다는 원론적인 사실이었다. 또한 신문이나 방송을 통해 전해들은 이산가족의 아픔이 무엇인지 어렴풋이나마 이해하게 되었다. 철책 근무가 아니었다면 전쟁으로 인해 고향과 가족을 잃은 사람들의 고통을 진지하게 생각해볼 기회가 없었을 것이다.

그로부터 40년도 훨씬 지난 지금, 이제 당신이 내가 머물던 곳에 서 있다. 어쩌면 당신은 국가라는 관념이 낯설고 어색할지 모른다. 나라 간의 경계가 사라져가는 지금 국가의 의미를 찾는 게 무용지물로 여겨질 수도 있겠다. 하지만 분명한 사실은 당신이 지금 군복을 입은 채 소중한 젊음을 떼어내 국가에 봉헌하고 있다는 점이다. 또한 당신을 이곳으로 부른 그 국가는 제대 후에도 당신 삶에서 아주 중요한 요소로 작용할 것이다. 나라 간의 경계가 허물어지고 세계화되어갈수록 당신의 국가관, '한국인'으로서의 정체성이 당신을 설명하는 중요한 요소가 될 것이다.

그러니 이 시간 동안 국가에 대해, 국가와 나의 관계에 대해 한번쯤 진지하게 자문해보았으면 한다. 국가라는 추상적 관념을 생생한 실체로 느껴보기에 사실 이만한 시간과 장소가 어디 있겠는가. 당신이 머문 지금 그리고 여기, 이 병영의 삶이 말이다.

당신은 어떤 국가를 바라는가

나는 "사람들 사이에 정의를 세우고 모든 종류의 위험에서 시민을 보호하며 누구에게도 치우치지 않게 행동하는 국가"가 훌륭한 국가라고 생각한다. 국가는 수천 년 전에 생겨났으며 오로지 악만 행하지도 오직 선만 행하지도 않았다. 오늘날에도 모든 국가들이 악과 선을, 불의와 정의를 동시에 행하고 있다. 그렇지만 국가는 과거에 비해 악을 더 적게, 선을 더 많이 행하는 쪽으로 진화해왔다고 믿는다. 이것이 문명과 역사와 인간의 진보라고 생각한다."(13~14쪽)

스스로를 진보자유주의자라 칭하는 우리 시대의 논객 유시민 작가가 생각하는 국가란 이런 것인가 보다. 이 반대편에서, 국가 자체에 절대적이고 숭고한 가치를 두는 국수주의자들의 관점은 확실히 현대 민주주의 이념과 거리가 있어 보인다. 하지만 민주주의를 표방하면서도 특정인과 특정 정치 집단을 국가와 동일시하는 이들이 아직 존재한다. 제3세계의 독재정권은 물론 바로 가까이 휴전선 너머에서도 쉽게 확인되는 모습 아닌가.

대한민국 역시 지난 역사를 거슬러 보면 예외가 아니었다. 일제 강점기를 지나 광복을 맞았지만 기쁨은 잠시, 우리 국민은 이념 논리의 대립이라는 시대 흐름에 휩쓸려야만 했다. 이념적 선택지는 '반공'

아니면 '적화'뿐이었고, 개인보다 국가가 우선시됐으며, 사회적 갈등이나 혼란을 야기한다는 이유로 민주주의의 가치가 무시되기도 했다.

이렇게 국가지상주의를 표방하며 수십 년간 체제를 유지하는 동안 과거 정부는 극명한 공과(功過)를 보였다. 국가를 우선시하는 강력한 통치이념 아래 오늘날 대한민국이 교역 규모 세계 7위(2016년 기준)의 경제 강국이 된 토대를 만든 것은 사실이다. 하지만 누구처럼 행정부 수반과 왕조시대의 군주를 헷갈려 하거나 이념을 흑백논리로만 나누려는 폐단은 지금까지도 치유되지 못한 상처로 남아 있다.

유시민 작가의 '후불제 민주주의'는 결국 그러한 공과의 불협화음을 빗댄 표현이다. 국가적으로 부(富)의 총량은 늘어났으나 부의 불평등은 심화됐다. 경제 발전으로 외형적·물질적 성장을 이뤘지만 정치나 시민의식 같은 내적 성장은 그에 미치지 못하는 현실이다. 이러한 불협화음들은 우리에게 커다란 사회적 비용을 치르게 한다. 그래서 저자는 오늘날의 국가에게 보다 균형 잡힌 사회를 만드는 데 필요한 미덕을 새롭게 요구하고 있다.

나는 자유를 원하는 것과 똑같이 간절하게 정의를 소망한다. 자유주의 국가론이라는 땅을 딛고 정의를 실현하는 국가를 바라보며 나아간다. 그리고 이런 내가 진보자유주의자라고 생각한다. (중략) 진보자유주의자는 모든 형태, 모든 종류의 절대주의(absolutism)를 거부한다. 자유, 복지, 안전, 평등, 평화, 환경 등 헌법이 규정한 사회의 최고 목표 또는 최고 가치는 모두 평등한 지위를 가진다. (중략) 어떤 하나의 가치를 절대화하여 다른 가치를 종속시키는 순간, 국가는 단

일가치가 지배하는 전체주의로 흐를 수 있다고 본다. 전체주의는 필연적으로 국가의 정의를 파괴한다.(261~262쪽)

'내가 바라는 국가는 어떤 것인가?' 이제라도 이 질문에 제대로 답해야 한다. 먹고살기 바쁘다는 이유로 이를 소홀히 여겼고, 그 대가로 권력이 어떻게 국민의 삶과 안전을 유린하는지를 목격했다. 우리가 유시민의 『국가란 무엇인가』를 읽는 이유는 그런 전철을 되풀이하지 않기 위해서다. 각성한 국민은 국가를 일깨울 수 있다. 그리고 그래야만 먹고사는 일상까지 제대로 변화한다는 걸 이제는 안다. 그러니 지금이야말로, 국가라는 대상에 대해 막연히 품어온 생각들을 한번 짚어볼 때다. 우리에게 국가란 과연 무엇인가.

애국심의 이면에 있는 것

저자가 국가에 대해 제기한 담론들을 하나하나 헤아려보는 것은 독자의 몫이다. 그에 대한 판단은 개인마다 다를 것이다. 여기서는 나역시 한 사람의 독자로 돌아가 책을 읽으며 느낀 단상을 잠시 밝히려 한다. 그 단상은 '애국심'과 '정의'로 요약된다. 이 책에서 저자는 "자유를 원하는 것과 똑같이 간절하게 정의를 소망한다"고 말한다. 그런데 애국심과 정의라는 관념 사이에는 깊은 연관성이 있어 보인다. 이 부분은 특히 병영의 하루를 사는 청춘들과 함께 생각해보고 싶다. 이들이야말로 애국의 최일선인 국가 방위에 헌신하는 주역이기 때문이다. 또한 이들이 살아갈 시대에는 애국심을 지금보다 올곧은 방향에서 활용할 수 있기를 바라는 이유도 있다.

> 애국심은 특별한 면이 있다. 국가는 합법적이고 정당하다고 간주되는 물리적 폭력을 독점적으로 보유하고 행사한다. 다른 어떤 사랑의 대상도 국가와 같지 않다. 그래서 애국심도 다른 사랑의 감정과는 다르다.(131쪽)

우리는 이 땅에 태어나자마자 '동해물과 백두산이 마르고 닳도록' 나라를 사랑해야 한다고 배운다. 그러나 애국심은 대체로 비활성 상태에 머물기 일쑤다. 부모 자식 간, 친구나 연인 간에 "오늘 우리 애국할까(요)?"라는 말을 일상적으로 쓰진 않는다. 평소에는 있는 듯 없는 듯하던 감정이 강력한 활성 상태로 바뀌는 순간은 따로 있다. 대한민국 축구 국가대표팀이 월드컵 본선을 치를 때가 그렇고, 연평해전처럼 국가 위난의 소식이 들려올 때가 그렇다. 그때의 애국심은 비일상적이며 아주 큰 에너지를 소모하는 감정이다. 어떤 상황에서 활성화되느냐에 따라 휘발성이 달라지는데, 정도의 차이는 있겠지만 애국심이 어느 정도 원초적 감정을 지닌 것은 사실이다. 그 감정이 광포한 에너지를 띨 경우에는 야수의 폭력성을 띠기도 한다.

> 고귀한 사랑의 감정일 수 있는 애국심 뒤에는 결코 사랑하기 어려운 야수가 숨어 있는 것이다. (중략) 애국심은 내가 속한 국가를 사랑하는 감정인 동시에 경쟁관계에 있는 다른 국가를 배척하는 감정이다.

국가는 때로 자기를 사랑하는 사람들을 전쟁과 학살이라는 끔찍한 참화 속으로 몰아간다. 다른 어떤 사랑의 감정도 이런 엄청난 악을 저지르도록 사람을 부추기지는 않는다."(132쪽)

물론 모든 애국심이 흑백 논리를 따르지는 않을 것이다. 내가 내 조국을 사랑한다는 말이 다른 나라와 친하게 지낼 수 없다는 말과 동의어는 아니기 때문이다. 그러나 적대 관계에 들어선 나라의 경우에는 상황이 달라진다. 피아간의 구분은 또렷해지고, 애국심을 장작으로 배타적인 감정이 불가마처럼 끓어오른다.

정의부터 바로 세워야 한다

2015년 8월 4일 경기도 파주의 남측 비무장지대(DMZ). 육군 1사단 수색대대에서 최강으로 꼽히는 수색정찰팀이 수색작전에 나섰다가 사고를 당한다. 이 일로 하재헌 하사가 두 다리를 잃고 그를 구하러 간 김정원 하사 역시 오른쪽 발목을 잃고 말았다. 군 합동조사단이 8월 10일 지목한 사고의 원인은 북한군이 군사분계선을 넘어와 매설한 목함지뢰였다.

당시 사고와 이후 전개된 상황은 지켜보는 국민으로 하여금 서로 상반된 감정을 갖게 했다. 우선 자랑스러운 장병들의 모습이 인상에 남는다. 사고가 일어나자 87명의 병사들이 전역 연기 신청을 했다고 한다. 예비역들도 SNS에 군복과 군화 사진을 올리며 조국 수호의 결의를 내비쳤다. 이에 앞서 2010년의 연평도 포격사건 때는 또 어땠는가. 당시 육·해·공군 지원율이 부쩍 늘었던 것은 취업이 힘들어서가 아니었다. 참 대견한 일이다. 젊은 청년들의 애국심에 숙연해지지 않은 기성세대가 없었다.

이처럼 순수한 애국심을 격려하고 보상하는 건 국가의 몫이어야 했음에도 그렇게 하지 못했다는 안타까움이 청년들에게 느낀 고마움만큼이나 컸다. 목함지뢰 사건이 생긴 지 불과 한 달 만에 보도된 기사 제목을 기억하는가. 〈북한 도발 지뢰 부상 하재헌 하사, 치료비 자비 부담 '논란'〉. 관련 법규상 부상 후 한 달까지만 치료비를 지원할 수밖에 없다는 보도가 영 씁쓸한 뒷맛을 남겼다. 물론 국방부가 즉각적으로 치료비 전액 지원 의사를 밝혔으나 실상은 대부분 장병들의 모금액으로 충당한 것으로 전해졌다. 조국을 지키다 다친 젊은이 하나 온전히 보살피지 못하는 나라의 시스템이란 얼마나 한심한가.

나는 사람들 사이에 정의를 수립하는 국가를 원한다. 국민 한 사람 한 사람을 수단이 아니라 목적으로 대하는 국가, 국민을 국민이기 이전에 인간으로 존중하는 국가, 그런 국가가 훌륭하다고 생각한다. 나는 부당한 특권과 반칙을 용납하거나 방관하지 않으며 선량한 시민 한 사람도 절망 속에 내버려두지 않는 국가에서 살고 싶다."(309쪽)

오늘날 대한민국이 보여주는 현실은 과연 유시민 작가가 소망하는 국가의 모습에 얼마만큼 다가서 있을까. 2015년의 국가는 그러지 못했다. 치료비 논란을 바라보는 국민 중 누군가는 토머스 모어의 『유

토피아』속 구절들을 떠올리고 있었을지도 모른다. 국민을 목적이 아닌 수단으로 여기는 국가의 풍경 말이다.

"그들이 혈기 왕성할 때에는 그들을 혹사하면서도, 그들이 노쇠하고 병들어 극도로 빈곤한 상태에 처하게 되면 그 사회는 그들이 밤낮을 가리지 않고 사회에 봉사했던 일과 그들의 그러한 봉사로 인해 사회가 받았던 크나큰 모든 이익을 잊고, 배은망덕하게도 그들로 하여금 가장 비참한 죽음을 맞게 함으로써 그들이 열심히 일했던 데 대해 보답하는 것입니다."

이런 억울함이 없도록 하기 위해서 국가는 국민의 애국심을 요청하기 전에 '정의'부터 바로 세워야 한다.

대통령을 꿈꾸던 청년 케네디(John F. Kennedy)는 육군과 해군 장교 후보생 시험에서 잇따라 낙방하자 아버지라는 백을 써서 기어이 해군에 입대했다. 그 대가로 얻은 것은 평생 진통제와 각성제로 버텨야 하는 부상이었다. '발지 전투의 영웅' 제임스 밴플리트(James A. Van Fleet) 대장은 공군 조종사로 한국전에 참전한 외아들 밴플리트 2세(James van Fleet Jr)를 북한군의 대공포화로 잃었다.

흔히 높은 사회적 신분에 상응하는 도덕적 의무를 노블레스 오블리주(Noblesse Oblige)라 부르는데, 이런 모습이 지식층과 가진 자들이 보여줘야 하는 리더십이자 도덕률이며, 국가적인 위기가 닥쳤을 때 국민적 단합을 이끌어내는 요인이 아닐까 싶다. 사회지도층이 솔선수범하지 않는다면 대중에게 애국심을 요청할 수 없다. 결국 노블레스 오블리주란 권리와 의무에 대한 계급적 '균형'을 맞춤으로써 사회적 결합을 이끌기 위한 방편이라 할 것이다. 그 균형의 다른 표현이 바로 정의다.

『국가란 무엇인가』의 결론을 간추리자면 이렇다. 국가가 훌륭하지 않으면 국민의 삶도 훌륭하기 어렵다. 훌륭한 국가란 정의가 선 곳이며, 그것을 바탕으로 국민들이 자발적 의지에 따라 공동선을 창조하려는 운명 공동체다. 우리는 그 의지를 가리켜 애국심이라 부른다.

애국심의 전제가 되는 정의란 무엇일까. 가진 자와 못 가진 자, 특권층과 서민 사이에 정당한 권리와 의무가 바로잡히는 것이다. 권력의 유무와 관계없이 상식적 정의가 두루 미치는 사회는 정의롭다. 그러한 기반 위에서 우리는 훌륭한 국가를 꿈꿀 수 있을 것이다.

> 자신이 민주공화국 주권자라는 사실에 대해서 대통령이 된 것과 똑같은 무게의 자부심을 느끼는 시민이다. 주권자로서 마땅히 누려야 할 권리가 무엇이며 어떤 의무를 수행해야 하는지 잘 아는 시민, 자신의 삶을 스스로 설계하고 책임지면서 공동체의 선을 이루기 위해 타인과 연대하고 행동할 줄 아는 시민이다.(310쪽)

그 시민다움의 척도에서 당신은 과연 어디에 있는가.

유시민 지음 | 돌베개 | 2017년 01월 23일 출간(개정판)

유시민이 『국가란 무엇인가』에서 끊임없이 강조하는 것은 '훌륭한 국가는 우연과 행운이 아니라 지혜와 윤리적 결단의 산물'이라는 사실이다. 쉽게 말해 훌륭한 국민이 훌륭한 국가를 만든다는 말이다. 하지만 맹목적 사랑은 경계해야 한다.『국가란 무엇인가』전반에 걸쳐 독자는 성숙한 애국이 무엇인지 성찰하게 되는 질문을 끊임없이 마주할 것이다.

Keyword 1 **홉스의 국가론** 무소불위의 권력을 정당하게 행사하는 게 국가라고 보는 홉스의 국가주의는 강력한 경쟁력을 지닌 이론이다. 논리적으로 매우 단순명료해서 긴 설명이 필요 없다. 게다가 가장 강력한 감정인 두려움을 정서적 기반으로 삼고 있다. 내부 혼란과 침략의 위험이 상존하는 상황과 이데올로기적 갈등을 동반한 분단 체제가 계속되는 한 홉스의 국가론은 앞으로도 긴 세월 한국에서 위력을 떨칠 것이다.

Keyword 2 **애국심은 본능이다** 인간은 누군가를, 무엇인가를 사랑하지 않고는 견디지 못한다. 사랑하는 마음을 느끼면서 타인과 정서적으로 교류하지 못한다면 우리의 삶은 너무 고독하고 적막하다. 기쁨, 즐거움, 안타까움 등 인간 고유의 정서를 불러일으키는 모든 만물이 사랑의 대상이 될 수 있다. 그런 의미에서 국가도 사랑할 수 있는 대상이다. 국가를 사랑하는 마음, 즉 애국심도 우리가 지니고 살아가는 여러 사랑의 감정 가운데 하나다.

Keyword 3 **애국심의 이중성** 애국심은 여타의 사랑과는 조금 다르다. 그것은 국가가 폭력을 행사하는 조직이기 때문이다. 애국심은 국민에게 가해지는 폭력을 감내할 만큼 자신이 속한 국가를 사랑하는 감정인 동시에, 경쟁 관계에 있는 다른 국가를 배척하는 감정이다. 국가의 폭력성은 때로 자기를 사랑하는 사람들(국민)을 전쟁과 학살이라는 끔찍한 참화 속으로 몰아간다. 다른 어떤 사랑의 감정도 이런 엄청난 악을 저지르도록 사람을 부추기지 않는다. 애국심에 붉은 선혈이 배어 있는 광경은 낯설지 않다.

Keyword 4 **대한민국의 아주 특별한 애국심** 일반적으로 어떤 국민(민족)은 다른 국민(민족)으로부터 억압을 받을 때 비로소 자기 자신을 자각하게 된다. 애국심이나 민족애 역시 그런 경로를 거쳐 형성된다. 우리의 민족의식이나 애국심 역시 통일신라 이후 중국과 일본 등 주변 국가로부터 침략과 억압을 받으면서 형성된 것이라 볼 수 있다. 그런데 대한민국이 미국, 일본과 동맹을 맺고 북한과 군사적으로 대결하는 오늘의 상황은 '민족'이라는 관점에서 볼 때 모순적이다. 이처럼 같은 민족인 북한에 대해 강한 증오심을 가진 국민이 적지 않은 것은 동족상잔의 내전을 겪었기 때문이다. 우리 국민은 북한에 대해 동질감(민족의식) 못지않게 적대국을 향한 배타적 감정을 느끼며 산다. 분단 상황이 오래 지속될수록 민족적 동질감은 약해지고 배타적 감정은 강해질 것이다.

세 번째 질문

누군가와 진실한 관계를 맺는다는 것은 ─────── 윌리엄 유리의 『혼자 이기지 마라』

사회생활을 할 때 가장 어려운 일 중 하나가 바로 인간관계다. 마음 같아서는 모든 사람과 잘 지냈으면 좋겠지만 그게 참 생각대로 되지 않는다. 이럴 때 타인과 좋은 관계를 맺는 가장 중요한 요소로 흔히 '역지사지(易地思之)'를 든다. 누군가와 진실한 관계를 맺는 첫 걸음은 다름 아닌 나를 버리고 상대의 입장에 서는 태도에서 비롯되기 때문이다. 내 경험을 돌이켜봐도 그렇다.

나는 인생의 대부분을 광고회사에서 보냈다. 그런데 함께 일하는 사람 대부분은 다른 직종에 종사하는 이들과 비교해볼 때 유난히 자아가 강했다. 특히 업무적인 면에서 각자의 자아가 유독 드러나곤 했는데, 그도 그럴 것이 크리에이티브를 다루는 일을 주로 하다 보니 어떤 프로젝트가 주어지든 그 결과물은 뇌를 소진해가며 몰입하는 과정을 거치기 때문이다. 사정이 이렇다 보니 아이디어 회의를 할 때면 다들 보통 예민해지는 게 아니었다. 하나 같이 산고를 겪은 뒤 내놓은 아이디어들이니 그에 대한 자부심과 고집이 대단했다.

하지만 그런 노력이 따랐다는 이유로 그 아이디어가 바로 채택되는 경우는 거의 없다. 자기만의 생각에 너무 빠져 있기 때문에 동의를 끌어내기 어렵다. 자기는 너무 좋은 아이디어라고 하는데, 수긍하는 이가 아무도 없는 것이다.

광고 아이디어는 기본적으로 커뮤니케이션을 전제로 한다. 때문에 아무리 기발하더라도 사람들이 받아들이지 못하면 좋은 아이디어가 될 수 없다. 즉, 나 아닌 다른 모두가 공감하지 못한다면 이는 이미 아이디어가 아닌 것이다.

'공감'을 얻는다는 것. 이는 인간관계에서도 무척 중요하다. 사람은 누구나 자신의 이야기를 들어주는 사람을 좋아한다. 사람들이 SNS에 글과 사진을 끊임없이 올리는 것도 내 이야기에 대한 공감이 고프기 때문이다. 아이디어도 인간관계도 내가 아닌 남이 되어야만 비로소 해결의 실마리가 보이기 시작한다.

한번 자문해보자. 나는 얼마나 남의 말에 귀를 기울이는가. 우리 사회는 끊임없는 경쟁 상황 속에 사람들을 내몰고 있다. 남보다 앞서라고, 그렇지 않으면 승리할 수 없다고 강요한다. 하지만 어떤 인생이든 혼자 이기는 싸움은 없다. 나는 이 사실을 광고를 통해 배웠다. 공감을 얻고 싶으면 공감할 수 있는 말을 해야 한다. 설득하려고 하기보다 마음을 울려야 한다. 이는 곧 상대의 입장에서 생각하는 것이다.

한국 사람들은 특히 감정적이라고 한다. 문제가 생겨 다툼이 시작

되면 문제는 사라지고 감정만 남는 경우가 대부분이다. "사람과 싸우지 말고 문제와 싸워라!" 세계 최고의 관계전문가인 윌리엄 유리(William Ury) 박사의 말이다. 여기에 하나 더 잊지 말아야 할 것이 있다. 전쟁도 일도 인간관계도 혼자 이기는 싸움은 없다는 사실이다.

역지사지, 유능한 협상가의 덕목

광고회사를 경영하는 일은 언제나 고객과의 커뮤니케이션을 전제로 한다. 현역에 있을 때 직원들에게 '역지사지(易地思之)'를 강조한 이유가 여기에 있다. 광고주를 만족시킬 수 있는 최적의 콘텐츠를 제작하려면 해당 기업의 니즈를 파악하는 일이 급선무다. 따라서 역지사지는 윤리적 덕목 이전에 업무상 반드시 요구되는 행동 매뉴얼이었던 셈이다.

그것을 다른 말로 표현하면 '배려'가 된다. 나보다 상대의 입장을 먼저 헤아리는 자세는 자연스럽게 상대에 대한 마음씀씀이로 이어진다. 또 다른 말로는 솔선수범이 될 수도 있겠다. 타인을 우선시하니 행동해야 할 때 남보다 먼저 나서고, 그 책임 또한 남에게 전가하지 않는다. 이러한 행동윤리 속에서 나와 너 사이의 서로 다른 관점을 아우르는 균형 감각이 생긴다. 아무리 창의적인 콘셉트로 멋진 CF를 만든다고 해도 그것이 마케팅 포인트를 벗어난다면 말짱 도루묵이 아닌가. 고객의 요구와 세련된 아이디어를 조화시키지 못하는 광고인은 결코 성공하기 어렵다.

따라서 고객을 만족시키면서도 시의적절한 광고를 만들어내는 과정에서 협상은 필수 요소다. 광고주와 광고회사 간에 생기는 불협화음이나 오해는 서로 생각하는 제작 방향이 다르다는 데서 일어난다. 가령, 광고주는 판매에 도움이 되는 메시지를 보다 직설적으로 전달하고 싶어 하는 반면 광고회사는 좀 더 창의적이고 세련된 스토리텔링으로 표현하려는 경우를 들 수 있다. 바야흐로 네고(negotiation)가 필요한 시점인 것이다.

그래서 광고회사에서는 AE(Account Executive)의 역할이 중요하다. 그는 자기 회사의 제작 실무진과 광고주 사이를 오가며 양자의 입장차를 조율한다. 유능한 AE는 숙련된 협상가다. 하지만 그런 능력이 어디 하루아침에 얻어지겠는가. 협상의 달인이 되려면 먼저 협상의 의미부터 되짚어볼 필요가 있다.

> 당신은 '협상'이라는 단어를 들으면 무엇이 떠오르는가? 의견의 불일치, 힘겨루기, 승자와 패자 같은 단어들만 뇌리에 스치는가? 만약 그렇다면 당신은 협상을 잘못된 관점에서 바라보고 있는 것이다.(8쪽)

내가 맞고 당신은 틀리다는 식의 이분법적 태도, 승패를 가려야 직성이 풀리는 대결적 관점으로는 유능한 AE가 될 수 없다. 물론 법보다 주먹이 먼저인 마피아 동네라면 다를 수도 있다. 한 손에는 권총을 들고 웃으면서 대화하는 것이 최고의 협상 기술이라는 말도 있으니 말이다. 자기 입장만 고집하며 상대를 무조건 승복시키려는 태도는 어디에서 비롯된 것일까. 어쩌면 치열한 경쟁사회에서 체득한 현대인의 생존 본능이 아닐까 싶다.

어쨌든 협상을 대결 국면으로만 이해한다면 유리 박사의 말처럼 모든 인간관계는 엄청난 정신적 압박을 야기할 것이다. 협상에서 유연한 태도를 보이는 것을 마치 한 발 밀려나는 것인 양 생각하는 '강대 강'의 사고방식으로는 합의에 이를 수가 없다. 어디 한 번 조금도 양보하지 않고 강하게 버텨보라. 내가 튕겨내는 만큼 상대도 나를 튕겨낼 것이다. 결국 작용 대 반작용의 물리법칙은 인간관계에도 고스란히 적용된다. 그렇다면, 이러지도 저러지도 못하는 이 대치국면을 대체 어쩌란 말인가.

이 같은 모순을 해결할 대안이 있다. 바로 공동 문제 해결(joint pro-blem-solving) 방식이다. 공동 문제 해결이란 유연함과 강경함을 이분법적인 선택의 문제로 나누지 않고 이 둘을 결합시킨 개념이다. 즉, '사람에 대해서는 유연하게, 문제에 대해서는 강경하게' 대처하자는 의미다. 서로 상대를 공격하는 대신 협상 당사자들이 함께 협력해서 문제를 공격하자는 것이다.(20~21쪽)

사람과 싸우지 말고 문제와 싸워라

『혼자 이기지 마라』에서 강조하는 공동 문제 해결의 핵심 원칙은 사실 다음의 한 문장으로 정리할 수 있다. '사람과 싸우지 말고 문제와 싸워라.' 저자는 이를 실천하기 위한 행동 매뉴얼로 '마음의 장벽을 허무는 5가지 원칙'을 소개하고 있다.

① 반사적으로 반응하지 않는다.
② 논쟁하지 않고 상대의 입장에 선다.
③ 거부하지 않고 게임의 룰을 바꾼다.
④ 몰아붙이지 않고 다리를 놓아준다.
⑤ 내 힘을 상대에게 실어준다.

쉽게 이해되는 문장들이다. 특히 ②에서 ⑤에 이르는 4개의 원칙은 역지사지가 기본 원리라고 해도 과언이 아니다. 행동의 초점을 나에게 두지 않고 너를 우선하는 까닭이다. '논쟁하지 않고', '거부하지 않고', '몰아붙이지 않고' 일단 '내 힘을 상대에게' 실어준다는 것. 그것은 결국 자기를 주장하기보다 일단 상대의 리드에 맞춰 움직이라는 뜻이다.

혹시 상대를 인정하는 행동이 자신의 실수를 드러내거나 약점을 잡히는 결과가 될까봐 두려워할지도 모르겠다. 하지만 사실은 정반대다. 당신이 상대를 인정할수록 오히려 상대는 당신에게서 힘을 느낀다. 상대가 당신의 그 힘을 제대로 알아볼 수 있도록 상대를 인정할 때는 자신감도 함께 보여주자.(95쪽)

②~⑤에 비해 ①은 조금 다르다. 앞선 4개의 원칙이 상대를 중심

에 놓는 것과 달리 온전히 나를 우선한 말이다. 즉 '반사적으로 반응하지 않는' 주체는 결국 자기 자신이다. 그래서 ①은 ②~⑤의 근간이 되는 원칙이라 할 수 있다.

어떤 행위도 그 시작은 자신의 마음에서 비롯된다. 마음의 반사적 반응이란 어려운 상황에 맞닥뜨렸을 때 합리적인 생각 없이 즉각적으로 행동하는 것을 말한다. 성질 급한 연인들이 툭하면 언성을 높이는 광경을 떠올려보자. 이런 반사적 반응은 훨씬 심각한 혼란을 불러오기도 한다.

상대가 가진 힘의 대부분은 당신을 반사적으로 반응하게 만듦으로써 형성된다. 소규모 테러 집단이 길 가던 민간인 한 명을 잡아가는 것만으로 어떻게 세계의 주목을 끌고, 심지어 지구상에서 가장 힘센 국가의 리더를 안절부절못하게 할 수 있는가? 사실 그 인질범들에게는 아무런 힘이 없다. 다만 인질 사태를 지켜보는 일반 시민들의 반사적 반응으로부터 나오는 힘을 취하는 것이다.(60쪽)

이렇게 허둥대는 마음으로는 아예 협상이 안 된다. 그래서 저자는 끊임없는 훈련을 통해 자기 자신과 거리를 두는 기술을 연마하라고 권한다.

협상을 하다가 난관에 부딪혔을 때는 잠시 뒤로 물러나 마음을 차분히 가라앉히고 상황을 객관적으로 내려다볼 필요가 있다. 무대 위에서 협상을 하다가 무대를 내려다볼 수 있는 발코니로 올라가고 있다고 상상해보자. 발코니는 사물을 관조하는 마음 상태를 상징한다. 그 발코니에서 당신은 제3자가 되어 쌍방의 갈등을 차분하게 평가할 수 있다.(62쪽)

난관에 부딪힐 때마다 제3자가 되어 자기 자신을 발코니에서 내려다볼 수 있다면, 그 정도 경지에 오른다면 스스로를 제어하는 능력과 상황에 대한 분별력을 자랑해도 좋다. 거꾸로 이 말은 그러기가 그만큼 어렵다는 뜻이기도 하다.

아무리 상대방의 입장을 헤아린다 해도 결국 협상 역시 총성 없는 수 싸움이다. 다만 그 싸움을 얼마나 노련한 매너로 치르느냐에 따라 성패가 갈릴 뿐이다. 하여, 만일 '전지적 발코니 시점'이라는 게 있어 그것의 대가가 될 수 있다면, 당신은 『손자병법』이 보증하는 수 싸움의 지존에 오를 수도 있을 것이다. 백 번 싸워 백 번 이기는 것이 아니라, 싸우지 않고 적을 굴복시킬 수 있을 테니 말이다.

윌리엄 유리 지음 | 이수정 옮김 | 스몰빅라이프 | 2012년 04월 18일 출간

지미 카터 미국 39대 대통령은 윌리엄 유리에 대해 이렇게 말했다. "윌리엄 유리는 갈등의 핵심을 파악하고 갈등을 해결하는 단순하면서도 획기적인 방법을 찾아내는 데 탁월한 재능을 갖고 있다." 세계 최고의 관계전문가라고 하니 밀고 당기는 데는 도가 텄을 것이다.

Keyword 1 **협상의 비결** 현대인의 일과는 협상의 연속이다. 다시 말하지만 협상은 사람과 싸우는 것이 아니고 문제와 싸우는 것이다. 사람과 싸우는 협상은 적을 만든다. 그러나 문제와 싸울 때 당신은 협상 파트너를 친구나 협력자로 변화시킬 수 있다. 사람이 아닌 문제와 싸우는 데 서로 힘을 모은다면, 우리의 공동 문제 해결 능력은 비약적으로 발전한다. 바람직한 협상의 자세는 이 한마디면 족하다. '사람에게는 유연하게, 문제에는 강경하게.'

Keyword 2 **마음의 장벽을 허무는 법** 마음의 장벽을 허무는 방법의 핵심은 목표를 우회하는 행동이다. 당신의 협상 파트너가 성난 무소처럼 눈앞으로 돌진하게 만들지 마라. 그를 만족스런 파트너로 만들려면 저항을 잠재울 우회로가 필요하다. 그 길에 이르는 5개의 관문이 있다. 첫째 반사적으로 반응하지 않는 것, 둘째 논쟁하지 않고 상대의 입장에 서는 것, 셋째 상대의 입장을 거부하지 않고 게임의 틀을 바꾸는 것, 넷째 몰아붙이지 않고 다리를 놓아주는 것, 다섯째 내 힘을 상대에게 실어주는 것이다.

Keyword 3 **상대를 존중하기** 협상엔 철저한 준비가 필요하다. 당연한 말이지만 어려운 협상일수록 더하다. 이때는 시간보다 준비하려는 의지가 중요하다. 우선 자신과 상대의 이해관계를 규명하고 창의적인 합의안을 만들어내야 한다. 그 과정에서 상대와 나를 동시에 만족시킬 만한 공정하고 독립적인 기준을 마련할 필요가 있다. 공정한 기준과 대안을 확보하고 협상에 임하면 합의를 도출해내기가 쉬워진다. 이러한 협상의 핵심은 어느 상황에서도 상대를 존중하는 마음이다. 상대를 존중하고 배려하는 마음은 모든 관계의 기본이다. 우리 안에는 아무리 어려운 관계라도 적을 파트너로 바꾸어 놓을 수 있는 힘이 있다.

머리가
아닌 ──── 에드거 F. 퍼이어의 『영혼을 지휘하는 리더십』
마음부터
써라

시대나 환경에 따라 리더의 조건 역시 바뀌게 마련이다. 어떤 일을 하는 기업인가에 따라서도 필요한 리더의 유형은 달라진다. 나는 개인적으로, 진정한 리더란 조직원들로 하여금 함께 일하고 싶은 마음이 들게 하는 사람이라고 생각한다. 아침에 눈떴을 때 빨리 출근하고 싶은 회사가 좋은 회사이듯, 따라하고 싶고 함께 일하고 싶은 사람이야말로 훌륭한 리더가 아닐까.

커뮤니케이션을 주업으로 하는 광고회사는 무엇보다 소통이 중요하다. 내가 가장 역점을 둔 것도 수평적인 구조에 기반을 둔 자유로운 소통이었다. 창의적인 아이디어를 생명으로 하느니만큼 마음껏 아이디어를 쏟아내며 자신의 역량을 발휘하도록 돕는 것이 리더의 역할이라고 생각했다.

그래서 나는 사원, 대리, 차장, 국장, 수석으로 이어지는 수직적 직급체계를 C1, C2, C3로 단순화하고 모든 호칭을 '프로'로 통일했다. 아이디어에 직급이 있는 게 아니니 계급장을 떼고 아이디어로 진검승부를 해보자는 취지였다.

그러나 문화를 바꾼다는 것은 말처럼 그리 간단치 않았다. 특히 사원들이 팀장이나 임원을 격 없이 프로라고 부르는 건 당시로서 쉽지 않은 일이었다. 쉽게 적응하지 못하는 직원들을 보며 나는 내 명함부터 프로로 바꾸고 직원들이 김 프로라고 부르도록 독려했다. 당시에는 매우 파격적이어서 자리를 잡는 데 다소 시간이 걸렸지만, 최근에 프로 호칭을 쓰는 회사들이 점차 늘어나는 걸 보며 내 판단이 잘못되지 않았다는 생각이 든다.

병영이라고 해서 다르지 않다. 어떻게 하면 부하들을 매뉴얼대로 가르치고 훈련시킬까를 고민하기보다 어떻게 하면 각자의 개성과 잠재력이 충분히 발현될까 살피는 리더가 필요하다는 뜻이다. 그런 리더가 되려면 머리를 쓰기 전에 마음을 써야 한다. 이는 출중한 능력을 필요로 하지 않는다. 고문관 같은 선임이라도 의외의 리더십이 발현되는 경우가 있다. 어느 날 아주 멋진 삽질 시범을 보여준다던지 첫 혹한기 훈련에서 허둥대는 신참을 노련하게 지도해준다던지 할 때다.

아무리 상명하복의 문화가 지배적이라고 해도, 명령이 아닌 마음으로 부하를 움직이는 선배는 분명히 있으며 이는 곧 오래 전부터 내가 생각해 온 우리 시대 리더의 모습이다. 청년들에게 이 책을 추천하면서 묻고 싶은 질문이 생겼다. "당신은 어떤 리더가 되고 싶은가?"

리더십은 훈련을 통해 단련된다

〈K팝 스타〉나 〈슈퍼스타K〉 같은 오디션 프로그램을 볼 때마다 놀라는 점이 있다. 어떻게 저런 재능을 타고 났을까 싶은 친구들이 매 시즌 새롭게 등장한다는 점이다. 평범한 가수지망생들로서는 그런 유망주들 옆에 서는 게 달갑지 않을 것이다. 낭중지추(囊中之錐)라고, 송곳 같은 재능은 감추려 해도 드러나게 마련이어서 그 옆에 선 범재(凡才)들이 상대적으로 초라해 보이기 때문이다. 더구나 심사위원들이 원하는 참가자는 다소 거칠더라도 타고난 음색과 자신만의 개성을 지닌 친구들이다.

여기까지만 보면 아무리 노력해서 실력을 닦아본들 타고난 재능한 방에 나가떨어지는 불평등 사회로 보인다. 하지만 이게 끝일까. 첫 등장에서 기라성 같은 심사위원들의 마음을 사로잡은 친구라도 다음 무대에서는 형편없는 모습을 보일 수 있다. 그럴 경우 이전 무대에서의 극찬은 온데간데없어진다. 반대의 상황이 펼쳐지기도 한다. 심드렁했던 지난번 무대와 달리 "오늘은 딴 사람이 왔네요"라는 칭찬 일색이 되기도 하는 것이다. 이후로 펼쳐질 본선에서 그들은 다시 탈락의 위기와 또 다른 찬사 사이를 오르락내리락하게 될 것이다. 결국 재능이란 무수한 담금질을 거쳐야만 제대로 발현된다. 타고난 재능은 그저 가능성일 뿐이다.

"'명령하는 데 타고났다'거나 '이끄는 데 타고났다'는 표현도 일리는 있습니다. 그러나 뛰어난 예술가의 잠재력을 갖고 태어났어도 그 재능을 완전히 개발할 기회를 갖지 못하는 사람이 있는 것처럼, 리더십에 대한 잠재력을 그저 품고만 있는 사람도 많을 것입니다. 리더십이란 선천적인 능력과 환경적 요소를 더한 결과물이라 생각합니다."(21쪽)

미국의 34대 대통령 아이젠하워의 말이다. 듣고 보니 재능과 리더십은 정말 닮은꼴이다. 사실이 그렇다. 저 경연 참가자는 천재성만으로는 결코 성공할 수 없을 것이다. 탈락의 위기와 극찬을 오가는 와중에 생기는 근육들, 다시 말해 강인한 정신력과 평정심, 여기에 기술적 완성도까지 더해져야 하는 것이다. 이것이 총체적인 의미의 재능이다. 리더십이 훈련을 통해 단련된다는 아이젠하워의 말도 이와 같은 맥락에서 이해할 수 있다.

이쯤에서 우리는 '재능은 타고나는 것인가, 만들어지는 것인가?'라는 오래된 질문에 대해 답할 수 있을 것이다. 당연히 선천적 재능에 더해 후천적 노력이 뒤따라야 한다. 여기에 재능 대신 리더십이라는 단어를 대입하면『영혼을 지휘하는 리더십』의 결론이 된다. 너무 빤하지만 어쩔 수 없다. 그것이 부정할 수 없는 인생의 진리다. 문제는 이 빤한 답을 실현하는 게 그리 녹록치 않다는 점이다.

▌우리를 이기게 해주는 사람은?

『영혼을 지휘하는 리더십』은 미국 역사상 가장 위대한 군 지휘관으로 일컬어지는 조지 C. 마셜(George C. Marshall), 더글러스 맥아더(Douglas MacArthur), 드와이트 아이젠하워(Dwight Eisenhower), 조지 S. 패튼(George S. Patton Jr.) 의 리더십을 다룬 책이다. 이들 네 명이 선천적으로 타고난 특질과 후천적으로 개발된 요소들을 분석, 종합하여 참다운 리더십의 의미를 규명한다.

당연한 얘기지만 각각의 인물 됨됨이는 참 다르다. 마셜 장군은 냉철하면서도 부하들의 능력을 끌어내는 혜안을 지녔다. 장교든 병사든 그들로 하여금 밖으로 나와 무엇인가를 하도록 용기를 북돋우며, 과정상의 실수는 크게 문제 삼지 않았다고 한다. 그러는 한편 때가 되었는데도 자신의 능력을 발휘하지 못하는 사람들을 좌천시키는 데는 냉철하고 현실적이었다.

중국 대륙의 10대 강사로 통하는 자오위핑(趙玉平) 교수는 자신의 리더십 강의에 『삼국지』 영웅들을 곧잘 끌어들이곤 하는데, 그의 방식을 빌린다면 마셜은 조조에 가까운 인물이다. 사람을 감싸는 도량 못지않게 냉철한 현실감각을 지녔다는 점에서 그렇다. 실제로 조조는 원소와 내통한 부하들의 명단을 불태웠을 만큼 통 큰 아량을 지녔으면서도, 자신이 내건 신상필벌의 원칙을 엄격히 지킬 줄 알았다.

그러나 관리자 유형의 리더만 필요한 것은 아니다. 때로는 조조 휘하의 하후돈 장수처럼 불독 스타일이 절실하다. 영화 〈패튼 대전차군단〉의 실존인물인 조지 패튼이 그런 인물이다. 패튼이 아니었더라면 2차 대전 당시 사막의 여우 롬멜(Erwin Rommel)이 이끄는 독일 전차군단에게 형편없이 밀리던 연합군이 열세를 뒤집을 수 없었을 것이다. 명령을 따르지 않는 부하를 즉시 내쫓을 만큼 불같은 성격을 지녔지만, 위기의 순간에서 이렇게 말하기도 했다.

"내가 약속할 수 있는 것은 단 한 가지다. 내가 가면 제군들도 간다."
(388쪽)

호랑이 같은 장군이 트레이드마크인 욕설을 남발해대며 저렇게 독려려하는 모습을 상상해보라. 어쩌면 욕을 먹는 묘한 흥분 속에서 당신도 "진격, 앞으로!"를 외쳤을지 모른다. '상대하기 정말 까다롭지만 우리를 이기게 해주는 사람'이라는 평판은 그의 면모를 가장 잘 드러내주는 말이다.

그러고 보면 패튼도 대단하지만 그런 인물을 적재적소에 활용해 전쟁을 승리로 이끈 아이젠하워야말로 한 수 위인 사람이다. 연합군의 장성들까지 고려하면 그가 어르고 달래야 할 사람은 패튼 외에도 차고 넘쳤다. 그런 점에서 연합군 최고사령관으로서 아이젠하워가 보여준 정치적 조율 능력은 탁월한 것이었다. 이는 2차 대전을 함께 치른 오마 브래들리(Omar Bradley) 영국 육군원수의 평가에서도 잘 드러난다.

"그는 영국인들과 미국인 모두를 공평하게 만족시키며 일할 수 있었습니다. 아이크가 그런 능력을 가지지 못했다면, 연합군에 가담했던 나라들은 서로 다투고 있었을지도 모릅니다. 서로 다른 체계에서 성장한 두 나라를 연합해 움직이려면 내부에서 파벌이 생기게 마련이지만, 아이크는 그것을 최소한으로 줄였습니다. 그것이 그의 가장 큰

공헌 가운데 하나였지요."(255쪽)

자오위펑 교수라면 이런 유형의 리더를 유비에 빗댔을 것이다. 관우, 장비, 조자룡 같은 맹장과 함께 제갈량까지 휘하에 둔 유비. 자오위펑 교수는 이 인물의 최대 강점을 '지지형 리더 스타일'에서 찾는다. 자신을 우선하지 않고 자신보다 나은 인재들이 역량을 꽃피우도록 뒷받침해준다는 얘기다. 이는 상황에 따라 지혜롭게 굽히고 펼 줄 아는 능굴능신(能屈能伸)의 처세이며, 갈수록 업무 환경이 복잡해지는 오늘날의 조직에서 더욱 요구되는 덕목이기도 하다.

덕(德), 리더를 리더로 만드는 품성

마샬, 아이젠하워, 패튼⋯. 당신이라면 어떤 유형의 리더를 선택하겠는가. 아, 한 사람이 빠졌다. 아이젠하워가 역사에 길이 빛날 위대한 지휘관으로 칭송한 맥아더 장군이다. 그를 가장 마지막에 소개하는 건 맥아더라는 인물이 어떤 하나의 유형으로 특정짓기 어려운 리더이기 때문이다.

여단장 시절 맥아더는 장교 제복을 벗고 병사들과 같은 옷을 입은 채 하루 종일 섞여 지낸 지휘관이었다. 조지 C. 케니(George C. Kenney) 장군의 회고에 따르면 2차 대전 동안 맥아더가 받은 비난의 대부분이 부하를 대신해 받은 것이었을 만큼 아랫사람에 대한 배려가 남달랐다. 한편으로 그는 탁월한 웅변술과 영리한 쇼맨십, 여기에 적당한 은둔자적 성향을 가미해 스스로를 신비롭게 연출하는 능력을 선보였다.

뭔가 좀 능수능란한 캐릭터라는 느낌이 들지 않는가. 그래서인지 맥아더 장군을 존경한 이는 많았으나 사랑한 사람은 드물었다는 주변인들의 말이 이해가 된다. 그러나 분명한 사실은, 다음의 케니 장군의 회고에서도 드러나듯이 맥아더 또한 위대한 리더의 조건을 지녔다는 점이다. 바로 타인을 움직이는 능력이다.

> "나는 그를 장군으로서, 또 하나의 인간으로서 존경하고 좋아하고 있다. 그의 타고난 리더십에 감화를 받은 것이다. 결코 그가 그렇게 충동질한 게 아니다. 그를 위해 일하는 사람들은 모두 알아서 그가 원하는 대로 움직이게 되었다. '위대한 보스'를 실망시킬 수는 없으니까. 그가 뭘 바라고 명령을 내리는지 느낄 수는 없지만, 그는 자기 자신을 명확하게 표현할 줄 알았기 때문에 궁금한 점을 남기지 않고 그렇게 하도록 만들었다."(229쪽)

진정한 리더가 되고 싶은가. 만일 계급장을 뗄 때도 따르는 이들의 발길이 끊이지 않는다면 당신은 그 자격을 갖춘 사람이다. 리더십은 돈이나 권력이 아닌 개인의 매력으로 사람의 마음을 사는 기술이기 때문이다. 앞서 여러 유형의 리더십을 얘기했지만 사실 인간의 성격을 쉽게 재단할 수는 없다. 위대한 리더라면 아마도 그 모든 특성을 조금씩 갖고 있을 것이다. 상황에 따라 필요한 능력을 적절히 구사하면서 말이다.

세 번째 질문

그래도 고정불변의 상수는 존재한다. 용맹하고 지혜로운 장수보다 한 단계 위의 리더를 만드는 '덕'이라는 품성이다. 『논어』의 '덕불고 필유린(德不孤 必有隣)'이라는 말처럼 덕이 있는 리더는 외롭지 않고, 언제나 따르는 이가 생기는 법이다. 그래서 한비자도 사람을 얻는 능력으로서 덕을 득(得)이라 하지 않았던가. 지도자의 덕이야말로 동서양을 넘나드는 공용의 언어일 듯하다.

　어떤 이들은 성공만이 한 인간의 리더십과 인격을 형성한다고 말하면서 탁월한 지도자들의 공통분모는 성공이라고 한다. 하지만 워싱턴은 최후의 승리를 일구기 전까지 수많은 싸움에서 패배했음에도 그의 부하 병사 중에 그에 대한 신뢰를 잃은 자는 거의 없었다. 리 장군은 오히려 지는 쪽이 많은 지휘관이었지만, 훌륭한 리더십을 이야기할 때면 여전히 그의 이름이 거론되고 있다. 이것은 어떤 이유에서인가? 그 해답은 여기 있다. 그들 모두는 훌륭한 인격의 소유자였다는 것이다. (413쪽)

에드거 F. 퍼이어 지음 | 이민수·최정민 옮김 | 책세상 | 2005년 04월 30일 출간

Keyword 1 마셜, 일반 병사의 수호자 중대장 시절 마셜은 모든 중대원의 이름을 알고 있었다. 그는 부하 모두와 면담하면서 그들 개개인의 환경과 사적인 문제들을 알아보는 데 많은 시간을 할애했고, 부하들 간에 서로 불만이 있으면 재빨리 알아내 중재해 주었다. 벌을 받을 만한 사람은 그 대가를 혹독하게 치르도록 했고, 자신이 당한 만큼 보복하려는 사람에게는 고통을 안겨주었다. 그러한 배려 때문에 부하들은 그를 존경했다. 그는 5성 장군이자 육군 참모 총장의 지위에 올라서도 이름 없는 병사에게까지 관심을 기울였다. 사람들은 그런 그를 '일반 병사의 수호자'라고 불렀다.

Keyword 2 맥아더, 전장의 팔방미인 맥아더 장군은 참모총장 재직 당시 국가의 방위 태세를 완벽히 해 전장의 팔방미인으로 불렸다. 그러나 그것이 쉽게 이루진 것은 아니다. 전문적인 역량이 가미된 리더십, 사람을 사로잡는 명연설과 뛰어난 문장력, 국민에게 얻은 좋은 이미지 등 그 모든 것을 이용해 기적을 일궜다.

그는 한평생 자신의 능력을 시험했고, 반세기 이상 조국을 위해 봉사하면서도 주변으로부터 비난의 눈초리를 받아야 했다. 그가 죽은 후 스펠만 추기경은 그에 대해 "위대한 지적 재능을 갖추었으면서도 소박하고 솔직한 사람이었습니다. 그는 충성스러운 미국인이란 어떻게 해야 하는가를 알려주는 상징으로 영원히 우뚝 서 있을 것입니다"라고 평했다.

Keyword 3 **아이젠하워, 유연한 원칙주의자** 명령하고 무조건 복종하도록 훈련된 군인은 어떤 문제를 해결함에 있어 정해진 규정에 철저히 따른다. 하지만 외교관이나 정치가는 상충하는 국가적 이익 사이에서 설득과 타협을 거듭하며, 목적을 위해 유연하고 열려 있는 생각을 가져야만 한다. 이런 점에서 아이젠하워 장군은 군인과 정치가의 특성을 동시에 발휘했다. 수십 년간의 고된 복무와 학습, 전쟁 준비, 특히 폭스 코너 소장 휘하에서의 대리 지휘 경험, 따뜻한 미소, 다른 사람에 대한 관심과 넓은 아량, 용맹함과 균형 있는 인내심, 사건의 본질을 파악하는 시각, 군인이 아닌 정치가로서의 융통성, 언론과의 친밀한 관계 등으로 이루어진 아이젠하워의 리더십은 결코 소홀히 다뤄져서는 안 될 것이다.

Keyword 4 **패튼, 명예로 솔선수범하다**

패튼은 병사들로 하여금 자신이 가진 모든 것을 바치게 만들었다. 그들이 할 수 있다고 믿는 능력 이상을 발휘하도록 만드는 힘이 있었던 것이다. 그는 연설을 통해 한 나라를 위해 싸우고 죽는 것은 하나의 특권이자 영예라고 이야기했다.

그러는 한편 병사들의 복지에도 관심을 기울였다. 병사들이 잘 먹고 있는지, 불필요한 위험에 노출되어 있지는 않은지, 옷은 따뜻하게 입고 충분한 휴식을 취하는지 등 세세한 부분까지 깊은 관심과 배려를 보였다. 용맹한 공훈이 세워지면 그 자리에서 표창하기도 했지만, 용기 있는 전투병이 그로 인해 불운해지는 것은 막으려고 노력했다. 패튼은 조국을 열정적으로 사랑하듯 자신이 이끄는 병사들을 사랑했다.

이끌어 나가려면 ——— 존 맥스웰의 『**존 맥스웰 리더의 조건**』

어느 때보다 올바른 리더십이 중요한 시대다. 누구에 의해 어떤 리더십이 발현되느냐에 따라 사회는 물론 개인의 삶까지 좌우될 수 있음을 우리는 이미 많이 경험했다. 그런 만큼 리더십과 관련한 서적도 봇물처럼 쏟아진다. 국내 최대의 자기계발 커뮤니티를 이끌고 있는 백기락 씨에 의하면 리더십 관련 책자가 계속 출간되는 이유는 끊임없이 다른 리더십이 제기될 필요가 있기 때문이라고 한다. 그는 전 인류가 60억이라면 60억 개의 리더십이 존재해야 한다고 말했다.

여기 소개하는 『존 맥스웰 리더의 조건』에서도 21가지의 다양한 유형의 리더십이 등장한다. 훌륭한 리더가 되기 위해 갖춰야 할 자질에 대해 하나씩 설명하고 있는데, 그 중에서도 나는 소통을 잘하는 리더십이 가장 중요하다고 본다. 과거 조직 중심의 시대에서 개인 중심

세 번째 질문

의 세대로 변화된 환경을 감안할 때 대내외 커뮤니케이션이 무엇보다 중요해졌기 때문이다. 조직 구성원들의 생각이 갈수록 다양해지고 있다는 것도 소통을 잘하는 리더가 필요한 이유다.

소통의 기본은 타인의 존재를 있는 그대로 받아들이고, 나와 상대가 서로 다르다는 점을 인정하는 데서 출발한다. 간단히 말해 마음이 열려 있어야 한다. 그리고 무엇보다 남의 이야기를 잘 들어야 한다. 그것도 정성을 다해 듣는 '경청(敬聽)'이라야 교감과 공감을 만들어 갈 수 있다. 부하는 리더의 태도를 반영하는 거울이라고 하지 않는가.

최근 병영에서 크고 작은 불미스런 일이 종종 발생하는데, 이는 결국 커뮤니케이션 부족에서 오는 게 아닌가 생각된다. 상하좌우의 통풍이 잘되는 조직은 강하다. 어떤 위기가 닥쳐와도 서로 머리를 맞대 힘을 모아 타개해나갈 수 있다. 이때 중요한 것은 리더의 소통 능력이다. 높은 자리에 오를수록 아랫사람의 입장이 되어 그의 마음을 읽을 줄 알아야 한다.

하지만 이런 능력은 어느 날 갑자기 생기지 않는다. 무엇보다 끊임없는 자기 수련을 통해 나를 낮추고 겸허해질 필요가 있다. 나를 낮출 때 비로소 같은 눈높이로 상대를 바라보고, 진심을 나눌 수 있게 되기 때문이다. 그래서 진정한 리더십은 품성과 연결이 된다. 이 책의 저자는 어떤 유형의 리더십이든 모든 리더십은 '안에서 밖으로' 전개되며, 리더십의 최고 경지에 오르려면 내면에서부터 바깥으로 자신의 장점을 성장시켜 나가야 한다고 말한다.

스스로 질문을 던져보자. 나에겐 과연 리더의 자질이 있는가. 나의 내면은 리더로서의 품격을 갖추고 있는가. 나는 남의 말을 들을 준비가 되어 있는가. 답을 못하겠다면 이 책을 천천히 읽으며 스스로를 돌이켜보기 바란다.

내면의 됨됨이는 흘러넘치기 마련

미 서부의 작은 지역 은행에 불과하던 웰스파고는 2007년 존 스텀프(John Stumpf)가 CEO로 부임하면서 도약의 전기를 맞았다. 그는 웰스파고를 미국의 '빅3 은행'으로 성장시키며 월스트리를 대표하는 입지적인 인물이 되었다. 하지만 2016년 9월 웰스파고가 그간 210만 개의 유령계좌를 개설해 막대한 수수료를 챙긴 사실이 드러났고, 이에 스텀프 회장의 성세는 막을 내렸다. 회사에 부과된 벌금 규모는 1억 8,500만 달러. 스텀프 자신도 4,100만 달러 상당의 언베스티드 스톡(Unvested Stock, 높은 연봉에 스카우트된 임원에게 주어지는 스톡옵션)을 몰수당했고 결국 자진사퇴의 수순을 밟았다. 이제 존 스텀프는 웰스파고의 비약적 성장과 도덕적 결함을 동시에 상징하는 인물이 됐다. 이처럼 한 기업의 운명이 리더의 행보와 함께하는 경우를 우리는 종종 접한다.

리더들이 유능한 이유는 내면의 됨됨이 때문이다. 리더십 최고의 경지에 오르기 위해서는 내면에서부터 바깥으로 장점을 성장시켜 나가야만 하는 것이다.(13쪽)

이것이 바로 『존 맥스웰 리더의 조건』이 제시하는 리더십의 핵심이다. 저자는 이미 전작 『존 맥스웰 리더십 불변의 법칙』에서 "리더십이란 매일 오랜 기간 커 가는 것이지 하루아침에 달성되진 않는다"고 말한 바 있다. 사람의 됨됨이가 자판기처럼 버튼 누른다고 얻을 수 있는 것이 아니기 때문이다.

카리스마, 전략적 마인드, 교감능력…. 모두 리더십을 논할 때 빠지지 않는 덕목이다. 하지만 이 훌륭한 장점들도 '못난 인격' 앞에선 자취를 감춘다. 아무리 능력이 출중해도 인격적으로 덜 된 인간이라면 따르는 자들도 언제든 배반할 준비를 할 것이다. 고어텍스 제조사로 유명한 W. L. 고어의 CEO 테리 켈리(Terri Kelly)도 같은 말을 했다.

"누군가를 이끌려고 하면 먼저 자기 자신을 다스려야 한다. 자신이 유능해서 관리자가 되었다고 믿는 순간 부하들은 당신 없이도 잘할 수 있다고 생각하기 시작할 것이다."

주변 평가에 따르면 이 회사가 11년 연속 '일하고 싶은 기업' 최상위권에 오른 데에는 분명 리더의 됨됨이도 큰 몫을 차지한다고 한다. 조직은 흥할 때 못지않게 크고 작은 위기를 겪을 때도 많다. 그 모든 걸 함께 겪으며 조직원들은 리더의 그릇을 파악한다. 특히 위기 시에는 리더의 그릇 사이즈가 아주 쉽게 드러나기 마련이다.

리더십에 있어서 모든 것은 유동적이다. 그러나 한 가지 바뀌지 않는 것이 있다면, 리더십은 내면으로부터 성장한다는 사실이다. 내면에서부터 리더의 자질을 키우다 보면 그것은 바깥으로 표출되기 마련이다. 결국 사람들은 여러분을 따르고 싶어 할 것이다. (14쪽)

리더십의 처음과 끝, 성품과 비전

저자는 이 책을 자신의 친구이자 미국 최대의 트럭 운송업체 핫킨즈 트럭킹의 CEO인 빌 프리맨 때문에 썼다고 한다. 그가 이 책의 전작『존 맥스웰 리더십 불변의 법칙』을 매일 아침 한 장씩 읽으며 현실에 적용해보고자 노력한다는 말을 들려준 것이 계기였다. 친구가 무심코 전한 말에서 '안에서 밖으로' 전개되는 리더십을 발견했던 것이다. 이와 함께 리더들이 유능한 이유는 내면의 됨됨이 때문이라는 것도 실감했다.

빌 프리먼이 자기 내면에 품은 생각을 세상에 적용해보려 노력했듯이 모든 리더는 내면의 장점을 바깥으로 끄집어내며 성장해야 한다.『존 맥스웰 리더의 조건』은 그런 관점으로 리더를 구성하는 21가지 자질을 소개하고 있다. 이를 위해 저자는 현대뿐만 아니라 역사에 영향을 준 숱한 리더들을 조사해 세밀히 기록하기에 이른다. 아래의 목록은 그 결과다.

1. 성품	2. 카리스마	3. 헌신
4. 소통	5. 능력	6. 용기
7. 통찰력	8. 집중력	9. 관대함
10. 결단력	11. 경청	12. 열정
13. 긍정적인 태도	14. 문제 해결 능력	15. 관계
16. 책임감	17. 안정감	18. 자기 단련
19. 섬기는 마음	20. 배우려는 자세	21. 비전

저자가 제시한 21개의 자질을 보니 다시 2가지로 나눌 수 있을 것 같다. 어디까지나 주관적인 견해지만 1, 3, 5, 9, 11, 13, 17, 18, 19, 20은 '수용하는 태도 또는 선천적으로 주어진 능력'에 가까워 보인다. 반면에 2, 4, 6, 7, 8, 10, 12, 14, 15, 16, 21은 '능동적이고 도전적인 성향, 변화를 지향하는 태도'의 느낌을 준다. 더 보탠다면 전자에선 '성품'이, 후자에선 '비전'이 대표적 덕목으로 보인다.

하버드 의대에서 심리학 교수를 지낸 스티븐 버글래스(Steven Berglas) 박사는 이렇게 말했다. "엄청난 성취감을 얻었다 하더라도 그것을 지탱할 기본적인 성품이 없다면 파멸로 향하게 된다." 이는 결국 부덕과 유혹으로부터 자신을 지켜낼 만한 확고한 성품이 관건이라는 말이다. 리더는 언제나 가장 혹독한 윤리의 잣대 위에 놓인 사람이기 때문이다.

가정에서나, 직장에서나, 모임에서 사람들을 이끌 때 성품이야말로 우리의 가장 중요한 자산이라는 것을 잊지 말아야 할 것이다. 미드 파크사(Mid Park, Inc)의 알랜 버나드 회장은 성품에 대해 다음과 같이 말하고 있다. "리더십을 발휘함으로써 얻게 될 사람들의 존경심, 그것은 리더 자신의 윤리적 삶을 전제로 한다. 리더가 존경받기 위해선 언제나 옳고 그름의 경계선 위에 있어야 할 뿐 아니라 '회색 지대(Gray Areas)'가 없는 투명한 삶을 살아야만 한다."(32쪽)

성품이 리더십의 뿌리라면 비전은 리더의 정체성을 규정하는 핵심이다. 또한 성품이 세상을 대하는 태도를 결정한다면 비전은 세상을 변화시키는 에너지원이 된다.

토요일 아침마다 어린 두 딸과 LA의 놀이동산에 가기를 즐겼던 월트 디즈니(Walt Disney)는 특히 '흥겨운 잔치(Carousal)'라는 이름의 놀이기구(일종의 회전목마)를 좋아했다고 한다. 그런 디즈니의 눈에 어느 날 낯선 풍경이 들어왔는데, 놀이기구가 멈추자 화려한 장식 사이로 페인트가 벗겨지고 금이 간 목마들을 보게 된 것이다. 게다가 바깥쪽에 놓인 목마들 말고 중간에 있는 것들은 아예 움직이지도 않았다. 그가 사랑한 동화의 세계는 그렇게 무너졌다. 하지만 디즈니의 실망감은 곧 위대한 비전으로 거듭났다.

> 그의 꿈은 디즈니랜드가 되었다. 래리 테일러(미국의 유명한 베이스 기타리스트)가 말했듯, 디즈니의 비전은 이렇게 요약될 수 있을 것이다. "목마는 모두 달려야 하며 페인트가 벗겨진 부분은 없어야 한다."(252쪽)

비전이라고 해서 꼭 화려할 필요는 없다. 목마는 모두 달려야 하며 페인트가 벗겨진 부분은 없어야 한다고 생각하면 족하다. "전 세계 어디에 가 있든지 우리나라의 봉사자들이 원하기만 하면 단돈 5센트에 이 음료를 마시게 하고 싶다." 이런 단순한 꿈을 지녔던 로버트 우드러프(Robert Woodruff) 회장은 2차 대전 동안 미군이 파견돼 있는 세계 곳곳에 50억 병의 코카콜라를 팔 수 있었다. 말 그대로 단돈 5센트에 말이다!

존 맥스웰이 묻는다. 왜 위대한 리더에겐 사람들이 몰려드는 것일까? 왜 어떤 리더는 사람들이 피하거나 꺼리고, 어떤 리더는 세상 끝까지라도 따르려는 것일까? 존 맥스웰에 따르면 그 답은 각 개인의 성품과 자질에 있다. 이 책에 소개된 위대한 리더들의 21가지 공통점은 사실 전혀 새롭지 않다. 사람의 됨됨이, 즉 성품과 자질은 어느 날 갑자기 하늘에서 뚝 떨어지는 게 아니니 말이다.

Keyword 1 **성품, 카리스마, 헌신**

• **성품** 역경은 성품과 타협이 만나는 교차로다. 인생은 언제나 그 중 하나를 선택해야만 한다. 매번 성품을 선택한다면 비록 그 결과가 부정적이더라도 인생은 강해진다.

• **카리스마** 19세기 후반 영국 정가의 강력한 라이벌, 보수당의 벤저민 디즈레일리(Benjamin Disraeli)와 자유당의 윌리엄 글래드스턴(William Gladstone)에 얽힌 이야기다.

"글래드스턴 씨와 식사를 한 뒤 식당을 나오면서 제가 한 생각은 '그가 영국에서 가장 똑똑한 사람'이라는 것이었죠. 하지만 디즈레일리 씨와 함께 식사를 하고 난 뒤에 든 생각은 '내가 영국에서 가장 똑똑한 여자'라는 것이었어요."

두 사람 중 누가 더 저 여성의 마음을 휘어잡았을까? 설명할 것도 없이 디즈레일리의 승리였다. 보수당이 여전히 역사 속에서 살아남은 것처럼.

- **헌신** 헌신은 당신 스스로 확신이 서 있다는 사실을 사람들에게 확실히 보여준다. 하려는 일에 스스로 확신하지 않는다면 결국 아무도 당신을 따르지 않을 것이다.

Keyword 2 **소통, 능력, 용기**

- **소통** 국정에 관한 한 미국 시민들은 레이건 대통령이 어떤 사람이며, 그가 어떤 태도를 취하고 있고, 무엇을 원하고 있는지 알고 있었기 때문에 그가 발표하기 전까지 기다릴 필요가 없었다. 소통이 그를 국민이 따르기 원하는 지도자로 만든 것이다.
- **능력** 미국의 국부라 불리는 벤자민 프랭클린(Benjamin Franklin)이 말했다. "자신의 재능을 숨기지 마라. 그것은 쓰이기 위해 있는 것이다. 해시계가 그늘 아래 있다면 무엇에 쓰겠는가?"
- **용기** 심리요법 치료전문가인 셸던 코프는 "모든 중요한 전투는 자기 안에서 벌어진다"고 말했다. 용기가 두려움이 없다는 것을 의미하진 않는다. 다만 두려워하는 것을 행하는 것이다.

Keyword 3 **통찰력, 집중력, 관대함**

- **통찰력** 퀴리 부인의 한 마디. "삶에 있어서 두려워할 것은 아무것도 없습니다. 다만 이해할 뿐입니다."
- **집중력** 유능한 리더에게 요구되는 집중력을 어떻게 갖출 수 있을까? 열쇠는 우선순위를 정하고 집중하는 데 있다. 우선순위는 알지만 집중하지 못하는 리더는 요령은 알되 결코 이루지 못하며, 집중은 하지만 우선순위가

없는 리더는 진전 없는 탁월함만을 보여줄 뿐이다.

- **관대함** 영국의 설교가이자 우화 작가인 존 번연(John Bunyan)이 말했다. "당신에게 받은 것을 도저히 갚을 능력이 없는 사람에게 무엇인가를 행하지 않았다면, 당신은 오늘을 살았다고 할 수 없다."

Keyword 4 **결단력, 경청, 열정**

- **결단력** 크라이슬러 전 CEO 리 아이아코카(Lee Iacocca)에 따르면, 아무리 옳은 분석이라도 너무 늦게 이뤄진다면 그것은 잘못된 결정이다.
- **경청** 사람의 마음을 감동시키려면 상대의 마음에 무엇이 있는지 알아야만 한다. 듣는 것은 그것을 아는 길이다.
- **열정** 파파존스 피자의 설립자 존 슈내터(John Schnatter)의 철학은 단순하면서도 직설적이다. "잘하는 것에 집중하십시오. 그리고 남보다 더 잘하십시오."

Keyword 5 **긍정적인 태도, 문제해결능력, 관계**

- **긍정적인 태도** 굉장한 애정을 기울였던 연구소에 화재가 났다. 불타는 그곳을 바라보던 그 누군가는 가족에게 "우리 생전에 언제 또 이런 불구경을 하겠냐"고 말했다고 한다. 심지어는 예순일곱이 되었을 때 "새 출발을 할 수 없을 정도로 늙지는 않았다"고도 했다. 그가 비관적인 사람이었다면, 발명왕 에디슨의 신화는 없었다.
- **문제해결능력** 한계 상황을 벗어나는 길은 그 상황에 갇혀서는 보이지 않는다. 미국 아칸소 주의 작은 마을 벤톤빌에서 문을 연 작은 잡화점의 사례다. 신개념이라 할 수 있는 '셀프서비스 방식'으로 운영되던 그 잡화점은 호황 중에 '허브 깁슨(Herb Gibson)'이라는 할인매장의 도전을 받는다.

선택은 두 가지였다. 기존 사업모델을 유지한 채 할인점의 공세에 난타당하느냐, 아니면 같은 할인점으로 변모해 맞서느냐. 잡화점 사장인 샘 월튼(Samuel Walton)의 선택은 후자였고, 그것이 신개념 대형 할인매장 '월마트'의 시작이었다.

- **관계** 좋은 대인 관계를 갖고도 훌륭한 리더가 되지 못하는 경우도 있다. 하지만 대인 관계 능력 없이 훌륭한 리더가 될 수는 없다.

인연이 운명을 가른다 ─── 김승호의 『**사람이 운명이다**』

태어나서 죽을 때까지 우리는 많은 사람을 만난다. 어떤 이는 만나면 기운이 나고 마음이 편안해지지만 또 어떤 이는 피곤하고 불편해 만남 자체가 꺼려지기도 한다. 큰 이유 없이 꼬이고 어긋나는 관계가 있는가 하면 애쓰지 않아도 호흡이 척척 맞는 인연도 있다.

기업 등 조직과 사람의 관계도 그렇다. 어떤 사람이 속하느냐에 따라 한 조직의 성패가 좌우된다. 어떤 일을 판단하고 실행에 옮기는 것은 결국 사람이기 때문에 조직의 운명이 사람의 손에 달렸다고 해도 과언이 아니다. 때문에 기업에서 사람을 뽑을 때 면접관이 심혈을 기울여 거듭 살피고 고민하는 것이고, 각 기업마다 인사 담당 부서를 따로 두어 조직원들을 관리하는 것이다. '인사(人事)가 만사(萬事)'라는 말도 있지 않은가.

한 인간의 인생사를 지도라고 한다면, 출발점에서 도착점까지 우리는 긴 여정 속에서 수많은 사람을 만나게 된다. 친구나 스승, 혹은 직장 선후배 등 만나는 모든 이가 내게 크든 작든 영향을 미친다. 그들 모두가 인생이란 지도에서 내 운명을 가르는 숱한 갈림길과 이정표가 되는 것이다. 그러니 인사가 만사라는 말은 조직뿐 아니라 한 개인의 삶에도 예외가 아니다.

군대에서의 인연도 다르지 않다. 군대에서 일어나는 대부분의 사건 사고 역시 결국은 사람에서 비롯된다고 할 수 있으니 말이다. 또한 짧지 않은 병영 생활 역시 어떤 지휘관과 선임병, 또 어떤 동기를 만나느냐에 따라 그 의미가 사람마다 사뭇 달라진다.

여기에서 소개하려는 『사람이 운명이다』는 한 개인이 인생의 지도를 그려감에 있어 성공적인 인연 맺기가 얼마나 중요한지, 또 그 인연을 맺는 방법은 무엇인지를 귀띔하는 책이다. 과연 내 평생의 은인과 나를 이끌어줄 사람은 누구인지 또 나와 함께 성장할 사람은 누구인지, 반대로 내게 불운을 주는 인물은 어떤 유형이며 그런 이를 만나면 어떻게 대처해야 할지 등 내 운명에 영향을 미치는 인간에 대한 조언을 제공한다.

『주역』을 현대적 관점으로 재해석한 주역학자 김승호는 이 책에서 성공적인 인생으로 이끄는 가장 중요한 열쇠가 다름 아닌 내 곁의 사람에 있다고 말한다. 따라서 저자가 일러주는 지혜란 결국 '인간 경영의 비결'이 되지 않을까 싶다.

하지만 명심하자. 그럼에도 불구하고 결국 운명의 선택과 개척은 본인의 과제다. 운명은 받아들이는 것이 아니라 만들어 나가는 것이다. 운명을 가르는 귀한 인연도 내 인생에서는 결국 나를 빛나게 해줄 조연에 불과하다. 내 운명의 주연은 나라는 생각으로 모든 인연을 바라보자. 그렇게 당당한 자세로 사람을 마주할 때 비로소 인연도 빛을 발하게 된다.

인연, 운명을 가름하는 메인 버튼

직장인뿐만 아니라 취준생 사이에서도 '운칠기삼'이라는 말이 자연스럽게 받아들여진지 오래다. 금수저, 흙수저라는 표현에서도 알 수 있듯 타고난 운이 인생을 좌우한다는 생각에서 비롯된 열패감이 갈수록 팽배해지는 듯하다. 오죽하면 '개천에선 지렁이밖에 안 나온다'는 우스갯소리가 나왔을까.

그러나 이를 곧이곧대로 받아들이기엔 사실 좀 억울하다. 누군들 이렇게 태어나고 싶었겠냐고 되물을 만큼 화도 난다. 정말 타고난 운명이라는 게 있을까? 십분 양보해 운명이라는 게 있다면 그걸 개척할 방법은 아예 없는 걸까? 『사람이 운명이다』를 쓴 주역학자 김승호는 일단 운명이란 건 분명 존재한다고 말한다.

인생사 모든 것이 운명이라는 말은 아니다. 단지 운이 삶의 여러 요소 중에서 절대로 빼놓을 수 없는 아주 중요한 부분이라는 것을 말하는 것이다. 운은 분명히 있고 또한 그것은 끊임없이 우리에게 영향을 미치고 있다. (중략) 공자는 "군자가 가장 두려워하는 것이 운

명이다"라고 말한 바 있다.(9쪽)

이 말만 놓고 보면 웬 시대착오적인 이야기인가 싶을 것이다. 안 그래도 타고난 배경이 약해 불철주야 노력하는 판국인데, 불난 집에 부채질한다는 생각이 들지도 모른다.

그러나 저자는 운명은 분명 존재하지만 그것이 어디에서 뚝 떨어지는 게 아니라고 덧붙인다. 인간의 운명이 엄정한 법칙에 따라 운행되고 있고, 이 법칙을 제대로 이해하기만 하면 자신의 운명을 좋은 방향으로 이끌어가는 것도 분명 가능하다는 것이다. 마치 공식을 알면 어렵지 않게 답을 찾을 수 있는 방정식처럼 말이다.

다행스러운 것은, 우리 자신이 운을 만들어낼 수도 있다는 것이다. 하늘은 무책임하고 난폭하게 운을 만들지 않는다. 사람의 본성에 따라 적절하게 부여한다. 이것을 알면 얼마든지 운을 조절할 수 있다. (중략) 우주의 모든 운행이 상식적인 범위 내에서 이루어지듯, 운의 법칙도 자연스러운 원리에 의해 이해될 수 있는 것이다."(9~10쪽)

그렇다면 제목에도 나와 있듯이 『사람이 운명이다』의 주제는 명확해진다. 저자는 우리가 스스로의 운명을 개척해갈 수 있는 열쇠가 다름 아닌 '사람 사이의 인연'이라고 보기 때문이다. 곧, 어떤 사람을 만나느냐에 따라 운명이 바뀐다는 것이다.

정신의 화소를 높여라

저자는 좋은 운을 부르는 비결이 인간관계를 성공적으로 조율하는데 있다고 말한다. 결국 타인과의 관계에서 좋은 평가를 얻는 일이 중요하다는 뜻인데, 이를 저자 식으로 표현하면 '매력 있는 사람'이 되는 것이다. 여기서 매력이란 아무 이유 없이 마치 자석처럼 사람을 끌어들이는 힘을 말한다. 과연 어떻게 해야 그런 능력을 얻을 수 있을까? 저자는 '정신의 화소'를 높일 것을 당부한다. 100만 화소보다는 1,000만 화소인 카메라가 훨씬 화질이 좋다. 인간의 정신에도 이런 화소가 있는데, 이는 의식의 상태에 따라 차이가 난다고 할 수 있다.

우리 인간의 뇌에도 이런 개념이 있다. 의식이 '맑다' 혹은 '흐리다'는 것이다. 유리처럼 맑게 느껴지는 사람은 다름 아닌 정신이 촘촘한 것으로 밝혀졌다. (중략) 이런 사람은 정신이 또렷한 사람이다. 반대는 멍청하다, 둔하다, 느리다, 시야가 좁다. 어둡다, 맹하다 등이다. 여기서 우리는 매력의 공통점을 쉽게 찾아볼 수 있다. 한 마디로 맹한 놈은 매력이 없는 것이다.(203~204쪽)

의식이 맑고 명료하고 민첩한 사람은 매력적으로 비친다. 하기야 멍청하고, 둔하고, 맹한 상태로 매력 있게 보이길 바라는 건 좀 염치가 없다. 어느 쪽이 운을 불러들이는 좋은 인간관계를 구축해갈지는 굳이 설명할 필요가 없다. 하지만 더 중요한 것은 매력을 갖추는 것이 단지 좋은 평판을 얻는 것을 넘어 근본적인 자기 변화를 불러다준다는 점이다. 왜 아니겠는가. 정신의 화소를 높이려면 부단한 노력과 수양을 기본 전제로 삼아야 하니 말이다. 결국 운명은 누구 때문이 아닌 나 때문에 생기는 변화의 연쇄과정이다.

여기에서 하나 더 생각할 점이 있다. 좋은 운을 부르는 매력을 얻으려면 내 정신을 갈고 닦는 것 외에 매력적인 사람을 알아보는 눈을 갖춰야 한다는 점이다. 다시 말해 온전한 매력은 타인이 나를 알아주는 것이 아니라 내가 먼저 타인의 가치를 알아볼 줄 아는 선제적 변화로써 얻을 수가 있다. 저자가 『논어』의 구절을 인용한 까닭도 거기에 있다.

"남이 나를 알아주지 않는 것을 걱정하지 말고, 내가 남을 못 알아보는 것을 걱정하라(不患人之不己知 患不知人也)."(80쪽)

타인의 매력을 간파할 혜안이 생기면 생산적인 관계의 지평을 한층 더 넓힐 수 있다. 이 과정에서 관계의 네트워크를 제대로 관리할 수 있게 해줄 기반이 되는 것이 바로 평판이다. 리더십 개발업체인 RHR인터내셔널의 폴 위넘(Paul Winum) 수석파트너가 강조한 '개인 브랜드' 역시 다름 아닌 평판을 말한다. 그는 자신이 원하는 모습과 타인이 나를 보는 모습을 비교해 이상과 현실 사이의 괴리를 계속 확인해보라고 주문한다. 이를 통해 드러난 자신의 단점을 개선하는 것이야말로 성공의 필수 조건이라는 것이다. 매력 있는 사람의 평판 관리는 이처럼 부단한 자기 관리를 거쳐 구축된다.

뭣이 중헌디? 물론 '사는 것'이제!

"선(善)을 보는 데 게으르고, 때가 되었는데도 꼼짝하지 않고, 나쁜 데도 견디는 것."(57~58쪽)

이 3가지는 강태공이 말하는 세상이 망하는 길로, 평범한 사람들이 항상 저지르는 잘못이다. 타인의 눈에 저런 모습으로 비친다면 당신의 평판은 말 그대로 망한 거다. 우리 이야기의 시작은 주어진 운명을 극복할 수 있는지에 대한 물음이었다. 앞서 말했듯 주역 전문가인 저자는 운명을 만들어 갈 수 있다며 그 비결로서 사람과의 인연을 이야기했다. 좋은 만남은 좋은 운을 끌어오며 그것을 위한 사전 작업이 바로 평판 관리다.

그러나 아직은 부족하다. 좋은 운을 끌어오기 위해 인생을 대하는 태도 하나를 더할 필요가 있다. 바로, 우리 인생에서 언제든 예외 또는 우연이라 부르는 순간들을 긍정적으로 받아들여야 한다는 것이다. 오해는 하지 말자. 운명을 스스로 개척할 수 있다는 지금까지의 말을 전면으로 부정하려는 게 아니다. 저자가 하려는 말은, 불행을 피하겠다며 인생을 예측하고 설계하려는 인간의 욕망이 그 예측과 설계 너머에 있을 무한한 가능성을 오히려 가려버리는 장막이 될 수 있음을 경계하라는 것이다.

우리의 미래도 마찬가지다. 예기치 않았던 곳에서 엉뚱한 발전이 불쑥 나타난다. '돌연변이'라는 뜻이다. 이 말은, 사람이 반드시 모든 방향으로 길을 열어두어야 한다는 속뜻을 품고 있다. 미래를 지나치게 재고 따져서 걸어가는 것은, 효율을 높일 수는 있겠지만 자기 자신을 벗어나기는 힘들다. (중략) 인생의 시간을 반드시 효율적으로 써야 하는 것이 아니다. 오로지 효율이 전부는 아니라는 말이다. 이유는 3가지다. 첫째, 도대체 무엇이 효율적인지 인간은 절대 알 수 없다. 둘째, 생각할 수도 없고 생각해보지도 않은 그 어떤 새롭고 의외적인 길을 항상 열어두어야 한다. 그래야만 전기가 통하듯이 운이 내 인생에 찾아와 흐른다. 셋째, 자기 변화를 위해 계획되지 않은 곳으로도 뛰어들어봐야 새로운 기회를 잡을 수 있다.(226~227쪽)

『사람이 운명이다』

김승호 지음 | 쌤앤파커스 | 2015년 02월 16일 출간

저마다의 의미가 있는 인생의 길흉화복은 지금 내 옆에 있는 사람이 좌우한다. 그렇다면 누구를 만나 어떤 관계를 맺을 것인가. 좋은 운을 부르는 만남은 따로 있다고 하는데 말이다.

Keyword 1 운명을 바꿀 인연을 맺으려면 좋은 인연을 선택할 수 있는 사람이 운명도 바꿀 수 있다. 그러나 조급한 마음에 인연 자체에 너무 집착해선 안 된다. 좋은 사람을 만났을 때 사심 없이 올바르게 처세하고 나서 기다려야 한다. 굳이 보상을 바라지 않는 위대한 행동을 '유인지정'이라고 하는데, 하늘은 절대 그런 사람들을 내버려두지 않는다. 따라서 이런 경지에 이르도록 끊임없이 스스로를 갈고 닦아야 한다. 나쁜 행동을 반성하고 좋은 마음을 키우는 노력을 계속하는 것이다. 나를 만드는 건 결국 나 자신임을 잊지 말자. 관계를 맺을 때에도 우선 나 자신을 바로 세우고, 이로써 타인에게 의미를 남기는 것이 중요하다.

Keyword 2 누구를, 어떻게 만날 것인가 사람의 유형을 알면 인간관계가 한결 수월해진다. 주역에서는 만물을 8가지로 분류하는데 인간의 성격도 그 8가지 범주를 넘지 않는다. 당신은 과연 어떤 유형의 사람들과 어울려 살아야 할까?

첫 번째, 듬직한 사람이다. 감정이 큰 산 같아 자잘한 일에 일희일비하지

않는다. 느리지만 속내가 깊다. 이런 사람에겐 그와 비슷한 자세를 취하되 솔직한 모습을 보이는 것이 좋다.

두 번째, 침착한 사람이다. 단정하고 속내를 쉽게 알 수 있다. 절제력이 있어 욕심을 내지 않으며 궤도를 이탈하는 법이 없다. 이런 타입은 자기와 비슷한 유형뿐 아니라 정반대의 모습을 갖춘 사람도 좋아한다.

세 번째, 논리정연한 사람이다. 행동이 질서정연하고 생각이 명료해서 친구가 많고 어디에서든 사람들과 잘 어울린다. 이 유형은 조용하고 감정이 풍부한 사람을 좋아한다.

네 번째, 내성적인 사람이다. 사생활을 중시하고 자유로운 성격을 지녔다. 확실히 알거나 관심이 많은 분야 외에는 지나치게 문외한이라는 특징도 있다. 이런 사람은 논리 정연한 타입을 좋아한다.

다섯 번째, 날카로운 사람이다. 무엇이든 끝까지 파고들고 화를 잘 내며 어디서든 돋보이고 싶어한다. 폭넓은 교우관계를 만들기 어렵지만 추진력이 있고 여간해서는 지치지 않는다. 이런 유형은 자신과 정반대인 사교적이고 성격이 원만한 사람과 잘 맞는다.

여섯 번째, 바람 같은 사람이다. 화를 잘 내지 않고 타협을 잘한다. 깊지 못한 대신 폭이 넓다. 이런 유형은 매사에 올곧고 추진력이 있는 사람과 조화를 이룬다.

일곱 번째, 땅 같은 사람이다. 수동적이고 온순하다. 앞에 나서지 않으며 매사에 긍정적이어서 성격 좋다는 말을 듣는다. 이런 이는 리더십이 뛰어나고 적극적인 사람을 좋아한다.

여덟 번째, 하늘 같은 사람이다. 강건하고 능동적이며 다소 잘난 척을 하지만 견해가 출중하다. 단순하지만 어리석지 않으며 창조력이 있다. 이런 사람은 온순한 성품을 지닌 사람에게 끌린다.

Keyword 3 귀한 처세가 운명을 만든다 행동이 귀하면 반드시 귀한 사람이 된다. 그것이 하늘의 이치다. 남들이 환영하는 사람이 되어야 좋은 운명도 열리는 법이다. 환영을 받고 싶다면 다른 사람들과 섞일 줄 알아야 한다. 세상 사람들은 자기만 잘났다고 여기는 이를 받아들이려 하지 않는다. 그러니 남에게 정당한 대우를 받기를 원한다면 남이 가진 잘난 점도 살펴보자. 남에게서 나보다 좋은 면을 발견할 때 비로소 타인과 어울릴 수 있으니 말이다. 세상에는 수많은 '나'가 있다. 그들에게 '나'를 제외한 존재는 모두 조연일 뿐이다. 당신 역시 예외일 수 없다. 그 사실을 인정하는 순간 세상이 내가 눈여겨 보지 않던 조연들에 의해 만들어진다는 것을 깨닫게 될 것이다.

Keyword 4 타고난 운명에 머물지 마라

되는 대로 산다고 해서 탓할 사람은 없다. 하지만 되는 대로 사는 삶은 무능함의 다른 표현일지 모른다. 인생을 그저 주어진 대로 순응하며 살겠다는 말과 다를 게 없지 않나. 남에게 내세울 만한 것이 없어서, 자신감이 떨어져서 만남이나 교류를 피하는 것도 마찬가지다. 이는 결국 내 운명을 개선할 마음이 없다는 뜻이다. 세상을 산다는 건 곧 사람을 만나 함께한다는 뜻이고, 사람을 두려워한다는 건 결국 행복한 삶을 포기하는 것과 다르지 않다. 행복은 다른 사람 앞에 나서서 무언가 행동하는 과정을 거쳐 얻을 수 있는 것이다. 인생은 운명에 의해 돌아가지만, 살면서 그 운명을 우리가 만들어갈 수도 있음을 명심하자.

I

‘나는 명확한 목표가 있는가?’와

‘나는 명확한 목표를 갖기 위해 최선을 다했는가?’

사이에는 어떤 차이가 있을까.

‘모 아니면 도’ 식으로 있는지 없는지를 말해야 할 때

자신 있게 확답하기도 어렵고 행동의 변화를 불러오기도 어렵다.

그러나 질문의 프레임에 ‘최선’이라는 말이 들어서면 이야기는 달라진다.

최선을 다했는지 자문하는 순간

자신의 행동을 스스로 돌아볼 수 있을뿐더러,

다음을 위한 노력의 트리거가 형성된다.

I

[네 번째 질문]

탁월함을 만드는
당신의 무기는 무엇인가

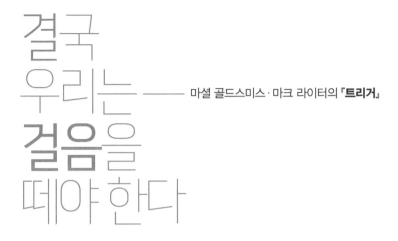

결국 우리는 ── 마셜 골드스미스·마크 라이터의 『트리거』
걸음을 떼야 한다

세계 최고 컨설팅 그룹 맥킨지에 따르면 디지털 혁신에 따른 변화 속도는 산업혁명보다 10배 빠르고, 규모는 300배 정도 큰 것으로 추정된다고 한다. 이런 변화에 발맞추기 위해 우리의 생각도 점점 더 복잡해지고 있다. 그런데, 생각하는 데 들이는 시간만큼 그 생각을 행동으로 옮기고 실천하는 사람은 많지 않은 듯하다. 리더십 워크숍에서 무엇이 조직 리더에게 중요하냐고 물으면 십중팔구는 '솔선수범'이라고 말한다. 그런데 정작 나가서 발표를 하라고 하면 서로 눈치를 보며 뒤로 빠진다. 이처럼 생각과 행동이 일치하지 않는 사람이 대부분이다.

차라리 생각이 좀 부족하고 표현력이 떨어지더라도 실천을 잘하는 편이 훨씬 낫다. 말로만 끝나고 행동이 따르지 않는 NATO(No Action

Talk Only) 족이 가장 나쁘다. 중요한 건 다름 아닌 '실행력'이다.

평생 광고인으로 살면서 해온 일을 한마디로 정의해보라고 하면, '새로운 아이디어로 소비자의 행동 변화를 유발하는 것'이라 할 수 있다. '행동의 방아쇠를 당기는 힘'이라는 부제가 붙은 『트리거』라는 책이 유독 마음을 사로잡은 것도 늘 실행력이 관건이라는 생각을 해왔기 때문이다.

광고계에 디지털 바람이 거세게 불어닥쳤을 때의 일이다. 회의석상에서 디지털 시대에 대비해야 한다는 이야기를 수없이 했지만 직원들의 반응이 시큰둥했다. 디지털 업무를 담당하는 사람에게나 필요한 일이지, 아이디어를 창출하는 데 당장 무슨 소용이냐는 것이다. 중요하다는 건 인정하지만 급하지는 않다는 것이 중론이었다.

그러나 내가 보기에 변화에 대한 절박성을 제대로 인식하지 못한 채 차일피일 미루기만 한다면 한순간에 도태될 것이 자명했다. 디지털은 단순한 사업 분야가 아니라 새로운 일상으로 자리 잡을 것이며, 그에 발맞춰 디지털적 역량을 키우지 않으면 좋은 솔루션을 낼 수 없게 될 것이라고 생각했다. 직원들이 다소 불편해했지만 나는 디지털 하버드라 불리는 스웨덴의 하이퍼 아일랜드와 함께 전 임직원을 대상으로 이틀에 걸쳐 디지털 역량 교육을 실시했다. 이후 디지털과 관련한 교육 프로그램을 만들어 디지털과 큰 연관이 없는 인사 총무 파트까지 의무적으로 이수하도록 했다. 그로부터 얼마 지나지 않은 지금, 디지털은 이미 우리 생활 폐부 깊숙한 곳까지 스며들어 일상으로 자리 잡았다.

우리는 매일 크고 작은 변화를 겪고 있다. 세상의 변화에 따라 자신도 변해야 한다는 사실은 청년들도 안다. 때문에 남 다른 개성과 경쟁력을 갖추려고 노력한다. 그럼에도 불구하고 우리는 늘 스스로 기대하는 모습에 미치지 못하는 나 자신을 발견하고 실망한다. 왜 그럴까? 이를 해결할 방법은 없을까? 그 이유와 해결책을 이 책이 설명한다. 어쩌면 지금은 생각보다 행동이 앞서야 하는 시대다.

트리거, 행동 변화의 출발점

마셜 골드스미스(Mashall Goldsmith) 박사에게는 화려한 수식어가 따라다닌다. 경영학계의 노벨상이라 불리는 '싱커스 50(Thinkers 50)'이 뽑은 2015년 가장 영향력 있는 리더십 사상가 1위에 선정됐고, 《더 타임즈》를 비롯한 《월스트리트 저널》, 《포브스》, 《이코노미스트》 등 유수의 저널들이 세계 최고의 경영 컨설턴트로 그를 꼽았다. 실제로 그는 구글과 보잉, 골드만삭스 등 120여 개의 글로벌기업 CEO와 임원들을 직접 컨설팅했다. 『트리거(Trigger)』는 이처럼 리더십 분야의 1인자로 일컬어지는 그의 신작으로, 변화에 대한 새로운 통찰을 보여준다. 실제 교육과 상담 현장에서 축적된 행동 변화의 경험을 바탕으로 '우리의 생각과 행동을 바꾸는 심리적 자극'으로서의 '트리거'를 이야기한다.

트리거는 어떻게 운용하느냐에 따라 자신의 행동을 부정적인 방향으로 내몰기도 하고 긍정적인 변화를 유도하기도 한다. 그러나 저자가 가르치고자 하는 것은 개인적 차원의 행동 변화만이 아니다. 이 책의 지향점은 긍정적인 트리거를 생성시킴으로써 우리 자신의 행동뿐만 아니라 타인과의 관계까지 좋은 방향으로 변화시키는 데 있다.

> 이 책은 당신에게 흡연 같은 나쁜 버릇을 고치게 하거나 한밤중의 아이스크림에 대한 갈증을 해소해주지 않는다. 니코틴과 아이스크림은 우리의 핵심 타깃이 아니란 말이다. 다만 당신이 존중하고 사랑하는 주변 사람들과 함께 있으면서 당신의 행동을 변화시키는 일에 대해 이야기하는 책이다. 그 사랑하는 사람들이 바로 우리의 핵심 타깃이다.(28쪽)

흔히 우리는 자신에게 주어진 환경을 어쩔 수 없다는 식으로 받아들인다. 쉬운 말로 팔자 탓이라는 것이다. 그러면서 성공을 하려면 필연적으로 운이 따라야 한다고 말한다. 그러나 그 운 앞에는 언제나 '진인사(盡人事)'라는 말이 붙어야 한다. 할 일을 하고 나야 하늘이 내려주는 복도 기대할 수 있는 법. 긍정적인 트리거를 이용해 우리 행위와 생각에 변화를 일으키고 싶다면 더욱 그렇다. 나를 바꾸는 변화란 온전히 자발적인 선택과 실천의 영역 아닌가.

그런데 정작 우리는 스스로도 이제는 바뀌어야 한다고 느끼는 상황에서조차 변화에 이르지 못한다. 게으른 관성 때문일까, 아니면 마음에 철옹성을 두르게 한 상처 때문일까. 이유가 무엇이든 간에 골드스미스 박사는 인간이 변화보다는 안주에 더 익숙한 동물이라고 여기는 듯하다.

내 생각은 이렇다. 비록 어떤 특정한 행동을 변화시킴으로써 얻어지는 개인적, 사회적 이익이 명확할지라도 우리는 그 변화를 피해갈 변명거리를 만들어내는 데 천재적인 재능을 발휘한다는 것이다. 문제를 해결하는 것보다 문제 해결을 돕고자 하는 사람을 공격하는 쪽이 훨씬 쉽고, 심지어 더 재미있어지기까지 하다.(32쪽)

결심과 실패를 반복한다면

많은 이가 변화하지 못한 자신을 돌아보며 후회한다. 놓쳐버린 기회, 미룬 선택, 충분치 않았던 노력, 꽃 피우지 못한 재능들…. 하지만 어쩔 수 없다. 지난 것은 지난 것일 뿐.

처음에는 당신도 지금보다 더 나은 자신이 되겠다는 의욕이 넘쳤을 것이다. 저자는 결심과 실패를 반복하는 사람들에게 "우리 내부에는 두 가지의 인격이 존재한다"고 말한다. 자신을 바꾸겠다는 계획을 세우는 '리더·기획자·관리자'가 한 쪽이라면, 그 계획을 실행하는 '부하·실행가·직원'이 다른 한 쪽이다. 두 캐릭터가 서로 죽이 맞아 돌아가기란 왜 그리 어려운지. 하지만 어찌 보면 이는 극히 당연한 일이다. 저자는 이를 지적한다.

자, 이제 당신 자신에게 이렇게 물어보라. 당신의 하루가 당신이 계획한 대로 흘러간 적이 있었던가? 리더 입장에서 당신의 부하가 당신이 지시한 내용을 어김없이, 당신이 짜놓은 틀 안에서, 당신이 기대한 결과대로, 당신이 예측한 자세로 수행해낸 적이 있었는가? 아마도 그런 적은 드물었을 것이다. (허나 만약 그랬다면, 그건 자축할 만한 가치가 있는 예외적인 일이다.) 그런데 리더이자 동시에 부하이며, 관리자이자 직원인 당신 자신에게 어떻게 그런 일이 일어날 것이라 기대할 수 있겠는가?(91쪽)

이유가 무엇이든 개선을 위한 결심과 계획이 매번 수포로 돌아간다면 패배감만 쌓일 것이다. 패배감과 후회가 습관이 돼봐야 좋을 일이 없으니, 작더라도 실질적인 변화가 필요하다. 골드스미스 박사는 이를 위해 몇 가지 '마법의 행동'을 트리거로 사용하라고 권한다. 이를테면 '잘못 인정하기', '도움 요청하기', '낙관주의' 등인데, 여기에 하나 더 중요하게 꼽는 것이 있다.

또 다른 마법의 행동을 소개하고자 한다. 바로 능동적으로 질문하는 기술이다. 사과하기나 도움 요청처럼 실천이 쉽다. 하지만 다른 종류의 트리거 메커니즘으로 작동한다. 바로 타인들이 아닌 자기 자신의 행동을 바꾸는 것이 목적이라는 점이 다르다.(134쪽)

타인에게 영향을 주는 것이 아니라 자기 자신에게 긍정적인 영향을 미치는 '능동적인 질문'이 그것이다. 몇 가지 예를 들자면 다음과 같다.

1. 나는 오늘 명확한 목표를 세우기 위해 최선을 다했는가?

2. 나는 오늘 목표를 향해 전진하는 데 최선을 다했는가?

3. 나는 오늘 의미를 찾기 위해 최선을 다했는가?

4. 나는 오늘 행복하기 위해 최선을 다했는가?

5. 나는 오늘 긍정적인 인간관계를 만드는 데 최선을 다했는가?

6. 나는 오늘 완벽히 몰입하기 위해 최선을 다했는가?

'나는 명확한 목표가 있는가?'와 '나는 명확한 목표를 갖기 위해 최선을 다했는가?' 사이에는 어떤 차이가 있을까. '모 아니면 도'식으로 있는지 없는지를 말해야 할 때 자신 있게 확답하기도 어렵고 행동의 변화를 불러오기도 어렵다. 그러나 질문의 프레임에 '최선'이라는 말이 들어서면 이야기는 달라진다. 최선을 다했는지 자문하는 순간 자신의 행동을 스스로 돌아볼 수 있을뿐더러, 다음을 위한 노력의 트리거가 형성된다.

"나는 최선을 다했는가"라는 문구의 삽입이 노력의 트리거를 만들어낸다. 노력의 트리거는 우리의 행동을 변화시킬 뿐 아니라 우리가 그 행동을 해석하고 반응하는 방식도 바꾼다.(156쪽)

"이제는 움직여야 해"

2016년에 개봉한 영화 중에 〈마인〉이 있다. 본격적인 이야기는 임무에 실패한 해병대 소속 저격수 마이크와 토미 하사가 사막을 헤매

다가 지뢰를 밟으면서 시작된다. 폭발로 동료 토미를 잃고 자신도 지뢰를 밟은 채 북아프리카 사막에 남겨진 마이크. 수색조가 도착하려면 52시간을 홀로 버텨야만 하는 상황이다. 사막의 모래폭풍과 굶주린 들개떼, 작열하는 태양과 한밤의 냉기를 홀로 견디며 말이다.

마인(Mine)은 '지뢰' 외에 '내 것' '광산' '갱(坑)' 등 복합적인 의미를 지녔다. 마치 주인공 마이크의 삶과도 닮았다. 실제로 주인공 마이크가 사막 한가운데서 오도 가도 못 하는 신세가 된 것은 비단 지뢰 때문만은 아니다. 폭군 아버지와 병으로 잃은 어머니에 대한 기억이 그를 상처의 갱도 속에 가뒀다. 그래서 어른이 되어서도 남과 관계를 맺는 데 어려움을 겪고 사랑에도 실패한다. 그에게 내면의 상처는 자신의 인생을 송두리째 파괴시키는 또 하나의 지뢰였던 셈이다.

탈진해 기력이 다하던 그에게 한 베르베르인이 다가와 말한다. "당신은 걸음을 떼야 해." 수색대를 놓칠 위기에서 나타난 아버지의 환영도 마찬가지였다. 원망 가득한 얼굴로 자신에게 총구를 겨구는 아들을 끌어안으며 아버지가 말한다. "그래서 네가 여기에 있는 거야, 마이크. 이제는 움직여야 해…."

스스로에게 "나는 최선을 다했는가?"라고 묻는 건, "이 분야에 나는 도움이 필요해"라고 인정하는 다른 표현이다. 매일 지나치지 않고 질문에 답함으로써 우리 삶에서 잃어버렸던 열정을 되찾고 자기 훈련을 할 수 있다. 이 과정들의 최종적 결과로, 우리는 도저히 피할 수 없는 질문에 필연적으로 이를 수밖에 없다. "나는 나아지고 있는 걸까?"(220쪽)

상처의 지뢰를 밟고 선 마이크도 그것을 놓치고 있었다. 그것이란 세상을 향해 손을 내미는 태도, "이 분야에 나는 도움이 필요해"라고 요청하는 자세다. 이는 곧 『트리거』에서 내내 강조하는 것이기도 하다. 진심으로 최선을 다하는 사람은 마음의 문을 닫아걸지 않는다. 자신의 그릇만으로는 역부족이라는 걸 알기 때문에 "나는 나아지고 있는 걸까"라고 자문하며 세상에 손을 내민다. 마음의 크기는 그렇게 넓혀가는 것이다.

상처의 갱도에 갇혀 있을 때 고통은 출구가 없어 보인다. 그러나 인생은 때로 허망할 만큼 단순한 해법을 제시한다. 그러나 그 해법은 아무 노력 없이 거저 주어지지 않는다. 우리 역시 상처의 굴레에서 벗어나려는 노력을 계속해야 한다. 골드스미스 박사 역시 이것을 강조한다. '행동을 변화시키고 싶다면 모든 것을 걸어라.' 변화의 과정은 노력이나 고통이라는 대가를 요구하는 법이다. 그런 담금질이 있을 때 비로소 우리는 변화의 트리거로 거듭날 수 있다.

이렇듯 인내의 과정을 거쳐 변화의 트리거가 된다면 나 자신뿐 아니라 타인에게도 변화를 가져온다. 자신의 행동 변화로 인해 타인도 변화시킬 수 있게 되는 것이다. 이와 관련해 저자가 소개한 에이미의 사례는 의미 있는 교훈을 전한다.

잦은 언쟁을 일삼던 모녀간의 대화가 전면적으로 바뀌게 된 이유는 간단했다. 어느 날 에이미는 어머니가 결국에는 돌아가실 것이며 우리는 다시 젊어질 수 없다는 점을 깨달았다고 한다. 이후 그녀는 노모의 거친 말을 '안개가 걷히기만을 기다리는 사람처럼 가만히' 들을 수 있었다. 달라진 딸의 모습에 어머니 역시 예전처럼 공격적인 말투를 계속 쓸 수만은 없었다.

나는 에이미에게, 그녀가 한 것처럼 모든 사람들이 사랑하는 이들과의 휴전을 선언한다면 명절과 생일 파티, 자동차 여행길이 얼마나 더 평화로워질지 상상해보라고 했다. "당신은 단지 자신뿐만이 아닌 두 사람이 등장하는 대본을 고쳐 쓴 겁니다. 그 점이 대단한 거지요."
(278쪽)

왜 우리는 에이미처럼 자신과 타인 모두를 긍정적으로 변화시키지 못하는 걸까. 그런 행복한 변화를 위한 시작 앞에서 왜 머뭇거리는가. 우리 또한 어느 베르베르인에게 이런 말을 들을지 모르겠다. "당신은 걸음을 떼야 해." 변화를 원한다면 이제는 움직여야 한다. 지뢰로부터 발을 떼는 일이든 자기 인생의 대본을 고쳐 쓰는 일이든, 이 모든 일의 시작은 '변화를 향한 작은 행동'에 있지 않겠는가.

키워드로 되짚는
『트리거』

마셜 골드스미스·마크 라이터 지음 | 김준수 옮김 | 다산북스 | 2016년 08월 19일 출간

'방아쇠', '사건이나 반응 따위를 유발하다'라는 뜻의 트리거는 이 책에서 '우리의 생각과 행동을 바꾸는 심리적 자극'으로 정의된다.

Keyword 1 트리거가 나타나는 순간 트리거는 예기치 않게 나타난다. 뇌진탕처럼 목숨을 위협하는 대단한 사건일 수도 있지만 종이에 손가락을 베듯 사소한 순간일 수도 있다. 인생을 180도 변하게 하는 선생님의 칭찬처럼 유쾌한 일일 수도 있고, 다이어트를 포기하도록 유혹하는 아이스크림 혹은 내 꿈을 가로막는 주변의 조롱어린 시선처럼 불쾌한 일일 수도 있다. 문제는 그 트리거를 어떻게 긍정적으로 활용하느냐이다.

Keyword 2 트리거에 대한 반응 방식 트리거가 나타나면 특정한 행동을 하려는 충동을 느끼게 된다. 길을 걷는 도중 뒤에서 요란한 충돌음이 들렸다. 누군가는 얼른 고개를 움츠릴 것이고, 다른 누군가는 숨을 곳을 찾아 무의식적으로 움직일 것이다. 또, 소리가 난 쪽을 침착히 살피는 이도 있을 것이다. 즉, 똑같은 트리거라도 사람마다 반응이 다르다고 할 수 있다. 이때 우리가 선택할 수 있는 경우의 수는 다양하다. 바늘로 찌르면 확 움츠러드는 달팽이처럼 본능적인 반응을 보일 수도 있고, 사고력을 십분 발휘해 이성적으로 움직일 수도 있다.

Keyword 3 **트리거 활용하기** 우리에게 영향을 미치는 트리거는 좋거나 나쁘게 고정되어 있지 않다. 중요한 것은 트리거에 대한 개개인의 반응이다. 좋은 의도를 지닌 행동을 어떤 사람은 부정적으로 받아들이고, 반대로 나쁜 의도를 지닌 행동을 누군가는 긍정적으로 받아들인다. 혹자는 무엇이건 간에 자신에게 영향을 미치는 트리거를 무시해버리기도 한다. 즉, 트리거에 우리가 어떻게 대응하느냐에 따라 전혀 다른 상황을 만들어내는 것이다. 그것은 내 선택이고 책임이다. 어떤 극한 상황에서도 자신의 행동에 대한 선택권이 항상 자기 자신에게 있다는 점을 기억한다면 트리거를 제대로 활용할 수 있을 것이다.

Keyword 4 **트리거 매커니즘 이해하기** 변화를 방해하는 것 중 가장 중요한 것은 바로 환경이다. 환경은 우리를 성자에서 죄인으로, 낙천주의자에서 비관주의자로, 훌륭한 시민에서 깡패로 바꿔놓을 수 있으며 우리가 되고자 했던 자신이 누구였는지조차 알 수 없게 만들어버릴 수도 있다. 이러한 환경에 대응하려면 새로운 트리거 매커니즘이 필요하다.

골드스미스 박사는 그것이 바로 '능동적 질문'이라고 말한다. 자신의 하루를 돌아보며 "최선을 다했는가?"를 묻는 것이다. "목표를 이뤘는가"라고 물어보면 답은 빤하다. '그렇다'와 '아니다' 사이에서 고르면 된다. 그러나 이 경우에는 목표를 이루지 못한 자의 변명과 심리적 저항이 뒤따를 것이다. 그러나 "최선을 다했는가?"라고 물으면 굳이 자신을 방어할 이유가 없다.

능동적 질문으로 자신의 성과를 평가하고 어떤 면이 부족하다는 결과를 얻으면, 우리는 그 원인을 환경과 자신 모두에서 찾을 수 있게 된다. 환경과 자기 자신이라는 이 두 가지 동력 간의 상호작용을 이해하고 긍정적인 트리거로 활용하는 것, 그것이 바로 우리가 원하는 사람이 되는 방법이다.

내가 잘하는 것이 강점이다

마커스 버킹엄·도널드 클리프턴의
『**위대한 나의 발견 강점 혁명**』

"오늘날 세계 도처의 학교와 직장에서는 유능한 사람이 되려면 자신의 약점을 발견하여 이를 분석하고 보완하기 위한 노력을 기울여야 한다고 한결같이 가르친다. 그러나 이러한 노력은 종종 우리를 그릇된 방향으로 인도하기도 한다. 분명 약점과 실패에 대한 연구도 가치 있는 일이지만, 그것은 우리가 강점을 발견하고 발휘하는 데는 아무런 도움도 되지 않는다. 강점에는 강점만의 독특한 패턴이 있다."

『위대한 나의 발견 강점 혁명』의 서문은 이렇게 시작한다. 무척 공감 가는 말이다. 광고업계에서 나와 동고동락한 수많은 후배들은 크게 두 부류로 나뉜다. 자신감이 넘치는 쪽과 자신감이 부족한 쪽. 그 차이는 업무를 대하는 태도와 인간관계에서 드러난다. 자신감이 넘치는 친구들은 어떤 일이 주어지든지 언제나 활기차고 긍정적이다.

남의 강점을 부러워하지 않을 뿐더러 남을 당당하게 인정하고 포용한다. 또한 어려움에 처할수록 자신만의 강점에 집중하며 다른 사람과 함께 문제를 해결하려는 적극성을 발휘한다.

반면 자신감이 부족한 친구들은 자신의 약점을 어떻게 보완해야 할지에 온 신경을 쏟는다. 그러다 보니 주어진 일에 대해서도 소극적이고 부정적인 태도를 보인다. 타인과 적극적으로 관계를 맺지 못하고 자기 안으로 움츠러들곤 한다.

이 차이는 능력의 차이가 아니다. 사실 능력은 제각각이다. 남보다 뛰어난 사람도 실상은 부족한 부분이 있고, 평범하거나 좀 부족해 보이는 사람도 어느 특정 분야에서는 남다른 특출함을 보인다. 다만 차이가 있다면 한 쪽은 자신의 강점에 집중하면서 타인의 힘까지 끌어들이고, 다른 한 쪽은 자신의 약점에 골몰한 채 문제 해결을 위한 타인과의 소통마저 꺼린다는 것이다. 그런데 그 태도의 차이가 결과의 차이로 이어지는 경우를 종종 보아왔다.

4차 산업혁명이 도래한 요즘, 세상은 갈수록 다양하고 복잡하게 변화하고 있다. 전방위로 모든 것을 잘할 수도 없고, 설혹 다방면에 출중한 재능을 지녔다한들 매일 달라지는 세상의 변화에 발맞추기 힘들다. 어제까지 각광받던 직업이 오늘은 구시대의 유물이 돼버리는 세상이다. 따라서 이제는 남과 차별화된 자신만의 강점을 찾고, 나와 다른 강점을 가진 또 다른 사람들과 협력할 수 있는 융합형, 통섭형 인재로 거듭나야 한다.

회사의 채용 기준이나 인재상도 달라지고 있다. 여전히 간판사회의 잔재가 남아있기는 하지만 입사 기준에서 학벌, 학점, 나이, 성별 등이 사라지고 있고, 무언가 특별한 기술을 지닌 사람보다는 당면한 문제를 다양한 방법으로 해석하고 타인의 협력을 끌어내는 창조적 인재를 원하고 있다. 쉽게 말해 세상은 스펙과 기술이 우월한 사람보다 생각이 다른 사람, 남과 차별화된 사람을 필요로 한다는 것이다. 따라서 내가 원하는 곳에 취업하고 싶다면, 내가 원하는 삶을 살고 싶다면 다른 시선, 다른 생각이 필요하다.

하지만 당장 어떻게 해야 할지 모르겠다면 "내가 잘하는 것은 무엇일까?"라는 질문을 자주해보기를 권한다. "나는 왜 이럴까?"라는 질문은 스스로를 나약하게 만들지만 "내가 잘하는 것은 무엇일까?"라는 질문은 진정한 강점을 발견할 수 있게 한다. 약점을 보완하는 데에 에너지를 허비하지 말고 강점을 강화하는 데에 중점을 두자.

잠재력을 확인하고 협력하는 기술을 배운다면

김성회 CEO 리더십 연구소장이 해병대 Y장군의 경험담을 전하는 기사를 보았다.(《국방일보》, 〈조화로운 리더 용인술, 개인·조직 성공신화 '조화'〉, 2017년 3월 20일자) Y장군 휘하에 평소 훈련은 물론 운동도 다른 부대에 뒤처지는 소대 하나가 있었다고 한다. 부대 간에 경쟁이 있는 군대의 특성상 소대원들이 패배의식에 젖어 있었던 건 당연한 일이다. 설상가상으로 어느 날 허점투성이의 A신병이 새로 전입했다. 누구하나 환영하지 않았지만 신병을 잘 돌보라는 명령 때문에 울며 겨자 먹기로 받아들였다고 한다.

그런데 웬 걸. 이후 소대 분위기가 싹 바뀌었다. 모두가 탐탁치 않아 하던 그 신병을 서로 데리고 다니며 챙겨주면서 차츰 단결력이 커졌고, 어느덧 전투력까지 향상돼 어느 부대 못지않게 변신했던 것이다. 김 소장은 이런 말을 전했다.

"1등끼리 모아놓으니 오히려 불협화음이 일어나 최악의 팀이 되는 것, 주위에서 왕왕 보셨을 겁니다. 전체적인 그림을 그린 후 구성원을 팀 내의 다양한 역할과 관련지을 수 있는 것, 그것이야말로 진정한 용인술이 아닐까요?"

의무 때문에 와야만 하는 대한민국 군대다. 이왕 온 거라면 이 시간이 헛되지 않게 해주는 것이 국가가 할 일이고, 국가의 대리역인 지휘관들의 책임이다. 선진적인 병영 생활은 병사 개인의 노력은 물론 조직 차원의 시스템 개선 노력이 함께할 때 이뤄진다. 보람된 군 생활의 비결을 오직 병사 개인의 노력에서만 찾는 것은 무책임한 처사다.

앞서 Y장군의 경험담을 꺼낸 이유는 병사 개개인이 군 생활 동안 자신의 강점을 발견하고 이를 극대화하는 협업 능력을 갖추기를 바라는 마음에서다. 굳이 거창한 프로젝트가 아니어도 된다. 지휘관의 적절한 용인술과 말단 병사까지 이어지는 유기적인 팀플레이 마인드는 작은 프로젝트를 정해서 일선 소대 단위에서도 실천할 수 있다.

이를 위한 출발점이 김 소장이 말한 용인술이 아닐까 싶다. 각 병사의 강점과 특성에 따른 맞춤형 인재 배치를 통해 지휘관은 조직 능력을 극대화할 수 있을 것이다. 또한 그 과정에서 병사들도 자신에게 주어진 역할 안에서 재능을 발휘하려는 노력을 다해야 한다. 그런 과정을 통해 자신의 잠재력을 확인하고 타인과 협력하는 기술을 체득해

       네 번째 질문

나갈 수 있다. 자칫 잘못하면 허송세월할 수 있는 군 생활에서 이런 배움 하나 얻고 전역하는 것도 보람되지 않겠는가. 그것이 『위대한 나의 발견 강점 혁명』(이하 『강점 혁명』)을 권하고픈 이유다.

우리가 이 책을 쓴 목적은 모든 조직에서 강점 혁명(The Strengths Revolution)이 일어나게 하는 데에 있다. 이 혁명의 중심에는 매우 단순한 한 가지 원칙이 자리 잡고 있다. '뛰어난 조직이라면 모든 구성원이 저마다 다르다는 사실을 인정할 뿐만 아니라 그 차이를 조직의 목적에 맞게 이용할 줄 알아야 한다'는 것이다. (13쪽)

그늘 속의 해시계가 무슨 소용인가

당신의 강점이 무엇이냐는 질문에 자신 있게 답할 사람이 몇이나 될까. 반대로 약점을 물으면 술술 말이 흘러나오는 경우가 많다. 왜 그런 걸까? 아마도 강점과 약점의 기준점이 다르기 때문이 아닐까 싶다.

흔히 자신의 강점을 이야기할 때 '내가 톱인가 아닌가'를 판단 기준으로 삼는다. 굳이 남과 비교해 내가 더 우월한가를 따지고, 몇 손가락 안에 드는 재능이 아니라면 강점으로 꼽지 않는다. 반면 약점을 꼽을 때는 다르다. 남에 비해 조금만 부족해도 약점이라 단정한다. 강점에는 최고라는 기준을 적용하면서, 왜 약점은 최악이 아니어도 되는지…. 결국 스스로를 강점은 없고 약점은 많은 사람으로 만들어버리는 셈이다.

이런 형국이라면 자신감이 떨어질 수밖에 없다. 자신을 당당하게 드러낼 수 없으니 약점만 도드라져 보이고, 그래서 결국 약점을 끌어올리는 데만 골몰한다. 청년들의 스펙 쌓기 열풍도 이런 관점에서 이해할 필요가 있다. 외국어 공부와 자격증 취득에 동분서주하지만 '왜' 그것을 하는지 명확한 근거가 없다. 그저 취업 때문이라는 정도다. 자신의 강점을 발견해서 특화하지 않고 외적 기준에 자신을 꿰어 맞추는 것이다. 이런 상황에 대해 저자는 이렇게 꼬집는다.

> 자신이 진정 누구인가를 확신할 수 없기에, 이제껏 배운 지식 또는 경력으로 자신이 누구인지를 밝히려 한다. 이런 방식으로 자신을 규정하기 때문에 직업이나 행동 방식을 바꾸기 어려운 것이다.(212쪽)

이 책은 갤럽이 재능과 강점에 관해 30년에 걸쳐 200만 명 이상을 인터뷰하고 연구한 결과에 근거한다. 미국, 영국, 프랑스, 캐나다, 일본, 중국 등 전 세계적으로 '가능한 모든 직종과 업무 분야의 사람'이 조사 대상이 되었는데, 그중 '당신이 발전하는 데 가장 도움이 되는 것은 강점을 아는 것인가, 약점을 아는 것인가?'라는 주제로 실시한 조사가 있다. 그 결과 동서양 간의 정도 차가 약간 있을 뿐, 대부분 강점을 아는 것을 꼽지 않았다.

『강점혁명』의 저자들은 사람들이 약점에 더 연연하는 이유에 대해, 자신의 강점을 발휘한 일에서 혹시라도 보게 될지 모르는 실패에 대한 두려움을 이야기한다.

그래서 어떻다는 것인가? 최악의 사태가 무엇인가? 당신은 재능을 발견했고, 강점으로 개발했고, 기대만큼 수행하는 데 실패했다. 그렇다 가슴 아픈 일이다. 하지만 그 일로 인해 지나치게 실망할 필요는 없다. (중략) 필즈(W. C. Fields)는 다음과 같이 말했다. "만일 처음에 성공하지 못하더라도 다시 시도하라. 그리고 나서 포기하라. 웃음거리가 될 만한 점은 하나도 없다."(193쪽)

미국 독립의 아버지 벤자민 프랭클린은 "자신의 능력을 감추지 마라. 그늘 속의 해시계가 무슨 소용인가"라고 했다. 해시계는 햇볕 아래 모습을 드러냈을 때라야만 존재의미가 있다. 아무리 뛰어난 강점을 가졌어도 그것을 드러내지 않으면 소용없다는 그의 말은 약점에 연연한 나머지 자신의 강점마저 몰라보는 태도에 대한 경고다. 강점을 마음껏 펼치기는커녕 알아보지도 못하는 삶은 얼마나 억울한가. 그러니 집중해서 찾고, 찾은 것을 있는 힘껏 햇빛 아래 드러낼 일이다. 다만 주의할 것이 있다. 끊임없이 도전하는데도 실패를 거듭하는 분야가 있다면 더는 고집피우지 말라는 것이다. 그것은 강점이 아닌 당신의 망상일 뿐이니까.

이 짧은 생을, 약점에 얽어맨다?

1950년대 중반 스웨덴에서는 대규모 인구 이동이 시작됐고, 수만 명이 일자리를 찾아 도시로 몰려들었다. 당연히 가구 소비도 급증했다. 소비자들은 특히 값이 싸면서도 새로운, 개성을 살려줄 만한 가구를 원했다. 당시 대부분의 가구업체는 그저 저렴한 가격에만 초점을 맞출 뿐이었다. 그러나 이케아(IKEA)의 접근법은 달랐다. 성균관대 한상만 경영학과 교수는 이케아를 두고 "'새로운 가구의 구입은 새로운 가정을 꾸미는 일이며, 또한 새로운 삶의 시작을 의미하는 것'으로서 가구 구매의 가치를 재정립했다"고 말한다. 'The Better Life(더 나은 삶)'라는 기업의 사명이 이를 대변한다.

사실 이케아는 '불편'을 파는 기업이다. 고객이 매장에 와서 제품을 고른 뒤 차로 운반해 직접 조립해야 하니 말이다. 그러나 고객의 불편을 합리적인 가격과 가치를 담은 디자인으로 보상해준다. 가난한 농가가 대부분인 시골에서 창업해 마침내 성공할 수 있었던 이케아의 신화에는 이처럼 합리적 가격과 가치를 지향하는 창업자의 철학이 자리잡고 있다. 불편함이라는 약점을 유일무이한 강점으로 승화시킨 것이다.

약점의 사전적 정의는 '모자라서 남에게 뒤떨어지는 점'이다. 강점을 개발하고 싶다면, 이런 정의는 잊어버리라고 충고하고 싶다. 누구나 남보다 뒤떨어진 분야가 있게 마련이다. 하지만 대부분 한두 가지 그런 부분이 있다고 해도 신경 쓰지 않는다. 왜? 그 약점이 현재 당신이 가장 잘할 수 있는 일에 방해가 되지 않기 때문이다. 그렇다면 전혀 관리할 필요가 없으며 무시해버리면 그만이다.(216쪽)

『강점 혁명』은 기면 기고 아니면 아닌 게 확실해서 좋다. 쓸데없이 자신을 부정하게 하거나 무모한 도전을 부추기지도 않는다. 약점을 관리하는 법을 웬만큼 소개하지만 어디까지나 강점을 개발하고 활용하기 위한 수단으로만 언급할 뿐이다.

저자들은 34가지의 강점 유형 중 5가지를 자신의 테마로 선택해서 잠재력을 극대화하라고 조언한다. 여기에 34가지 유형의 직원 관리 요령도 소개하고 있는데, 조직의 관리자나 군 지휘관에게도 도움이 될 듯하다. 가령 다음 예로 든 문장에서 '직원' 대신 '병사'를 대입해 지휘관과 병사들이 함께 연구해본다면 개인의 성장은 물론 군 조직의 발전에도 도움이 되지 않을까 싶다.

—그 직원의 가장 뛰어난 강점은 무엇인가?

—이 강점을 살려서 일에서 어떠한 성과를 거둘 수 있을까? 또한 이 것을 위해서 어떤 단계를 거치는 것이 효과적인가?

—재능을 진정한 강점으로 기르기 위해서 어떠한 기술을 배우고, 어 떠한 경험을 쌓아야 할까?

—그 직원은 관리자가 자신을 어떤 식으로 관리해주길 바라는가?

(지금까지 받은 최고의 칭찬은 무엇인가. 관리자에게 자신의 감정을 털 어놓는가 아니면 관리자가 물어보기 전에는 먼저 말하지 않는가. 처음 부터 끝까지 혼자서 일 처리를 하는가 아니면 관리자가 정기적으로 확 인하는 것을 좋아하는가 등등) (321~322쪽)

키워드로 되짚는
『위대한 나의 발견 강점 혁명』

마커스 버킹엄·도널드 클리프턴 지음 | 박정숙 옮김 | 청림출판 | 2013년 08월 20일 출간

조직 발전의 원리는 간단하다. 구성원에게 재능에 맞는 역할을 주고, 그 재능이 최대한 발휘되도록 지원하는 것이다. 이는 관리자와 구성원이 함께 노력할 때 실현된다. 관리자가 구성원의 숨은 재능을 찾고, 구성원 각자가 이를 적극 발현함으로써 개인과 조직이 함께 성장하는 것이다. 이에 대한 깊은 성찰과 세심한 실천이 조직의 강점 혁명을 도울 것이다.

Keyword 1 **버핏에게 배우는 강점에 집중하는 법** 뛰어난 투자 실력과 기부 활동으로 '투자의 귀재'와 동시에 '오마하의 현인'으로 불리는 버크셔해서웨이 회장 워런 버핏(Warren Buffett). 저자들은 버핏의 성품이 빠르게 변화하는 시장에 맞서 성공적인 투자를 하기엔 역부족이라고 평가했다.

그런 버핏의 성공 요인은 자기 강점에만 집중했다는 데 있다. 첫 번째로 그는 느긋하고 끈기 있는 성격을 무기로 그 유명한 '20년 전망'을 투자에 적용했다. 자신만의 확신을 가지고 미래 예측이 가능한 회사에만 투자한 것이다. 둘째로는 복잡하고 광범위한 투자분석이 아닌 직관적으로 이해할 수 있는 '실제적 사고'에 주력했다. 이와 관련해 그는 "주가예측 전문가들이 하는 일이란 점쟁이에게 호감을 갖게 만드는 것뿐"이라는 말을 남기기도 했다. 끝으로 그는 자신이 선택한 사람을 끝까지 믿었다. 자신이 투자하려는 회사의 경영진을 신중히 관찰한 뒤, 투자를 결정하고 나면 경영에 거의 간섭하지 않는 일관성을 보여주었다.

Keyword 2 **약점을 고치지 않고 강점을 강화해야 하는 이유** 저자들은 재능을 '생산적으로 쓰일 수 있는 사고, 감정, 행동의 반복되는 패턴'이라고 정의한다. 그렇다면 '황소 같은 고집'이 소통을 방해하는 장애물이 아닌, 소신껏 자기주장을 펼치는 성공의 필수조건이 될 수 있다. 자칫 우유부단해 보이는 '소심한 성격'도 뜻하지 않은 위험을 대비하는 데 쓰일 수 있다. 재능은 이런 생산적인 사고나 행위들이 반복되는 것이다. 문제는 그런 패턴이 강제나 훈련에 의해 변하기 어렵다는 점이다. 저자들은 말한다.

"재능은 자신도 모르게 저절로 발휘되며, 재능을 발휘할 때는 기분이 좋아진다. 자연은 시냅스(synapse)의 가장 강력한 결합을 통해 두 신호가 양방향으로 흐르도록 인간을 창조했다."

그러니 강력하게 결합되지 않는 재능을 어떤 사람에게 '역량 강화'라는 명목으로 강요했을 때 돌아오는 결과가 부정적이라는 건 당연하지 않은가. 바로 여기에 재능과 강점의 상관성이 있다. 저자들에 따르면 강점이란 '당신이 계속적으로 거의 완벽하게 그 일을 할 수 있는 능력이나 성격'이다. 시냅스의 결합이 강력하지 않은데 그것이 영속적이거나 완벽하게 작동하는 패턴으로 나타날 수는 없다. 약점을 고치려 하지 말고 강점을 강화하라는 말은 생리학적으로도 진리인 셈이다.

Keyword 3 **현명한 약점 관리법** 책에서는 다섯 가지 약점 관리법도 소개한다. 그러나 이는 어디까지나 강점을 강화하기 위한 수단이라는 점을 명심해야 한다. 세부 내용은 다음과 같다.

첫째는 조금만 더 잘하려고 노력하는 것이다. 저자들은 자신의 강점을 파악한 다음, 부족한 부분은 의식적으로 보완해보라고 말한다. 가령 공감 능력이 부족하다면 상대의 말에 좀 더 귀를 기울이려고 애써보라는 얘기다.

두 번째는 약점 보완 장치를 개발하는 것이다. 어떤 이가 창조적이고 인내심이 강한데, 위기 상황에 순발력 있게 대응하는 능력이 부족하다고 하자. 그렇다면 매일 아침 이런 상상을 해볼 수 있다. 오른쪽 신발에는 '만일 ~한다면'이라는 글자를, 왼쪽 신발에는 '어떻게 될까?'를 써보는 것이다. 무엇이든 자신만의 약점 보완 장치를 마련하자.

세 번째는 가장 뛰어난 강점으로 약점을 꼼짝 못하게 하는 것이다. 책에는 말을 심하게 더듬어 프러포즈도 못할 거라는 공포에 시달리던 남자를 예로 든다. 그 증상이 사라진 것은 그가 연단에서 식은땀을 흘리며 학우들을 바라보던 순간에 찾아왔다. '자신이 무대 위에 서는 것을 좋아한다는 확신'이 말더듬이라는 약점을 정복해버린 것이다.

네 번째는 약점을 보완해줄 파트너를 만드는 것이다. 그러려면 먼저 자신이 불완전하다는 사실을 기꺼이 인정할 줄 알아야 한다. 자기 분야에 뛰어난 사람도 다른 사람에게 도움을 요청한다는 사실을 명심하자.

마지막은 그냥 그만두는 것이다. 우리 대다수는 배울 필요가 없는 것을 배우느라 시간, 신뢰, 존경을 잃는다. 그런데도 굳이 배우려는 이유는 주변의 부추김 때문이다. 이 방법은 최후의 수단이지만 어쩔 수 없는 상황에서는 아주 강력한 힘을 발휘한다.

잘키운 습관 하나가 인생을 —————— 바꾼다?

찰스 두히그의 **『습관의 힘』**

매일 아침 일어나 거울을 볼 때 당신은 어떤 기분이 드는가. 심각한 정도가 아니라면, 자기 얼굴에 매일매일 만족해하는 것만큼 기분 좋은 일도 없을 것이다. 하지만 거울 속의 내 얼굴이 마음에 들지 않는다면? 늘상 불만 가득한 표정이어서 다시 보고 싶지 않다면? 그런데 그 표정이 본래의 내 얼굴마저 어둡게 하는 '습관'의 하나라면?

미국의 심리학자 윌리엄 제임스(William James)는 "우리 삶이 일정한 형태를 띠는 한 우리 삶은 습관 덩어리일 뿐"이라고 말한다. 자신의 삶을 이루는 '일정한 형태'가 불만족, 짜증, 후회, 피로감 같은 반응의 연속이라면 당신은 '습관적으로' 불행한 길을 가고 있다는 얘기다. 구태여 불행을 습관화할 필요가 있을까. 그것이 싫어 획기적인 변화를 시도하기도 하지만 머지않아 다시 제자리로 돌아온 자신을

탁월함을 만드는 당신의 무기는 무엇인가

확인하는 경우가 많다. '아…, 나는 또 졌다'라는 패배감에 이어 다시 지겹게 반복되는 불행한 생활. 대체 무엇이 잘못됐고, 어디서부터 손을 대야 하는가.

막연한 기대와 주먹구구식 행동으로는 원하는 내 모습에 이를 수 없다. 보다 구체적인 개선 전략과 행동법이 필요하다. 윌리엄 제임스의 말대로라면 우리의 삶이 불만스러운 이유는 우리 스스로 자신의 삶을 나쁜 습관으로 가득 채웠기 때문이다. 한마디로 인생을 망치는 습관이다.

만일 원하는 목표와 이루고 싶은 꿈이 있다면 그 목표와 꿈을 위한 새로운 습관이 필요하다. 원래는 없었지만 내가 원하는 것을 얻기 위해 인위적으로 계획하는 습관, 이는 곧 전략적 습관이라 할 수 있다. 체중 3킬로그램을 감량하기 위해 식사 때 한 숟가락씩 꼭 남기기, 보다 나은 인간관계를 위해 반드시 약속시간 5분 전에 도착하기 등 아주 작은 습관부터 새롭게 만들어보자.

나는 어떤 사람이 되고 싶은가? 이를 위해 내겐 어떤 습관이 필요한가? 이 책의 저자 찰스 두히그(Charles Duhigg)가 전략적 습관을 위한 코치가 되어줄 것이다. 명심하자. 큰 성공은 하나의 작은 행동, 즉 전략적 습관에서 비롯된다.

하나하나의 습관이 인생을 좌우한다

어느 아침 TV 프로의 한 코너였던 것으로 기억한다. 우리 이웃의

살림 고수들에게 유용한 생활 정보를 배우는 것이었는데, 그 날의 주제는 아마도 '생활 속 절약의 지혜'쯤 되지 않았나 싶다. 리포터에게 이런저런 절약 노하우를 들려주던 가정주부의 손에 여러 개의 은행 통장이 들려 있었다. 살림하는 주부에게 통장 몇 개씩 있는 건 놀랄 일이 아니다. 인상적인 것은 그녀의 말이었다. "쓰지 않는 가전제품의 플러그를 뽑아놓는 것만으로도 전기요금을 아주 많이 아낄 수 있어요. 저는 그렇게 해서 집을 세 채나 샀는 걸요."

약간의 과장은 있을 것이다. 설마 전기 코드 몇 개 빼놓는다고 집 살 돈까지야 생기겠나. 하지만 그녀는 그 습관이 자신의 재테크에 아주 중요한 작용을 했다고 말했고, 실제로도 꽤 쏠쏠한 금액을 저축한 듯했다. 전기세 아껴 집 샀다고 말할 때의 넘치던 자부심이라니.

성공을 위해 매진하는 우리 청춘들에게도 플러그 뽑기 같은 습관이 있을까? 우리가 매일 반복하는 선택들이 신중하게 생각하고 내린 결정의 결과물로 여겨지겠지만, 실제로는 그렇지 않다. 대부분의 선택이 습관이다.

그렇다면 보다 나은 내일을 위해, 성공한 사람들의 습관을 내 것으로 만들어보면 어떨까? 만일 당신이 워런 버핏을 능가하는 투자가가 되고 싶다면 시험 삼아 버핏의 습관인 '매일 한 권씩 책 읽기'를 따라 해보자. 아리스토텔레스는 우리가 반복하는 행동이 곧 우리이며, 뛰어남이란 하나의 습관이라고 말했다. 성공하고 싶은가? 먼저 좋은 버릇을 받아들여라. 또한 그것을 습관화하라. 내 몸의 일부가 된 좋은 습관들은 인생길 곳곳에서 성공의 이정표가 될 것이다. 이는 곧 찰스 두히그가 『습관의 힘』에서 전하려는 바이기도 하다.

하나하나의 습관이 그 자체로는 상대적으로 큰 의미가 없지만, 매일 먹는 음식, 밤마다 아이들에게 하는 말, 저축하는지 소비하는지, 얼마나 자주 운동하는지, 생각과 일과를 어떻게 정리하는지 등이 결국에는 건강과 생산성, 경제적 안정과 행복에 엄청난 영향을 미친다. (10쪽)

당신의 핵심 습관은 무엇인가

습관은 무의식적으로 고착화되는 경향이 있다. 좋은 것이든 나쁜 것이든 한 번 우리 몸에 정착하면 쉽게 사라지지 않는다. MIT 과학자 앤 그레이비엘(Ann Graybiel)은 습관의 생태학을 보다 분명하게 설명해준다.

"습관은 결코 완전히 사라지지 않습니다. 우리 뇌 속에 고스란히 저장되는 거죠. 그게 우리에게는 큰 도움이 됩니다. 오랫동안 휴가를 다녀와서 운전을 다시 배워야 한다면 얼마나 끔찍하겠습니까. 문제는 우리 뇌가 좋은 습관과 나쁜 습관을 구분하지 못한다는 겁니다. 따라서 나쁜 습관도 항상 우리 머릿속에 숨어 있으면서 적절한 신호와 보상이 주어지기를 기다립니다."(43쪽)

이를 증명한 실험이 있다. 케임브리지대 신경과학과 볼프람 슐츠 (Wolfram Schultz) 교수는 1980년대에 원숭이의 뇌를 연구하는 팀의 일원이었다. 당시 그는 '훌리오'라는 이름의 짧은꼬리원숭이에게 특정 자극에 대해 뇌가 어떠한 반응을 보이는지를 알기 위한 실험을 진행했다. 실험실 설비는 컴퓨터 화면에 특정 도형이 나타날 때 훌리오가 손잡이를 당기면 블랙베리 주스 한 방울을 제공하도록 설계됐다. 수십 번의 시행착오 끝에 이 원숭이는 마침내 주스를 맛볼 수 있는 노하우를 터득했고, 훌리오의 뇌는 보상을 받았을 때 일어나는 신경 활동 패턴을 보여주었다. 그런데 실험이 진행될수록 훌리오의 뇌는 주스가 떨어지기도 전에 이미 보상을 받은 것처럼 반응했다. '기대'를 품는 단계로 진입한 것이다.

슐츠는 이에 그치지 않고 주스를 주지 않거나, 조금 늦게 주거나, 물에 탄 주스를 주는 식으로 보상 방식을 바꿔보았다. 이에 훌리오는 괴성을 지르며 화를 내거나 침울한 반응을 보였다. 이때 슐츠는 훌리오의 뇌에서 새로운 패턴이 형성되는 걸 확인할 수 있었다. 그것은 다름 아닌 '열망(Craving)'이었다.

열망이 채워지지 않을 때 우리는 어떻게 행동하는가. 훌리오의 열망은 이미 맛본 주스의 맛을 전제로 한다. 문제는 그런 보상을 다시 느낄 수 없을 때의 반응인데, 여기에 대해 또 다른 흥미로운 실험이 진행됐다. 일군의 원숭이 집단을 상대로 훌리오처럼 주스 실험을 한후 이번에는 실험실 문을 슬쩍 열어놓고 상황을 관찰해보았다고 한다. 어떤 결과가 나왔을까?

습관에 완전히 길들은 원숭이, 즉 뇌가 보상을 예상하는 단계에 이른 원숭이는 어떤 유혹에도 넘어가지 않았다. 실험실을 나갈 기회가 있었고 구석에 먹을 것이 있었지만 의자에 앉아 꼼짝하지 않고 모니터를 쳐다보며 손잡이를 당길 뿐이었다. 기대감과 열망에 사로잡힌 그 원숭이들은 모니터 앞에 바싹 달라붙어 떨어질 줄 몰랐다. 돈을 딴 지 한참 지났는데도 슬롯머신에서 떠나지 못하는 도박꾼과 다를 바 없었다.(79쪽)

슬롯머신에서 떠나지 못하는 도박꾼까지는 아니더라도, 우리 주변에는 가벼운 중독증세로 고민하는 이들이 차고 넘친다. 당신도 여전히 담배를 문 채 언젠간 끊어야 된다고 생각만 하고 있는가. 그렇다면 뇌가 담뱃갑이라는 '신호' 앞에 니코틴을 '열망'하는 단계에 들어서 있다고 보면 된다.

그러나 앞서 말했듯이 어떤 습관을 취하느냐에 따라 인생이 달라진다. 『습관의 힘』은 우리에게 좋은 습관을 체질화할 때나 안 좋은 습관을 버리려 할 때, '핵심 습관' 하나에만 집중해보라고 조언한다.

저자는 핵심 습관으로 성공을 거둔 대표적인 사례로 미국의 알루미늄 생산업체 알코아(Alcoa,Inc.)의 CEO 폴 오닐((Paul O'Neill)의 전략을 소개한다. 오닐이 취임하기 전, 알코아는 거의 모든 공장에서 일주일에 한 건 이상 사고가 발생하는 회사였다. 강압적인 명령으로 상황을 개선할 수 없다고 판단한 그는 '안전'이라는 핵심 습관을 정착시키는 데 주력했다. 나쁜 습관 하나만 고칠 수 있다면 그에 따른 변화가 회사 전체에 파급될 것이라 생각했던 것이다.

결과는 놀라웠다. 오닐의 재임 기간 동안 알코아는 연간 순이익이 5배, 시가 총액은 270억 달러까지 상승했다. 저자는 알코아가 거둔 경제지표상의 성과가 핵심 습관의 개선에 따른 자연스러운 결과물이며, 핵심 습관을 바꾸면 그 밖의 모든 것을 바꾸는 것은 시간문제일 뿐이라고 말한다.

> 오닐은 연쇄 반응을 일으키는 힘을 지닌 습관, 즉 그 습관이 조직 전체에 퍼지면 다른 습관까지 바꿔놓는 습관이 있다고 믿었다. 달리 말하면, 기업과 개인의 삶을 개조하는 데 상대적으로 중요한 습관이 있다. 이른바 '핵심 습관(keystone habit)'이라는 것이다. 핵심 습관은 우리 삶의 거의 모든 부분에 영향을 미칠 수 있다. 따라서 핵심 습관을 바꾸면 그 밖의 모든 것을 바꾸는 것은 시간문제일 뿐이다.
> (151~152쪽)

열망이 당신을 이끌어 가리라

반복되는 행동이 만드는 습관들이 쌓여 개인과 공동체의 특징이 된다. 군대 역시 그런 습관들의 총합으로 구성된 집단이다. 목숨이 오가는 전쟁터에서는 자신과 아군의 생존율을 높이고 적을 궤멸시키는 것이 관건. 그러려면 상황에 맞는 행동을 자동반사적으로 할 수 있도록 수없는 훈련을 거쳐야 한다. 민간인 시절과는 전혀 다른, 아주 이질적인 문화를 경험하는 셈이다. 말하자면 군대는 최대 규모의 이질적인 습관 형성 실험실이다. 민간인 신분에서 국방부 소속으로 바뀐 뒤의 급격한 변화를 세심하게 관리해야 하는 이유도 여기에 있다.

기상나팔 소리를 듣고 시작해 취침점호로 마무리되는 병영의 하루. 그 속에서는 언제나 나보다 우리가 우선시된다. 서로 다른 삶을 살던 수십만의 젊은이가 모여 생전 처음 공동체가 최우선인 문화를 경험하고 그에 맞춰 새로운 습관을 구축해가려니 그 진통이 이만저만이 아니다. 하지만 이를 그저 억지로 견디는 것만이 능사일까?

마음먹기에 따라 군대는 좋은 습관을 만드는 연습을 하는 최적의 장소가 될 수 있다. 습관이란 생각조차 하지 않으면서도 거의 매일 반복하는 선택이다. 의식적으로 노력을 기울이지 않아도 자연스럽게 하게 되는 좋은 행동들을 내 것으로 만들어보는 건 어떨까. 군에 오기 전 책 한 권 안 보던 사람이 제대할 때까지 100권이 넘는 양서를 정독했다는 《국방일보》의 기사는 당신의 이야기가 될 수도 있다. 독서도 습관이라는 말이 있지 않은가.

군대를 한 20개월 몸으로 때우다 갈 곳으로만 여긴다면 당신의 병영 일기는 판에 박힌 이야기로만 채워질 것이다. 훗날 안주거리 삼기엔 좋겠지만, 이왕 보내야 할 시간들이라면 더 가치 있는 이야기로 채우면 좋지 않을까. 그것이 앞서 얘기한 핵심 습관과 관련한 것이라면 더할 나위 없이 좋을 것이다. 그럴 수만 있다면 군 생활은 새로운 나를 낳는 인큐베이팅의 시간이 된다.

하지만 핵심 습관을 만드는 건 결코 쉽지 않다. 지난 40여 년간 새벽 운동을 해오며 알게 됐지만, 좋은 습관을 체질화하는 건 의지만으로는 힘들다. 이에 대해 저자가 이렇게 조언한다.

운동을 더 하고 싶은가? 눈을 뜨자마자 체육관으로 직행하는 등의

신호와, 운동을 끝낸 후에 마시는 스무디 같은 보상을 선택하라. 그
리고 스무디에 대해서, 혹은 운동을 끝낸 후에 밀려오는 엔도르핀에
대해 생각하라. 그런 보상을 기대하라. 결국에는 그 열망이 당신을
매일 체육관으로 끌어갈 테니까.(94쪽)

저자는 열망이야말로 습관을 만드는 원동력이라고 했다. 스스로 진
심으로 기뻐할 만한 무언가를 보상으로 두고, 이를 열망 삼아 매진하
라는 것. 물론 열망(다른 말로는 목적)은 사람마다 다르다.

처음에는 어려울 것이다. 하지만 실패하더라도 자꾸 반복하고 노력
하다 보면 작은 성취 경험이 주어진다. 그때마다 느껴지는 보람과 자
신감은 블랙베리 주스보다 훨씬 더 달콤하다. 그렇게 습관이 열망을
낳고, 열망은 새로운 습관을 이끄는 순환 속에서 한 방울의 성취가 모
여 어느새 한 잔이 된다. 성공한 인생은 그렇게 채워지는 것이다.

누군가 당신에게 지금 모습에 만족하느냐고 묻는다면 자신 있게 고개를 끄덕일 수 있는가? 이 질문에 자신이 없다면 당신이 가진 습관을 돌이켜볼 필요가 있다. 따라서 습관이 만들어지는 과정을 이해하고 습관의 개선 방법을 익히는 것은 삶을 개선하는 첫걸음이 된다.

Keyword 1 인생은 습관의 총체다

저자는 책에서 한 개인부터 글로벌 기업에 이르기까지 다양한 사례를 소개한다. 표면적으로는 그저 재미있고 독특한 성공 사례들로 읽히지만 자세히 들여다보면 이들 사이에는 공통점이 있다. 우리 삶의 모든 부분에 영향을 미치는 어떤 패턴에 집중해서 성공을 거두었다는 점이다. 그 패턴이 바로 습관이다. 여기서 습관은 의식 없이 반복적으로 하는 행동이나 사고를 의미한다. 자동차를 운전하고, 휴대폰을 들여다보고, 이메일을 체크하고, 커피를 사 마시는 등 우리가 하는 모든 일상적 행위는 의식적으로 선택하는 행동이 아니라 습관의 산물이다. 따라서 습관을 개선하면 일상이 바뀌고, 나아가 인생 전체가 바뀐다. 즉, 나를 이루는 모든 것은 습관에 의해 좌우되며, 인생은 결국 수많은 습관의 총제인 셈이다.

Keyword 2 습관을 바꾸려면 습관을 알아야

늦잠, 쇼핑, 야식, 흡연, 음주 등 이 세상에 존재하는 모든 습관은 3단계로 구성된다. '신호 – 반복 행동 – 보상'이다. 저자의 경우 쿠키의 유혹이 항상 3시~3시 30분에 찾아왔다. 특정한 시간이 습관의 신호였다. 그다음 반복 행동으로 쿠키를 먹기 위해 카페를 찾았다. 그런데 마지막 단계인 보상이 무엇인지 알 수 없었다. 그래서 그는 이런저런 실험을 해봤다. 쿠키가 먹고 싶을 때 카페로 가는 대신 동네를 한 바퀴 돌고, 쿠키 대신 초콜릿을 먹어보거나, 아무것도 먹지 않고 동료들과 수다를 떨기도 했다. 그 결과 그는 자신의 습관이 쿠키와 아무 상관이 없음을 발견했다. 사실은 사람들과 어울리고 싶었던 것이다.

그뒤 저자는 자신의 습관을 새롭게 디자인했다. 쿠키를 먹는 대신 3시 30분쯤 동료의 자리로 가서 10분 동안 수다를 떨다 자리로 돌아왔다. 신호와 보상을 그대로 둔 채 반복 행동만을 바꾼 것이다.

Keyword 3 핵심 습관에 집중하라 저자는 아주 사소한 습관 하나만 바꾸어도 일상에 극적인 변화가 일어날 수 있다고 말한다. 그것이 바로 핵심 습관이다. 개인의 삶 혹은 조직 활동에서 연쇄 반응을 일으키는 습관이다. 가장 좋은 예가 운동인데, 만약 일주일에 한 번이라도 규칙적으로 운동하는 습관을 갖게 되면 삶의 패턴이 상당히 많이 바뀐다. 운동을 하면 좀 더 좋은 음식을 먹으려고 하고, 음주 등 몸에 좋지 않은 행동은 덜 하게 된다. 아침에 운동을 할 경우 조금 더 일찍 출근하게 되며, 흡연자의 경우에는 담배도 줄게 되는 효과가 있다. 또한 인내심이 향상되어 쇼핑 충동을 조금 더 참을 수 있게 되고, 이로 인해 경제적인 스트레스가 상당 부분 줄어든다. 핵심 습관 하나가 삶 전반을 연쇄적으로 향상시키는 것이다. 이런 패턴이 모두에게 적용되지는 않지만, 많은 사람이 운동이라는 핵심 습관을 통해 삶이 바뀌는 것을 경험했다.

열정도
재능이라는
그 오랜
교훈 ———————— 앤절라 더크워스의 『그릿』

한 회사에 말단 신입 사원으로 들어가 사장까지 했으니 그만하면 직장인으로 성공한 것 아니냐는 말을 가끔 듣는다. 그러나 나는 나를 향한 그런 말들이 과찬이라고 생각한다. 실제로 나는 입사 후 한동안 개성과 끼로 똘똘 뭉친 동기와 선후배들 틈에서 그들의 재능을 부러워하며 열등감에 괴로워했다. 어쩌면 나는 평생 광고인으로 사는 동안 늘 그런 부족함을 느껴왔는지 모른다.

그런데 어느 순간 오기가 발동했다. 그리고 그 오기 때문에 더욱 열정을 불사를 수 있었고 남보다 더 오래 몰입할 수 있었다. 재능이 부족하니 노력이라도 해야 한다는 간절함 덕분이었을까. 덕분에 불가능해 보이는 과제를 하나둘씩 해결하며 분에 넘치는 성취감도 맛볼 수 있었다.

그랬던 나이기에 뛰어나지 못한 재능과 취업 실패 등으로 괴로워하는 오늘의 청년들에게 이 책 『그릿』을 권하고 싶다. 돌아보면 말단 사원에서 CEO로 직급은 달라졌지만 광고를 천직으로 받아들이면서부터 '어떻게 하면 좋은 아이디어를 만들 수 있을까?'라는 생각은 평생의 과제였다. 그 어려운 과제를 어떻게 풀어갈 수 있었을까. 광고에 대해 전혀 몰랐던 내가 좋은 아이디어를 찾는 데 포기하지 않고 끝까지 매진할 수 있었던 건 끈기와 성실함 덕분이었다.

현역으로 활동하던 시절 "열심히 하겠습니다"라고 외치는 후배에게 "야, 열심히만 해서 되겠어? 어떻게든 잘해야지!"라고 되받아치는 선배들을 종종 보곤 했다. 내가 겪어보니 그들의 말은 틀렸다. 재능으로 승부해서 실패한 경우는 있어도, 열심히 해서 결과가 나쁜 경우는 별로 없었다. 감히 단언하건대 성실함과 끈기는 시대가 아무리 달라져도 변하지 않는 가치다. 그걸 아는 기업들은 역량이 탁월한 인재보다 어려운 문제가 닥쳐도 일단 행동하며 어떻게든 문제를 해결하려는 사람을 더 선호한다.

4차 산업혁명 시대의 특징은 예측할 수 있는 일들이 사라진다는 점이다. 따라서 청년들이 살아갈 앞으로의 미래는 지식보다 지혜가 우선하는 세상이 될 것이다. 나는 이 땅의 청년들에게 감히 말하고 싶다. 잘하려고 하기에 앞서 일단 행동하라고. 그것도 열정을 다해서.

물론 의구심이 들기도 할 것이다. 재능도 없는데 왜 헛된 노력을 기울이냐고 조롱을 받을 수도 있다. 하지만 청년에게는 틀리고 실패하더라도 다시 도전할 권리가 있다. 그동안 내가 만난 사람 중 새로운 변화를 만들어낸 리더나 성과를 이룬 청년들은 한결같이 그런 열정을 지닌 사람들이었다. 열정과 그 열정 때문에 굴하지 않고 두 번 세 번 앞으로 나아가는 끈기야말로 세상 그 어떤 것보다 중요한 재능임을 나는 확신한다. 그것이 바로 성공을 좌우하는 '그릿'이다.

성공한 이들의 특별한 공통점

김성회 CEO 리더십 연구소장이 들려준 성공하는 사람들의 비결이다.(《조선비즈》,〈김성회의 리더의 언어〉, 2016년 8월 22일자) 예순 넘은 나이에도 국내외 공기업, 민간 기업을 막론하고 전방위에서 활동하는 O위원장을 만나 김 소장이 이런 질문을 던졌다고 한다. "가늘고 길게 버티는 것도 화려한 욕망이 된 이즈음 세태에 굵고 길게 생존(?)하신 나름의 비결은 무엇인지요?" 그 질문에 ○위원장은 "기타등등력"이라는 답을 들려줬다. "기타등등력이란 기본 외의 기타 연구력을 말합니다. 독심력이라고나 할까요. 그래야 또 보고 싶은 사람이 될 수 있습니다." 말단직원 시절에는 상사에게 '또 보고 싶은 부하'가 되고자 노력했고, 관리자급이 되어서는 부하에게 '다시 한 번 모시고 일하고 싶은 상사'가 되기 위해 고심했단다.

김 소장이 내친 김에 다시 물었다. "또 보고 싶은 사람이 되려면 어떻게 해야 합니까?" ○위원장은 "상대의 시간과 노력을 절약시켜주는 것은 기본이고 2퍼센트의 덤은 필수입니다"라고 답했다. 상대에게 또 보고 싶은 사람이 되기 위해 그의 마음을 읽고, 그가 원하는 것을 넘어 차마 생각지도 못한 것(기타 등등)을 더 주었다는 것이다.

분야를 막론하고, 성공한 이들에게는 언제나 플러스알파의 미덕이 드러난다. 스포츠 용어인 '세기(細技)'라는 말도 그렇다. 잔기술을 가리킬 때 쓰이기도 하지만 본뜻은 '섬세한 기술'이다. 신체 조건이나 재능이 출중해도 세기가 부족해 유망주 소리만 듣다 사라지는 선수가 많다. 한때 공만 빠른 파워 피처였던 박찬호 선수가 정상급 투수의 반열에 오르게 된 건 제구력과 강인한 멘탈, 경기운영능력 등의 세기를 장착하고 나서였다. 세기가 없으면 작은 성공은 거둘 수 있을지 몰라도 한 분야의 대가로 거듭날 수 없다.

그래서 성공한 이들의 삶은 도자기 명인이 최상의 작품 한 점을 얻어내는 과정을 떠올리게 한다. 무슨 일이든 대충 넘어가는 법 없이, 징그럽다는 소리가 나올 만큼 집요하게 물고 늘어진다. 성공적인 빅 피처를 완성하기 위한 화룡점정의 요소랄까. 인생을 살아가는 데 있어 무슨 일을 하든 각각의 규모에 맞는 세기는 꼭 필요한 법이다. 그렇게 섬세하게 일궈낸 사례들로 채워나갈 때 성공적인 인생 스토리가 완성된다.

언제까지 재능 타령? 문제는 그릿!

기타등등력, 플러스알파, 세기…. 무엇으로 표현하든 상관없다. 중요한 것은 그런 능력들을 어떻게 내 것으로 만들 수 있는가 하는 것이다. 사실 아주 오래 전, 어쩌면 인간이 지구상에 처음 존재한 시절부터 그 비결은 정해져 있었다.

될 때까지 도전하라! 정말 이것 말고 또 뭐가 있을까. 현재 내게 없는 것을 손에 쥐는 방법은 결국 그것이 내게 올 때까지 끊임없이 노력하는 것뿐이다.

20세기 농구의 신 마이클 조던은 이렇게 말했다. "당신이 노력을 기울인다면 보상을 받을 것이다. 세상에는 단축키란 없다."

정규리그 MVP 5회, 득점왕 10회, 챔피언전 MVP 6회라는 화려한 이력을 지닌 그조차도 9,000번 이상의 슛을 실패했고, 300번의 경기에서 졌으며, 승부를 결정짓는 회심의 슛을 26번이나 놓쳤다. "나는 계속 실패를 거듭해 왔다. 이것이 내가 성공한 정확한 이유다"라고 자신 있게 말하는 그의 인생행로가 멋지지 않은가.

크고 작은 실수와 방황 속에서도 그는 될 때까지 도전한다는 마음으로 목표를 향했다. 어떤 순간에서도 그가 놓치지 않았던 것은 열정과 끈기였다.

요컨대 분야에 상관없이 대단히 성공한 사람들은 굳건한 결의를 보였고 이는 두 가지 특성으로 나타났다. 첫째, 그들은 대단히 회복력이 강하고 근면했다. 둘째, 자신이 원하는 바가 무엇인지 매우 깊이 이해하고 있었다. 그들은 결단력이 있을 뿐 아니라 나아갈 방향도 알고 있었다. 성공한 사람들이 가진 특별한 점은 열정과 결합된 끈기였다. 한마디로 그들에게는 그릿(Grit)이 있었다.(29쪽)

앤절라 더크워스(Angela Duckworth)는 성공하는 이들의 비결을 한마디로 그릿(Grit)이라고 말한다. 그릿을 한국어로 표현하기엔 명확치 않지만 저자의 의도를 반영한다면 '열정과 집념이 있는 끈기'라고 할 수 있겠다.

자기 인생이 성공으로 빛나는 것을 원하지 않는 사람은 없다. 그러나 많은 이가 처음에 가졌던 꿈을 제 스스로 내려놓는다. 자신에게는 재능이 없다며 말이다. 물론 그것이 현실을 냉철하게 인식한 것일 수도 있으나 그렇다면 부질없는 노력을 내려놓고 다른 길을 모색하는 편이 현명하다.

하지만 그 전에 확인할 것이 있다. '나는 정말로, 포기를 운운하기 전에 충분한 시간을 갖고 노력해봤는가?' 그런 열정을 담은 끈기를 발휘해본 적이 없다면, 당신의 포기는 스스로의 나약함을 재능이 없다는 말로 감추려는 자기기만일 가능성이 높다. 저자가 재능에 대한 집착이 위험하다고 말하는 것도 그런 이유에서다.

재능은 나쁜 것인가? 우리 모두의 재능은 똑같은가? 두 질문에 대한 답은 모두 "아니요"이다. 어떤 기술을 빠른 속도로 학습할 수 있는 능력은 분명 큰 행운이며 좋든 싫든 우리 가운데 일부는 다른 사람들보다 학습 능력이 뛰어나다. 그렇다면 왜 '노력형'보다 '재능형'에 관심을 두는 일이 그렇게 나쁜 일인가? (중략) 내가 볼 때 재능에만 집착하는 자세가 해로울 수 있는 가장 큰 이유는 간단하다. 재능만 집중 조명함으로써 나머지 모두를 가릴 위험이 있기 때문이다. 우리가 그릿을 비롯한 다른 요인들이 실제보다 중요하지 않다는 메시지를 은연중에 보낼 수도 있다.(57쪽)

한계를 만드는 것은 자기 자신이다

한 소년이 풀이 죽은 채 스승에게 털어놓는다. 자신에게는 세 가지 병이 있는데 첫째는 너무 둔한 것이고, 둘째는 앞뒤가 꽉 막힌 성격, 셋째가 답답한 면이란다. 소년은 그토록 모자란 자신이 과연 공부를 잘할 수 있을지 궁금했다.

허나 스승의 눈에는 그런 제자가 기특하기만 했다. 소년이 고백한 자신의 단점은 배우는 자가 갖게 되는 세 가지 병증과 반대되는 품성이기 때문이다. 그 병이란 쉽게 외우는 재주가 있는 사람은 그만큼 소홀해진다는 것이 첫째고, 글짓기는 빠를지언정 글이 들뜨고 날린다는 것이 둘째다. 스승이 세 번째로 지적한 것은 깨달음이 빠른 자가 거칠다는 폐단이었다.

이런 말로 어린 제자를 다독이던 스승의 격려는 세월이 지난 지금까지 아름다운 문장으로 남아있다.

'대저 둔한데도 계속 천착하는 사람은 구멍이 넓게 되고, 막혔다가 뚫리면 그 흐름이 성대해진단다. 답답한데도 꾸준히 연마하는 사람은 그 빛이 반짝반짝하게 된다. 천착은 어떻게 해야 할까? 부지런히 해야 한다. 뚫는 것은 어찌하나? 부지런히 해야 한다. 연마하는 것은 어떻게 할까? 부지런히 해야 한다. 네가 어떤 자세로 부지런히 해야 할까? 마음을 확고하게 다잡아야 한다.'

소년의 이름은 황상이고 스승은 다산 정약용이다. 다산이 가장 사랑한 제자였다는 황상은 스승에게서 이 편지를 받은 후 불과 3년여 만에 놀라운 문장가로 성장했다. 제자에게 부지런하라고 거듭 강조하는 다산의 가르침은 『그릿』의 저자가 건네는 말을 떠오르게 한다.

우리 모두는 재능뿐 아니라 기회에 있어서도 한계에 직면한다. 하지
만 우리 스스로 부여한 한계가 생각보다 많다. 우리는 시도했다 실
패하면 가능성의 한계에 부딪쳤다고 결론을 내린다. 또는 겨우 몇
걸음 가보고는 방향을 바꾼다. 어느 경우든 우리가 가볼 수 있는 곳
까지 아직 가보지 못했다. 그릿이란 한 번에 한 걸음씩 계속 나아가
는 것이다. 흥미롭고 목적이 뚜렷한 목표를 굳건히 지키는 것이다.
매일, 몇 주씩, 몇 해씩 도전적으로 연습하는 것이다. 일곱 번 넘어지
면 여덟 번 일어나는 것이다.(358~359쪽)

비슷한 능력을 가지고도 누군가는 성공하고 누군가는 실패한다. 왜
그런 걸까? 서 말의 구슬을 꿸 몰입과 인내의 시간이 없었기 때문이
다. 성공을 복잡하게 생각하지 말자. 성공이란 결국 목적한 바를 끝까
지 해내는 것이다. 여기에는 오직 열정과 연습만이 필요하다. 물론 그
길은 결코 평탄하지 않다.

저자의 말대로 당신이 비관론자라면 "내가 모든 것을 망쳤어"라며
좌절하겠지만, 낙관론자라면 "나는 시간 관리에 실패했어"라고 반성
할 것이다. 실패는 실패일 뿐 그것이 인생을 망치지는 않는다. 다음에
같은 실수를 되풀이하지 않도록 개선하면 그만이다.

혹시 비관론이나 낙관론을 논할 것도 없이 목표 자체가 없다고 자
책하고 있는가? 혹은 아직 열정을 기울일 만한 대상을 찾지 못해 초
조한 마음이 드는가? 그렇다고 해도 좌절할 필요는 없다. 저자의 말

처럼 당신이 알아차리지 못한 것일 수도 있으니.

역설적으로 들리겠지만 처음에 관심사를 발견했을 때는 종종 본인
도 모르고 넘어간다. 즉 이제 막 무언가에 관심이 생길 때는 무슨 일
이 일어나고 있는지조차 깨닫지 못할 수도 있다. 지루한 감정은 느
끼는 즉시 알지만 새로운 활동과 경험을 대할 때는 자신이 무엇을
하고 있는지 성찰하거나 알아차리지 못한다. 그러므로 새로운 일을
시작한 뒤 이제 열정의 대상을 찾았는지 며칠에 한 번씩 초조하게
자문하는 것은 너무 조급한 행동이다.(147쪽)

네 번째 질문

앤절라 더크워스 지음 | 김미정 옮김 | 비즈니스북스 | 2016년 10월 25일 출간

테드 강연 조회 수 1,000만 돌파, 《뉴욕 타임스》 25주 연속 베스트셀러, 버락 오바마와 빌 게이츠 등 세계적 리더들의 극찬…. 모두 『그릿』에 대한 설명이다. 그동안 중요하다고 생각만 했을 뿐 그것과 성공 사이에 어떤 관계가 있는지는 몰랐던 그릿. '열정과 결합된 끈기'를 일컫는 그릿의 실체를 앤절라 더크워스의 10년에 걸친 연구로 만날 수 있게 됐다. 재능이나 실력이 부족해 고민하는 사람들에게 명쾌한 답이 되리라 본다.

Keyword 1 **열정과 만족도** 저자는 젊은이들에게 세상에 나가 자신이 좋아하는 일을 하라고 조언해주는 것이 결코 허황된 일이 아니라고 단언한다. 지난 10여 년간 관심과 만족도에 대해 연구한 학자들에 의해 이미 그 사실이 확인되었다는 것이다. 연구 결과는 이렇다. 첫째, 사람들은 개인적 관심과 일치하는 일을 할 때 직업에 훨씬 만족감을 느낀다. 게다가 직업이 개인적 관심사와 일치하는 사람이 대체로 삶 전반에 대한 만족감이 높다. 둘째, 사람들은 일이 흥미로울 때 높은 성과를 올린다. 이러한 연구 결과로 알 수 있는 사실은 하나다. 우리가 어떤 일을 시도했을 때 얼마나 좋은 결과를 얻을지 그 결정권을 쥐고 있는 것은 열망과 열정, 관심의 정도라는 것이다.

Keyword 2 **열정과 개인적 관심사** 누구에게나 일하는 모든 순간이 기쁠 수 있을까? 저자의 대답은 예스다. 단 여기에는 조건이 있다. 그 일이 일하는 사

람에게 관심의 대상이어야 한다는 것. 직업 만족도에 관심이 중요하다는 뜻이다. 따라서 당신의 흥미와 상상력을 사로잡는 일과 직업을 일치시킬 필요가 있다. 물론 그것으로 행복과 성공이 보장되는 건 아니지만 그럴 가능성은 분명 높아진다. 자기 직업을 사랑하고 성공을 향해 달려가는 사람들이 부럽겠지만 그들이 우리와 출발점부터 달랐다고 체념해서는 안 된다. 그들도 무엇을 하고 살지 정확히 알기까지 상당한 시간이 걸렸을 가능성이 높다. 그들 대부분은 다른 일을 한다는 걸 상상할 수 없다고 말하지만, 그들에게도 자기 직업에 대해 고민한 시간은 분명 있었다.

Keyword 3 **열정의 발전** 자기 일에 대한 열정을 발견하는 것은 시작일 뿐, 그 열정을 지속적으로 발전시키고 평생 심화시켜야 한다. 부연 설명을 하자면 첫째, 아동기에는 너무 어리기 때문에 커서 무엇이 되고 싶은지 알지 못한다. 단지 대체로 좋아하는 일과 싫어하는 일을 파악할 뿐이다. 둘째, 관심사는 자기 성찰을 통해 발견되지 않는다. 오히려 외부 세계와의 상호작용이 계기가 되어 흥미가 생긴다. 셋째, 관심사를 발견한 뒤 오랜 시간 주도적으로 관심을 발전시켜야 한다. 처음에 관심이 생긴 후에도 계속 그 일을 경험함으로써 흥미를 거듭 유발하는 것이 중요하다. 넷째, 관심은 부모, 교사, 친구 등 여러 지지자들의 격려가 있을 때 점점 깊어진다. 외부 지지자들은 관심이 성장하는 데 좋은 자극과 정보를 제공하며 긍정적인 피드백을 통해 안정감을 준다.

Keyword 4 **열정의 자극과 인내** 아직 마음에 품은 열정이 없다면 처음부터 다시 시작해야 한다. 우선 열정을 쏟을 대상을 찾아보자. 몇 가지 질문을 통해 답을 얻을 수 있다. 나는 무슨 생각에 자주 빠지는가? 내 마음은 어디로 향하는가? 나는 무엇에 가장 관심이 가는가? 무엇이 내게 가장 중요한가? 나

네 번째 질문

는 어떻게 시간을 보낼 때 즐거운가? 그리고 반대로 무엇이 가장 견디기 힘든가? 이 질문들에 대답하기 힘들다면 일반적으로 직업에 대한 관심이 싹트는 10대 시절을 회상해보라.

　관심사를 발견한 다음에는 그 관심사를 발전시켜야 한다. 흥미를 자극할 방법을 찾아라. 그리고 인내심을 가져라. 관심이 발전하기까지는 시간이 걸린다. 관심사가 같은 멘토를 찾는 것도 도움이 된다. 좋아하는 일을 몇 년째 하고 있지만 아직은 열정이라고 부를 수 없다면 그것을 어떻게 심화시킬 수 있을지 살펴보라. 당신의 뇌는 새로움을 갈구하기 때문에 다른 일로 옮겨 가고 싶은 유혹을 느낄 것이며 그것이 가장 타당한 행동일 수 있다. 하지만 어떤 일이든 몇 년 이상 지속적으로 노력해보고 싶다면 오로지 마니아만이 알아볼 수 있는 미묘한 차이를 즐길 방법을 찾을 필요가 있다.

시작한 다음은 포기하지 않을 용기 ———— 그렉 S. 리드의 「전략적 인내」

학창시절 인내는 쓰고 열매는 달다는 말을 종종 들었다. 노력이 중요하고, 그 노력의 결과물인 달콤한 열매를 얻기 위해 힘든 과정을 참고 견뎌야 한다고 배웠다. 그러나 그 노력이 단지 결과물을 얻기 위한 단순한 과정에 지나지 않을까? 승리하지 못한다면 그 노력은 아무 의미가 없을까?

나는 제일기획 대표이사에 취임하면서 기존의 CEO(Chief Executive Officer)가 아닌 CIO(chief Idea Officer)라는 직함을 택했다. CEO는 결과로서의 직책이고 CIO는 결과와 과정이 모두 포함된 의미의 직책이다. 당시의 내 생각과 기준이 그랬다.

광고 현장은 치열하다. 내부의 팀원들끼리 벌이는 아이디어 경쟁도 그렇지만 타 에이전시와의 경쟁 프레젠테이션이 잡히면 그날부터 모두가 공감할 수 있는 최고의 아이디어가 나올 때까지 모진 시간이 시작된다. 그런 치열한 현장에서 나 역시 사장이 아니라 같은 동료로서 동등하게 의견을 개진할 수 있어야 한다고 믿었고, 그런 생각 아래 결과와 과정이 모두 포함된 직함을 택한 것이다.

사실 회사 업무를 포함한 세상의 모든 일은 마음먹은 대로 잘되기만 하지 않는다. 치열한 준비를 거쳐 만들어낸 아이디어가 좋은 결과를 가져오기도 하지만 때로 쓰디 쓴 고배를 마실 때도 있었다. 하지만 승패와 관계없이 치열하게 경쟁프레젠테이션을 준비하는 동안 겪었던 경험 하나하나가 삶의 소중한 자산이 된 것만은 분명하다. 그 시간들은 내 삶을 더욱 깊고 풍요롭게 만들어주었다. 그 과정을 소중히 여기며 한 발 한 발 나아가는 것이 바로 내가 생각하는 전략적 인내다. 그런 의미에서 전략적 인내는 결과가 아닌 과정이다.

인생을 사는 것도 다르지 않다. 어떤 결과를 얻기 위해 반드시 거쳐야 할 과정이 있고, 그 과정을 견디며 앞으로 나아가는 동안 우리는 저마다 작은 열매를 하나씩 모으고 있는 것이다. 그러니 오로지 성공만이 전부라고 생각하지 말자. 살면서 겪는 크고 작은 실패도 우리 삶을 맛깔나게 하는 소중한 열매이니 말이다.

실패 앞에서도 '절절포'하라

중동부 전선 최전방을 수호하는 육군 7사단에 가면 사령부는 물론 말단 감시초소에 이르기까지 똑같은 구호의 플래카드가 걸려 있다.

'절대 절대 포기하지 말자'. 줄여서 '절절포'로 불리는 구호다. 사단장이 병장 진급자들에게 절절포 머플러를 직접 매어주며 노고를 치하하는 것도 이 부대만의 독특한 전통이다. 그뿐 아니다. 할아버지, 아버지, 본인 등 2대 혹은 3대에 걸쳐 7사단 현역 복무를 명예롭게 마친 집안을 '상승칠성 명품가문'으로 선정한다. 위기와 실패 앞에서 끝내 포기하지 않는 정신. 절절포로 대변되는 이 가치를『전략적 인내』에서도 찾아 볼 수 있다.

> 일시적인 실패를 어떻게 처리하는지가 결국 결과를 결정한다. 기억하라. 마당의 잡초든, 꿈이든, 욕망이든 – 아니면 두려움이든 – 관심을 쏟고 양분을 공급해주는 것이 가장 많이 자라기 마련이다. 이는 기회에도 똑같이 적용된다. 자신이 집중하는 것이 가장 잘 보이는 법이다. 좋은 일을 찾다 보면, 좋은 일이 생길 것이고, 기회를 찾다 보면, 기회를 발견할 것이다.(17쪽)

모든 일이 뜻하는 대로 흘러갈 때에는 큰 문제없이 원하는 바에 매진할 수 있다. 문제는 난관에 부딪쳤을 때 어떻게 대응하는가이다. 바로 그 순간 내 본 모습이 여과 없이 세상에 드러난다. 포기하면 자동으로 실패한다. 그러나 절절포 같은 정신이라면 원하는 것을 성취할 때까지 포기란 없다.

하지만 많은 이가 원하는 것을 얻지 못하고 실패의 길을 걷는다. '소망의 추진력'을 끝까지 지니지 못하기 때문이다. 자기계발의 바이블로 불리는『놓치고 싶지 않은 나의 꿈 나의 인생』의 저자 나폴레온

네 번째 질문

힐(Napoleon Hill)은 말한다. 우리가 저지르는 실패는 첫째, 다른 사람과 어울리는 능력이 없는 것에서 발생하고 둘째는 상황이 어려워지면 포기하는 습관, 셋째는 일을 미루는 태도로 인해 일어난다고.

거미원숭이의 미련한 인내

그렉 S. 리드(Greg S. Reid)의 『전략적 인내』는 나폴레온 힐의 성공철학에 뿌리를 둔 저작이다. 현대 성공 운동의 창시자라고 불리는 나폴레온 힐은 20년에 걸쳐 507명에 이르는 성공한 기업가를 인터뷰했고, 그들로부터 처세 정수를 뽑아냈다. 실패의 순간에서 주저앉지 않고 한 걸음 더 나아가기. 이것이 바로 이 책의 제목이기도 한 '전략적 인내'의 핵심이다. 하지만 이를 모든 상황에 적용하려고 들면 곤란하다. 수많은 성공 사례에서 공통적인 모범답안을 추출해낸다 해도 그것은 어디까지나 기출문제의 답일 뿐, 내게 새롭게 주어진 문제의 정답은 아니기 때문이다. 전략적 인내를 내 것으로 받아들이려면, 먼저 꽉 막힌 생각과 고집을 버려야 한다. 책에 소개된 거미원숭이의 이야기가 좋은 사례다.

거미원숭이는 정글에서 가장 재빠르고 영리한 동물 중 하나다. 한 소년이 거미원숭이를 잡으려고 했지만 그물망을 치고 덫을 놓아도 아무 소용이 없었다. 많은 실패 끝에 소년은 묘책 하나를 발견했다. 소년은 입구가 좁은 무거운 통을 몇 개 만들어 먹잇감을 넣어두고는 원숭이가 오기를 기다렸다. 이윽고 통 주변에 모여든 원숭이들은 좁은 입구 속으로 손을 비집어 넣어 먹잇감을 움켜쥐었다. 하지만 음식을 쥔 채 손을 빼기에 입구가 너무 작았고, 그렇다고 통째로 들어 옮기려니 통이 무거웠다. 소년은 갈피를 잡지 못하는 원숭이들에게 다가갔다. 그런데도 원숭이들은 끝내 손에 쥔 음식을 놓지 않았다. 결국 녀석들이 손에 쥔 먹잇감은 일용할 양식이 아닌 제 명줄을 끊을 덫이 되고 말았다.

> 내가 원한다고 생각하는 바로 그것이, 내가 궁극적으로 추구하는 바를 달성하는 데 방해가 될지도 모르는 일이다.(41쪽)

혹시 당신도 거미원숭이와 똑같이 행동하고 있지는 않은가? 내려놓아야 함에도 불구하고 손을 떼지 못하고 있지는 않은지 늘 주의해야 한다. 인내심과 고집을 혼동해 스스로를 가둬놓고 있는 건, 손에 쥔 먹이를 포기 못해 앉은 자리에서 죽음을 맞는 거미원숭이와 다를 바 없다. 전략적 인내란 그런 것이 아니다.

하지만 이를 꼭 나쁘다고 말할 수는 없다. 고집과 오기로 인한 실패를 발판 삼아 한 단계 성장할 수 있기 때문이다. 실패에 머물러 있지 않고 다음을 기약할 수 있다면 그 경험은 배움이 되며, 그 배움의 폭과 깊이가 확장될수록 우리는 더 많은 경우의 수를 알게 된다. 다른 말로 하면 융통성이 커지는 것이다.

> 진정한 성취는 꿈을 향해 전진함과 동시에 융통성을 발휘할 때 이루어진다. 완벽을 추구하기보다 조금이라도 진전하겠다는 사고방식을

네 번째 질문

갖추는 게 중요한 이유다. 성공을 향해 조금씩이라도 나아가는 중이라면, 그 자체로 성공한 것과 다름없다. 강조하지만, 완벽할 필요는 없다. 조금이라도 앞으로 나아가는 게 중요하다. 다만, 그 과정 자체에 갇혀버리지 않게 조심하라.(46쪽)

융통성을 발휘하면 포기해야 할 것을 포기할 수 있게 된다. 그것이 나약한 포기인지 적절한 융통성인지는 정확한 기준이 없다. 또 남들은 미련한 고집이라며 만류하더라도 '정말 지금이야말로 전략적 인내를 발휘해야 할 때'라는 근거를 제공해줄 매뉴얼도 따로 있지 않다. 하지만 정말 확실한 것은 자기만의 기준을 찾기 위해 도전을 거듭하는 과정, 정말 심각한 좌절과 실패를 감내할 줄 아는 용기야말로 가장 바람직한 전략적 인내라는 사실이다.

시작할 용기, 그리고 시작한 다음은 포기하지 않을 용기. 물론, 어려운 순간이 있을 것이다. 물론, 고통이 따를 것이다. 핵심은, 가장 중요한 것에 항상 집중하고, 휘몰아치는 폭풍우에도 길을 잃지 않는 것이다. 결승선이 가까워졌다면, 계속 나아가고, 계속 타오르고, 계속 달려라. 위대함은 내 안에 있는 것이다. 스티커빌리티를 새기고, 견뎌내고, 절대 포기하지 말아라. 성공이 눈앞에 있을지도 모르는 일이다.(212~213쪽)

Keyword 1 **대인관계 키우기** 내가 먼저 남을 좋아하기. 이는 타고나는 본성이 아니라 기술에 해당한다. 날 때부터 지니고 있는 능력이 아니기 때문에 누구나 배울 수 있다. 순수한 마음으로 다른 이의 성공에 관심을 갖고, 가까운 사람일수록 그의 성공을 자랑스러워하라. 경쟁심이나 질투 같은 즉흥적인 기분에 따라 행동해서는 안 된다. 인내를 갖고 다른 사람을 위해보자. 대화하는 능력을 키우고 진정으로 다른 사람을 생각할 때 그들 역시 우리에게 도움을 건넬 것이다.

Keyword 2 **결단력 증강** 좋은 기회가 왔을 때 이를 알아차리고 바로 행동할 수 있어야 한다. 최악의 결정은 나쁜 것을 택하는 것이 아니라 아무 결정도 내리지 못하는 것이다. 우유부단함과 일을 미루는 습관은 많은 대가를 치르게 한다. 신속하고 분명하게 의사결정을 할 수 없는 사람은 어려운 상황이 닥치자마자 등을 돌려버리거나, 다른 사람의 말에 잘 휘둘린다. 단, 큰 기회를 신속하게 알아차리려면 내가 원하는 것을 확실하게 파악해야 한다. 평소 자기 회의에 빠져 걸음을 멈추는 일이 없도록 주의하자. 또한 당장은 무리라고 생각하는 일도 주저하지 않고 맡을 수 있도록 자신감을 키우자.

Keyword 3 **스티커빌리티 파워** 의지를 불태우고, 내 능력을 굳게 믿고, 절대 자신을 과소평가하지 않겠다는 단호함으로 인생을 헤쳐 나가야 한다. 인생은 우연의 연속이 아니다. 상황에 반응만 할 것이 아니라 주체적으로 모든 것을 이끌어 나가야 한다. 물론 모든 상황을 항상 완벽히 통제할 수는 없다. 하지만 어떻게 대처할지는 결정할 수 있다. 인내하라. 인생의 결정적인 순간은 그 순간이 지나고 나서야 깨닫게 된다. 스티커빌리티의 힘을 믿고 이 순간을 내 것으로 만들어보자.

Keyword 4 **융통성 키우기** 전략적 인내를 고집부리는 것으로 착각해서는 안 된다. 필요한 경우 방향을 조정할 줄도 알아야 한다. 조정이 필요한 경우와 아닌 경우를 구별하려면 자신에게 공정하고 객관적이어야 한다. 이는 때로 듣고 싶지 않은 다른 사람의 의견을 받아들이는 것을 의미한다. 진정한 성취는 꿈을 향해 전진함과 동시에 융통성을 발휘할 때 이루어진다.

Keyword 5 **두려움 탈피** 두려움의 사전적 정의는 '임박한 실제의 혹은 가상의 위험, 고통 등에 의해 발생한 괴로운 감정'이다. 많은 경우 두려움은 상상 속에만 존재한다. 하지만 그 영향은 강력하다. 대부분 고통에 처할 가능성을 걱정하는 게 실제 고통보다 더 고통스럽다. 따라서 쓸데 없는 걱정 대신 자신감을 가져야 한다. 우리는 마음먹기에 따라 대단한 일을 해내고 원하는 것을 얻을 수 있다. 다른 사람의 의견이나 스스로 만들어낸 망상 때문에 두려움에 갇혀선 안 된다. 생각이 곧 현실이 되기 때문이다. 생각의 주인이 되겠다고 결심하고 용기와 신념을 갖자.

I

지금 우리 청년들에게 필요한 것은

좀 더 넓은 안목이다.

눈앞에 충실한 개미의 눈이 아니라

전체를 살피며 필요한 사냥감을 포착해내는 매의 눈이 필요하다.

속도에 연연하지 말고 내 길을 가야 한다.

잊지 말자.

정상을 향한 목표가 분명할수록

불안과 방황에 흔들리는 시간은 짧아진다.

I

세상을 보는 안목을
어떻게 키울 것인가

변화의
소용돌이를
직관으로
리처드 돕스·제임스 매니카·조나단 워첼의
『미래의 속도』
돌파하라

　자문해보자. 나는 세상의 변화에 민감한가? 만일 변화가 피부로 느껴진다면 그 변화의 속도는 어떠한가? 2016년 1월 스위스 다보스에서 열린 세계경제포럼(WEF)은 4차 산업혁명의 출발을 알리는 선포식에 다름 아니었다. 사물인터넷, 빅데이터, 인공지능, 로봇공학을 중심으로 전개될 4차 산업혁명의 가장 큰 특징은 인간을 대신해 컴퓨터가 사물(기계)을 통제한다는 점이다.

　혼자 사는 기러기 아빠가 스피커로 인공지능과 이야기 나누는 TV 광고를 기억하는지. 인공지능이 스스로 집주인의 특성을 파악해 쾌적한 일상과 여가를 누리게 해주는 장면은 멀지 않은 우리의 미래를 보여준다. 첨단기술이 공장의 제조라인을 넘어 인간의 일상 구석구석까지 영향을 미치는 '초연결 시대'의 한 풍경이다.

하지만 이런 생활상은 앞으로 펼쳐질 미래의 조감도 중 일부일 뿐이다. 기술의 혁신과 결합된 사회 풍속과 문화, 직업 생태계는 물론 글로벌 무역과 산업, 인구 분포에 이르기까지 그 변화의 양상이 어떻게 전개될지 가늠하기 어렵다. 또한 그 변화의 속도는 이전 그 어느 시대보다 빠를 것이다.

하지만 청년들이 한 가지 명심해야 할 것이 있다. 속도보다 중요한 것이 목표라는 사실이다. 세상의 변화에 발맞추려 하기보다 오히려 그 변화의 소용돌이 한가운데에서 내가 이르러야 할 곳이 어딘가를 정확히 찾는 것이 훨씬 더 중요하다.

지금 우리 청년들에게 필요한 것은 좀 더 넓은 안목이다. 눈앞에 충실한 개미의 눈이 아니라 전체를 살피며 필요한 사냥감을 포착해내는 매의 눈이 필요하다. 속도에 연연하지 말고 내 길을 가야 한다. 잊지 말자. 정상을 향한 목표가 분명할수록 불안과 방황에 흔들리는 시간은 짧아진다.

이토록 깜찍한 역발상이라니

불침번 근무를 폐지한 부대가 있다. 그것도 전방에 있는 전투부대가. 장병들이 사고를 치는 건 훈련이 고돼서가 아니라 생활이 힘들기 때문이라며, 훈련은 강하게 시키되 내무 생활은 최대한 자유를 주겠다고 한다. 누가? 대대장, 연대장도 아니고 무려 사단장이라는 사람이다. 그러고는 불침번, 위병소 경계, 탄약고 경비 같은 근무들을 아예 없애버렸다.

이쯤 되면 전투력 강화와 빈틈없는 경계 태세를 최고의 미덕으로 여기는 군 관계자들로부터 빈축을 살지 모른다. 하지만 천만의 말씀이다. 이 부대는 2016년 악성 사고와 탈영 사고가 단 한 건도 발생하지 않았을 뿐 아니라, 그 해 연말 기준 특급전사 비율이 무려 31.5퍼센트까지 올랐다. 3야전군사령부 예하 사단급 제대 중 최고 수준이란다. 바로 A소장(사단장)이 이끄는 육군 25사단 이야기다.

사실 우리 군은 리더십이나 병영 환경면에서 시대 흐름에 뒤처져 있다는 지적을 심심찮게 받아왔다. 군 기강이 바로잡혀야 높은 전투력이 유지되는 건 부정할 수 없지만, 그 기강이라는 것이 어쩌면 지나친 상명하복과 군기 잡힌 내무 생활만을 가리키는 게 아니었을까? 고된 훈련은 참아도 숨 막히는 내무 생활은 못 참는다는 요즘 신병들이 이를 과연 잘 받아들일 수 있을지 의문이 든다.

이 지점을 파악한 A소장의 군 경영 방식은 확실히 신세대의 사고와 감성을 꿰뚫어 본 선택이었다. 군의 존재 목적이 나라를 지키는 데 있다는 건 변함없지만, 강군을 육성하는 방식은 시대에 따라 변해야 할 것이다.

비슷한 사례가 또 있다. "교수가 잘 가르치면 되지 학생이 수업 안 들어온다고 점수 깎는 건 옳지 않다", "대학은 학생을 줄 세우는 곳이 아니다"라며 출석부와 상대평가제를 없앤 고려대 Y총장도 시대의 흐름에 부합한 역발상적 시도를 보여준다.

이런 새로운 시도와 아이디어들이 변화와 혁신을 요구하는 현 시대의 흐름에 부합한다는 점에서, 군과 대학에서 일어나는 혁신의 움직임은 그 자체만으로 희망적이다. 군과 대학이야말로 전통을 중시하는 보수적인 집단이 아닌가. 이들이 먼저 실험적인 혁신을 시도하는 모습은 사회 전체에 좋은 자극이 될 수 있다.

미래에 뒤처지지 않으려면

매년 연말이면 이듬해의 경제 트렌드를 알려주는 책들이 서점에 깔린다. 미시적으로 당장 한 해 동안 유행할 소비 패턴에 대한 전망부터 향후 수 년 또는 수십 년간의 메가 트렌드 예측까지 범위도 다양하다. 『미래의 속도』는 단연 후자에 속한다. 앞서 한국 사회에서 일어나고 있는 혁신 사례들을 살펴봤는데 이 책에서는 전 지구적 관점에서 경제, 테크놀로지, 인구 변화, 교역 환경 등의 문명사적 전환과 혁신을 이야기하고 있다. 국내 상황과 글로벌 차원의 현상이 표면적으로는 차이가 있을지 몰라도 미래 변화에 대응해 창조적 혁신을 이뤄야 한다는 면에서는 다르지 않다. 그런 면에서 이 책은 21세기 전반기의 한국과 한국인에게도 무척 유의미한 지침을 준다.

『미래의 속도』는 미래의 변화상을 논하기에 앞서 2008년 글로벌 경제위기 이전의 25년간이 경제적으로 대안정기(Great Moderation)였다는 사실부터 설명한다. 이때를 안정기로 여기는 근거로 첫째, 금리 하락으로 주식이나 부동산 투자가 활발했고 둘째, 천연자원이 풍부하고 저렴했다는 것 그리고 셋째, 노동시장에 일자리가 풍부했다는 점을 든다.

하지만 저자들의 말처럼 그렇게 영원할 것 같던 호시절이 말 그대로 옛날이야기가 됐다. 대공황 이후 가장 경제를 위축시킨 2008년의 금융위기, 다양한 혁신적 기술, 트렌드 변화 등은 이런 평온을 여지없이 깨뜨렸다.

이것은 시작에 불과하다. 지금과 완전히 다른 세계가 등장하고 있다. 세계 경제의 운영 체제가 다시 만들어지고 있다. 새로운 운영 체제는 완전히 새로운 버전으로 출시되는 것이 아니다. 진화하고 발전하고 그리고 종종 갑자기 등장하기도 한다.(14쪽)

세계는 빠르게 변화하고 있다. 그래서 과거와는 다른 버전의 운영 체제가 필요하단다. 하지만 그게 어떤 방식으로 만들어질지는 도통 종잡을 수가 없다는 것이다. 그럼 대체 어쩌라는 것인가. 미래는 새로운 모습으로 다가오는데 우리가 알고 있는 것은 과거의 방식뿐이다. 이에 대해 저자들은 직관을 재조정하라고 조언한다.

이 시대는 기회가 가득하지만 동시에 매우 불안정하다. 그리고 과제도 많다. 집단적 직관을 다시 조정하고 고성장시장에 대한 새로운 접근법을 개발하며 트렌드 변화에 더욱 기민하게 대처해야 한다. (25쪽)

저자들의 이러한 충고는 주로 경영자들을 위한 것이다. 하지만 그 내용이 세계를 발전시키는 파괴적인 힘과 그 힘을 이용하는 방법에 대한 것이라고 볼 때, 일반 개인들도 이를 각자의 삶에 적용해볼 필요가 있다. 가령 취준생의 경우 구직 준비로 바쁜 와중이지만 가끔씩 한 발 떨어져 미래를 직관해보는 자세를 가져야 한다. 너무 한가한 소리로만 들리는가? 하지만 눈앞의 급한 사안에 집중한 나머지 정작 중요한 큰 흐름을 놓쳐선 안 된다. 어렵게 구직에 성공했는데 그 직종이 금세 쇠락할 사양산업이라면 어떻게 하겠는가.

직관의 재정립, 그다음은 실행이다

어떤 경우에는 실천보다 말이 쉽다. 특히 우리의 직관을 재정립하는 일은 더 그렇다. 직관은 인생의 경험, 지식 그리고 오랫동안 힘들게 습득한 세계에 대한 이해이기 때문이다. 직관은 수십 년에 걸쳐 만들어진 것이다. 책임 있는 자리까지 오른 사람들은 겉으로 드러나든 아니든 직관을 믿는다."(288쪽)

급격한 변화의 흐름 앞에서 과거의 방식, 기존의 정보와 신념 따위는 더 이상 대안이 되지 않는다. 이럴 때 직관이라는 능력이 빛을 발한다. 직관이란 어떤 사전 정보나 지식 없이 사물을 보고 즉각적으로 느끼는 깨달음이다. 그러나 저자들의 말처럼 직관이 오랫동안 힘들게 습득하는 능력이라면, 단시간에 얻기 어렵다.

한 집단이 새로운 변화에 성공적으로 적응하려면 직관을 재정립하는 시간이 필요하다. 그러나 긴 시간을 들이기에 시대는 너무 빨리 변한다. 그래서 선각자의 역할이 중요하다. 조직의 경우라면 센스와 결단력을 겸비한 리더가 적임자일 것이다.

직관력의 사전적 의미는 판단이나 추리 따위의 사유 작용을 거치지 아니하고 대상을 직접적으로 파악할 수 있는 능력이다. 사유를 하지 않고 파악한다니 일견 위험할 수도 있다. 그래서 스티브 잡스는 자신이 사랑하는 일이 무엇인지를 먼저 깨닫고 계속 그 일을 해나가는 것이 중요하다고 말했다. 직관력은 미래를 담보한 것이지만, 누구도 미래를 알 수 없다. 스티브 잡스가 인생의 전환점에서 깨달은 것은 현재가 미래를 연결한다는 사실뿐이라고 했다. 설사 인생이 배신해도 믿음을 잃지 않고 계속 나아가는 것. 그것이 인생의 모든 차이를 만든다는 것이다.

직관을 재정립하기 위해서는 우선 자기 인식이 필요하다. 리더가 변화에 효과적으로 대응하려면 자신의 성향이나 편견을 이해하고 의사결정 과정에 영향을 미치는 요인을 개혁해야 한다. 그리고 해결책을 실행하는 사람의 사고방식과 행동을 바꾸기 위해서는 시간과 노력을 투자해야 한다.(290쪽)

이른 아침 눈을 떴을 때 새날의 기대감으로 가슴 벅찬 감정을 느껴본 적이 있는가? 날마다 새로워져야 한다. 세상은 우리에게 끊임없이 어제와 다른 그 무엇을 요구하고 있으니.

키워드로 되짚는
『미래의 속도』

리처드 돕스·제임스 매니카·조나단 워첼 지음 | 고영태 옮김
맥킨지 한국사무소 감수 | 청림출판 | 2016년 11월 09일 출간

이 책은 세계 경제를 변화시키는 4개의 메가 트렌드를 설명하면서, 전례 없는 이 변화의 시기에 직관을 어떻게 재정립해야 하는지에 대해 시의적절한 분석을 제공한다. 이런 변화가 이미 진행되는 건 알고 있어도 그 변화의 규모와 파급 효과를 제대로 이해하지 못한다면 반드시 읽어볼 만하다. 위기이자 기회가 될 메가 트렌드는 무엇이며, 우리에겐 어떤 대응법이 필요할까.

Keyword 1 **4개의 메가 트렌드** 제임스 스톡과 마크 왓슨은 2008년 세계 경제 위기가 발발하기 전까지 25년을 '대안정기(Great Moderation)'라고 표현했다. 작은 문제들이 있기는 했지만 대체적으로 대안정기는 지속적이고 영원할 것 같은 트렌드로 인식돼왔다. 그러나 새로운 미래가 기존의 경제 문법을 백지화시키며 인류에게 새로운 대안을 요구하고 있다. 그 징후는 저자들이 말한 4개의 메가 트렌드로 나타난다. 내용은 다음과 같다.

첫째, 경제활동과 경제 역동성의 중심지가 중국 같은 신흥국과 신흥국의 도시로 이동하고 있다. 둘째, 기술의 경제적 영향력이 가속화되고 그 범위와 규모가 커지고 있다. 셋째, 인구의 변화, 특히 인구 고령화 문제가 전 지구적인 사안으로 대두되고 있다. 넷째, 우리가 흐름(Flows)이라고 부르는 교역과 자본, 사람, 정보의 이동을 통해 세계가 밀접하게 연결되고 있다.

이러한 시대적 흐름은 상당히 어려운 도전 과제를 던져준다. 기존의 경험이나 지식은 대부분 세계 경제가 우호적이고 평온한 시기에 형성되었고, 이

제 이런 친숙한 세계는 더 이상 존재하지 않기 때문이다. 앞으로 수시로 목격하게 될 파괴적이고 다양한 변화는 특히 비즈니스 세계에서 조직의 미래 및 사업의 존폐 여부에 지대한 영향을 미치게 될 것이다.

Keyword 2 **직관의 재정립** 4가지 메가 트렌드가 동시에 밀어닥친다는 것, 이것은 현재의 세계가 과거의 세계와 달리 급격하게 변하고 있다는 것을 의미한다. 이런 양상은 최근의 경험을 활용해 미래를 예측하고 계획하는 일련의 과정을 엉망으로 만들 수 있다. 지금까지 성공적이었던 가정과 관습 가운데 상당수가 갑자기 설득력을 잃었다. 그래서 과거와는 다른 직관이 필요하다. 새로운 세계에서는 경영자, 정책결정권자를 비롯한 조직원 모두가 자신의 직관을 처음부터 다시 검증하고 필요하다면 과감하게 조정해야 한다. 과거에 성공을 누렸던 기업이라면 더욱 그렇다. 조직에 필요한 변화를 추진하기 위해 리더 역시 자신의 직관을 재정립해야 한다. 물론 경험과 본능을 무시해서는 안 된다. 직관을 다시 세우는 것과 동시에 과거의 경험과 본능을 확대 적용하도록 노력할 때, 새로운 전략으로 다가올 미래를 개척해갈 수 있다.

Keyword 3 **직관 재정립의 방해 요소** 인간 내면에 존재하는 직관 시스템을 조정하는 작업은 하루아침에 이루어지지 않는다. 인류가 아무리 독창적이고 상상력이 풍부하다 한들, 변화에 느리게 적응하는 경향이 다분하기 때문이다. 이를 두고 행동경제학자들은 '최신편향'이나 '정박효과', 물리학자들은 '관성의 힘' 등의 용어로 설명한다. 쉬운 말로는 과거의 패턴에 얽매이는 병이라 부를 수도 있겠다. 무엇으로 부르든 사람들은 미래가 최근의 과거와 비슷하기를 바란다. 하지만 우리가 사는 세계의 움직임을 감지하고서도 아무 일도 하지 않는다면 결국 인간은 변화에 적응하지 못한 채 좌초되고 말 것이다. 생존하기 위해서는 끊임없이 변하는 환경에 어떻게 대응할 것인가에 관해 분명한 관점을 정립해야 한다.

Keyword 4 **자기 인식, 직관의 출발점** 직관을 재정립하려면 가장 먼저 자기 인식이 필요하다. 조직의 리더라면 자신의 성향이나 편견을 이해하고 의사 결정 과정에 영향을 미치는 요인을 개혁해야 한다. 또한 해결책을 실행하는 사람의 사고방식과 행동을 바꾸기 위해 적지 않은 시간과 노력을 투자해야 한다. 생존에 중요한 또 다른 열쇠는 조직에 호기심과 학습을 내재화시키는 것이다. 조직이 커지면 위에서 내려오는 지시와 명령에 빠르게 반응하지 못한다. 21세기 기업은 19세기 군대 조직처럼 움직이지 않는다. 사람들은 친구나 경쟁자, 동료의 영감과 행동에 반응하는 경향이 있다. 우리는 듣는 것이 아니라 보는 것에 근거해 무엇이 바람직하고 가능한지에 대해 다시 생각해 봐야 한다.

전투도
경영도

임용한의 『세상의 모든 전략은 전쟁에서 탄생했다』

크리에이티브하게

인류의 역사는 총과 칼과 함께 한 전쟁의 역사다. 한 사람의 일생도 총칼 없는 전쟁으로 표현된다.

이렇듯 우리 삶에는 늘 전쟁의 요소가 상존하며 실제 전쟁에서처럼 전략이 필요하다. 전쟁이 좋은 건 아니지만 나쁜 일에서도 배울 만한 점은 분명히 있다.

광고업의 숙명 중 하나는 경쟁 프레젠테이션이다. 새로운 광고주를 유치하기 위해 새로운 전략과 해결 방안을 고민하게 되는데, 이 작업은 전쟁터에 나가 목숨을 걸고 싸우는 것과 매우 흡사하다.

광고주의 과제를 명쾌하게 해결해주는 새로운 전략을 만들어내는 작업이야 늘상 하는 일이거니와 새로운 아이디어가 채택되었을 때 느끼는 희열은 정말 그 무엇과도 비교하기 힘들 만큼 크다. 그러나 경

세상을 보는 안목을 어떻게 키울 것인가

쟁 상대가 있고 만일 그와의 승부에서 실패하게 되면 그 즉시 광고주를 잃게 되니 이처럼 피말리는 작업도 없다.

"나이는 숫자에 불과하다", "청바지와 넥타이는 평등하다"라는 카피를 기억할 것이다. 성공한 광고라고 제법 평판이 좋았는데, 광고주 측에 새로운 CEO가 부임하면서 경쟁 프레젠테이션을 해야 하는 상황에 놓였다. 사령탑이 바뀌었으니 기존의 기업 이미지를 점검하고 새롭게 바꿔야 하지 않겠는가 하는 취지였다.

회사 내에서는 기존 캠페인이 워낙 강력하고 소비자 반응 또한 좋으니 같은 테마를 이어가자는 주장과 판을 완전히 바꿔 새로운 캠페인을 준비하자는 의견이 대립했다. 몇 차례의 토의 끝에 기존의 것을 과감히 버리고 새로운 전략을 찾자는 쪽으로 결론이 내려졌고, 그렇게 해서 찾아낸 새 전략이 "Have a good time"이었다.

결과만 놓고 보면 매우 단순해 보인다. 그러나 전략적 판단을 잘못 내린다거나 크리에이티브 아이디어가 신통치 않다면 한 달 이상 밤샘하며 준비한 작업이 물거품이 되고 만다. 그래서 프로젝트 리더의 역할과 결단력이 매우 중요하다.

어떤 시대든 청년은 새로운 미래를 위해 과거의 낡은 관습과 싸우는 전사들이다. 때문에 이 책을 읽는 젊은이들이 그 내용을 그대로 배우고 따르는 것을 바라지 않는다. 배울 만한 것들을 참고하되, 시대 변화에 따른 새로운 길을 만들어가길 바란다. 기존의 성공 패러다임을 따라하는 팔로어(Follower)가 아니라 새 시대에 걸맞은 새로운 인생 전략을 가졌으면 하는 것이다. 그것이야말로 진정 자신을 위한 싸움이기 때문이다.

다섯 번째 질문

맹목적 추종은 위험하다

패러다임(paradigm)은 판례를 뜻하는 희랍어 '파라데이그마(para-deigma)'에서 유래되었다. 1962년 과학철학자 토마스 쿤(Thomas Kuhn)이『과학혁명의 구조』에서 과학의 역사와 구조를 설명하기 위해 이 개념을 도입했는데, 사물을 보는 방법, 문제를 삼는 방법, 문제를 푸는 방법의 총체를 패러다임이라 했다. 중요한 것은 한 시대의 패러다임이 다른 패러다임에 의해 혁명적으로 교체될 수 있다는 사실이다. 또한 인간은 패러다임의 전환을 계기로 한 걸음 더 성장할 수 있다.

하지만 패러다임은 그리 쉽게 바뀌지 않는다. 본래 인간은 지금의 조건에서 조금이라도 벗어나는 것을 무척 싫어하기 때문이다. 심리학에서는 이를 현상유지편향(status quo bias)이라고 하는데, 쉽게 말해 지금까지 하던 대로 하려는 성향을 뜻한다.

귀차니즘이라는 말도 그런 속성의 연장선에 있다. 얼마나 변화를 싫어하면 이런 신조어가 등장했겠는가. 기업에서는 사람들의 이런 성향을 영리하게 이용해 수익을 창출하기도 한다.

문제는 이런 성향들이 선기능만 갖고 있지 않다는 데 있다.『세상의 모든 전략은 전쟁에서 탄생했다』(이하『세상의 모든 전략』)를 보면 전쟁 상황에선 이것이 엄청난 재앙의 원인이 되기도 한다.

남북 전쟁은 인간의 용기와 어리석음의 극한이 어디까지인지를 보여준 전쟁이었다. 10분이면 1개 연대, 여단이 전멸하는 지옥 속으로 병사들이 뻣뻣이 서서 들어갔으니 말이다. 이 믿기지 않는 전투 방식은 반세기 전에 명성을 날렸던 나폴레옹 전쟁 시기의 방식이다.(132쪽)

남북 전쟁은 나폴레옹이 사망한 1821년에서 무려 40년 뒤인 1861~1865년에 일어났다. 그때까지도 미국과 유럽에서는 나폴레옹의 전투 방식을 따랐다는 얘기인데, 그 방식은 이렇다.

'대포로 집중 사격 → 보병이 열을 지어 행진 → 양쪽 군대가 50미터 이내로 접근하면 소총 사격 개시 → 2, 3열의 일제 사격 교환 후 돌격 → 총검을 이용한 백병전으로 승부.'

여기서 핵심이 대형을 유지하는 것이었다. 그러나 고작 25미터 앞에서 방아쇠를 당겨야 했던 나폴레옹 시절과 비교해 볼 때 남북 전쟁 당시에는 소총과 대포의 성능이 비약적으로 발전해 있었다. 사거리도 굉장히 길어졌고 살상률도 5배나 늘어났는데도 50미터 이내로 뚜벅뚜벅 행군을 해댔다면 어떤 결과가 일어났겠는가?

남북 전쟁 기간 중 전사한 군인이 60만~70만 명, 상이군인이 300만 명으로 이는 미군이 1차, 2차 세계대전과 한국전쟁에서 입은 손실을 합한 것보다 많다(참고로 2차 세계대전에 참전한 미군의 수가 60만 명이었다).

한 세기 뒤에 치러진 세계대전보다 압도적인 희생이 발생했다는 사실이 믿겨지는가. 기존 방식에 대한 맹목적인 추종이 어떤 결과를 초래하는지 절감할 수 있는 사례다.

정신력이 모든 것을 해결해주지는 않는다

남북 전쟁으로부터 한 세기가 지난 2차 세계대전 시절 일본군은 이런 우둔함을 반복한다. 과달카날 전투가 대표적이다. 일본군은 호주 동북쪽 솔로몬 군도의 과달카날 섬에 상륙한 미 해병 1사단을 세 차례에 걸쳐 공격했지만 참패했다. 압도적인 병력을 가진 일본군이 보급품도 제대로 갖추지 못한 미군에 패한 이유에 대해 저자는 사무라이 정신에 기반한 전투방식을 꼬집는다. 칼을 빼들고 무시무시한 함성과 함께 돌진하는 사무라이 스타일 말이다.

> 서구 제국에 비해 떨어지는 산업력을 사무라이 투혼으로 극복하고자 시작한 사무라이 숭배는, 과거 억눌렸던 자존심에 대한 반작용까지 더해져서 '사무라이 정신은 무적'이라는 공식으로 발전했다. 그러더니 승리한 모든 전투의 원인을 사무라이 정신으로 돌렸다.(185쪽)

과달카날을 비롯한 태평양의 많은 섬들은 돌격지점이 너무 좁고 빤하다는 특성이 있었다. 일본도를 빼들고 돌격할 상황이 아니었던 것이다. 결국 일본은 훨씬 우월한 전력을 가지고도 미군에게 어마어마한 손실을 입고 퇴각할 수밖에 없었다. 6개월간의 전투에서 전사한 장병만 2만 5,000명. 더 심각한 건 일본이 이 전투를 치른 후 태평양의 주도권을 완전히 빼앗겼다는 점이다.

남북 전쟁 시절의 나폴레옹식 전투와 무사도에 기반한 일본의 사무라이식 돌격전. 그 둘 사이에는 공통점이 있다. 상황에 따라 유연하게 대응하지 못하고 정해진 방식만 추종했다는 점이다. 고대 마라톤 전투에서 패한 페르시아나 100년 전쟁 당시 크레시 전투에서 쓴맛을 본 프랑스도 마찬가지다. 고대 페르시아는 다양한 부족들에서 차출한 병사들로 인해 전력이 막강했지만 거대한 덩치 때문에 군대를 효율적으로 운영하지 못했다. 크레시 전투의 프랑스도 화려한 갑옷만 걸치고 정형화된 전투 방식을 고수한 나머지 영국의 평민 병사들에게 박살나고 말았다.

저자의 말처럼 전쟁이든 경영이든 개혁은 단단한 정신력만으로 이룰 수 없다. 변화하는 외부 환경의 흐름을 읽고 선제적으로 대응하는 장수나 경영자만이 승리할 수 있다. 그러나 개혁은 고통스럽다. 때로는 아직 오지 않은 미래에 대비하기 위해 평온한 현재를 들쑤시는 수고도 감내해야 한다. 그리고 이 모든 과정은 사람에 의해 이뤄진다. 특히 집단을 이끄는 리더 역할은 막중하다. 이제부터 리더십을 이야기하는 이유다.

유연함은 리더십의 필수 덕목이다

아인슈타인은 "우리가 직면한 중대한 문제들은 그 문제를 일으킬 때와 같은 수준의 사고로는 해결할 수 없다"고 말했다. 하나의 패러다임이 한계수명에 다다르면, 그것으로 해결되지 않는 문제들이 출몰한다. 이럴 때 특히 리더의 역할이 중요하다.

최고 책임자가 과거의 방식만을 고집할 때 공동체는 위기에 처할 확률이 높다. 하지만 새로운 방식으로 새롭게 도전하려면 이전에 한 번도 시도된 적 없는 모험을 감수해야 한다. 때로 그것은 '미친 짓'으로 보일 만큼 위험한 시도를 포함한다. 젊은 날의 에르빈 롬멜이 보여준 크라곤자 산 전투처럼 말이다.

1차 대전 당시 중위였던 롬멜은 1개 연대도 안 되는 독일군을 이끌고 이탈리아 북부에 있는 크라곤자 산을 공격했다. 고지에는 중무장한 이탈리아군 5개 연대가 버티고 있었다. 정면 돌파로는 승산이 없다고 판단한 롬멜은 정상부와 600미터 지점에 자리한 이탈리아군 진지 사이로 부하들을 밀어 넣는 한편, 중대 일부를 돌격대로 차출해 산 아래쪽으로 전진시키는 기발한 전술을 펼쳤다. 결과는 어땠을까?

독일군이 위에서 아래로 내려오자 정상을 빼앗겼다고 착각한 이탈리아 연대 병력은 순식간에 항복을 선언했고, 결국 독일군은 28시간 만에 크라곤자 산을 완전히 점령했다. 적의 진지 사이에 끼어들어 등 뒤로 총격을 가하며 아래로 공격하는 작전은 상대의 허를 찌르기에 충분했다. 훗날 사막의 여우라 불린 롬멜의 면모가 빛을 발했던 전투가 아닐 수 없다. 다만, 이런 성과를 단지 영리한 계책 정도로 여긴다면 본질을 보지 못한 것이다.

그가 다른 사람과 달라 보이는 이유는, 대부분 사람들이 상식과 합리성이라는 미명 아래 그저 기존 전통과 교리를 외우고 맹목적으로 사용하고 있을 때, 끊임없이 현상을 분석하고 연구했다는 점이다.
(79쪽)

하지만 저자는 지휘관의 특출한 리더십에만 주목하지 않는다. 다가오는 미래의 징후를 읽으면서 현재 직면한 문제를 헤쳐 나가려면 조직 구성원의 일치된 힘이 리더십과 짝을 이뤄야 하기 때문이다. 2차 대전의 중심추를 연합군 쪽으로 완전히 기울게 한 노르망디 상륙작전이 어디 아이젠하워를 비롯한 수뇌부만의 공로였겠는가. 여기에는 인공 항구를 고안한 공학자부터 행정과 조달 분야의 장교들, 준비 기간 중 위험을 무릅쓰고 미국에서 영국으로 엄청난 물자를 수송했던 무명의 선원들까지 수많은 이들의 힘과 뜻이 함께했다.

이렇듯 전쟁은 단순한 전투로 전개되지 않는다. 승리하기 위해선 리더의 강력한 지도력 못지않게 구성원의 단합된 힘이 똑같이 요구된다. 또한 창의적인 전략과 전술도 필요하다. 더구나 핵무기와 사이버전 등 현대전에서는 창의력이 무엇보다 더 중요해졌다. 기성의 관념과 습속에 얽매이지 않는 유연함, 변화를 두려워하지 않고 용기로 무장할 때라야만 우리는 진정 전투에서 승리할 수 있다.

'먼저 생각을 바꿔라', '변화를 이룰 때까지 계속 도전하라', '실패를 거울 삼아라', '멀리 가려면 함께 가라', '명장의 리더십을 배워라'. 이 책의 장 제목들이다. 비단 전쟁이 아닌 우리의 삶에 적용해도 좋으리라는 생각이다. 그러고 보면 전쟁이 곧 인생의 축소판 아닌가.

Keyword 1 역발상의 시도 – 크라콘자 산 전투 크라곤자 산 전투에서 롬멜이 행한 위험한 시도에 대해 비판하는 이도 있다. 실제로 롬멜은 꽤 오랫동안 세간으로부터 곱지 않은 시선을 받았던 듯싶다. 하지만 롬멜은 아내에게 쓴 편지에서 이렇게 밝혔다. "아마 그들은 나를 미친놈 취급할 거요. 하지만 난 절대 미치지 않았소. 그들보다 더 넓게 바라보고 있을 뿐이지." 저자는 그런 롬멜의 편에 선다. 그는 단 한 번의 경험도 소홀히 넘기는 법이 없었으며, 적의 진지를 향해 돌격할 때도 거리, 지형, 방어 상태, 적군의 훈련 상황에 따라 어느 정도 희생이 나는지를 관측하고 연구했다는 것이다.

　여기서 알아야 할 진실, 롬멜의 역발상은 그 어떤 순간에서도 치밀한 노력을 전제로 했다는 것.

Keyword 2 변화의 어려움 – 남북 전쟁 남북 전쟁이 주는 교훈은 하나다. 변화의 필요성을 인정하는 것과 변화를 실현하는 것은 전혀 다르다는 것이다. 남북 전쟁에서 엄청난 희생을 불러온 나폴레옹식 밀집대형을 개혁하고자 보불 전쟁 때 '산개대형' 전술을 시험해보았다고 한다. 결과가 어땠을까. 밀집대형에서는 죽음을 뻔히 알고서도 꿋꿋이 전진하던 병사들이 대형을 해체하자 겁을 집어먹고는 한 발자국도 움직이지 않았다. 소대장이 달려와 전진 명령을 내리고, 심지어 즉결처분을 해도 말이다. 변화라는 것이 얼마나 지난한 과정을 거쳐야 실현될 수 있는지 새삼 깨달을 수 있는 사례다.

Keyword 3 실패를 마주하는 자세 – 이탕개의 난 여진족의 분위기가 뒤숭숭하던 1583년 봄, 조선의 통역관이 여진 부락 우을지에 억류되는 사건이 발생한다. 경원 부사 김수와 판관 양사의가 병력을 대동하고 그 부락을 찾았지만 병사 대부분을 잃고 간신히 목숨만 건진 채 도망쳐왔다. 이 소식을 들은 여진족이 이탕개를 중심으로 봉기해 경원성을 습격했다. 하지만 여진족의 기세에 눌린 간부들이 모두 줄행랑을 쳤다. 오직 부사 김수만이 우을지의 실패를 만회하고자 죽을힘을 다해 싸워 관아를 지켜낸다. 하지만 소식을 전해들은 선조는 도망간 사람은 물론 관아를 사수한 김수까지 사형하라고 명했다. 장수의 실패를 대하는 군주의 자세가 과연 그래야만 했을까? 약 10년 뒤 일어날 임진왜란에서 선조가 이순신을 어떻게 대했는가를 상기해보자. 판단은 당신의 몫이다.

Keyword 4 파트너십의 중요성 – 크레시 전투 100년 전쟁 초기인 1346년, 영국 왕 에드워드 3세는 노르망디 해안에 상륙한다. 병력은 약 9,000명. 프랑스 왕 필립 6세가 이를 추격했지만 크레시 언덕 위에 포진한 영국군에게 요격을 당하고 만다. 당시 프랑스군의 규모는 영국군의 최소 3배였다. 더구나 피로와 배고픔에 지친 영국군에 비해 프랑스군은 모든 여건이 유리했다. 하지만 프랑스군은 화려한 갑옷을 걸친 채 앞만 보고 전진하는 귀족일 뿐이었다. 영국군은 비록 초라해 보였을망정 노련한 평민 궁수들과 말에서 내린 보병들이 조화를 이뤄 멋진 전략을 펼쳤다. 결국 프랑스군은 대패했고, 이 전투로 영국군은 북프랑스에서 우위를 확보할 수 있었다.

Keyword 5 **참된 리더십 – 지평리 전투** 한국 전쟁 중 1950년 8월 미 육군 2사단 23연대장으로 부임한 폴 프리먼 대령은 특이한 지휘관이었다. 전투 지휘 경험이 없이 야전 지휘관이 된 이력도 그렇지만 조직을 이끄는 방식도 카리스마와는 거리가 있는 전형적인 '샌님 스타일'이었다는 것. 그런 그가 지평리 같은 사지(死地)의 전투에서 어떻게 중공군을 물리칠 수 있었을까? 당시 소대장 힐 무어(그는 월남전 최고의 영웅이라 불린다)는 자신의 상관이었던 프리먼의 리더십을 논할 때 '부하를 존중하는 태도'를 든다. "무어는 프리먼이 괜히 화를 내거나 쓸데없는 명령을 내린 적이 한 번도 없었으며, 부대원 모두가 연대장이 진심으로 자신들을 아끼며 자신들의 안전을 위해 노력하고 있음을 믿었다고 말했다."

20년을 먼저 살아보게 해주는 지혜 —— 강상구의 『마흔에 읽는 손자병법』

　이미 잘 알려졌듯 평균 수명 100세 시대가 도래했다. 2015년 유엔은 새로운 연령 구분을 내놓으며 18~65세를 '청년기'로 규정했다. 한 가지 특이한 점은 수명이 늘어난 대신 생각은 갈수록 젊어지고 있다는 것이다. 활동 시기가 늘어난 만큼 생각과 가치관도 그만큼 유연해지고 있다는 의미다. 지금의 20대 눈에 40대가 어떻게 비칠지는 모르지만, 100세 시대 기준으로 보자면 지금의 40대는 청년기의 정점인 시기라 할 수 있다.

　그런 의미에서 20대에게 이런 질문을 스스로에게 던져보라고 말하고 싶다. 나는 과연 40대에 청년의 모습으로 살아갈 수 있을까. 내 40대는 과연 어떤 모습일까.

　이 질문에 보다 구체적으로 답을 찾고 싶다면 『마흔에 읽는 손자병

법』이 도움이 되리라 본다. 지금의 20대가 20여 년 정도를 먼저 살아
보는 기회를 갖게 해주니 말이다. 이 책의 서문에서 저자는 20대를 마
치고 30대를 준비하던 시절에 『손자병법』을 처음 만났다고 밝혔다.
패기만만하던 청년의 그에게 『손자병법』은 싸움의 기술이자 승리의
비결이었다. 그런데 마흔에 다시 펼쳐든 『손자병법』은 사뭇 다르게
읽혔다. 충분한 시간을 갖고 천천히 읽어나가니 책 전체를 관통하는
철학이 비로소 보였다고.

저자의 담담한 고백에 문득 궁금해졌다. 취업과 스펙 쌓기로 치열
하게 살아가고 있는 지금의 청년들에게 과연 『손자병법』은 어떻게
읽힐까? 저자가 마흔에 이르러 다시 발견한 『손자병법』의 가치를 지
금의 청년들은 이해할 수 있을까?

『손자병법』은 중국 춘추 전국 시대의 손무라는 명장이 그의 손자인
손빈과 함께 3대에 걸쳐 저술한 병서로, 시대를 초월해 지금까지 처
세의 교과서로 읽히고 있다. 우리가 흔히 쓰는 '지피지기(知彼知己)면
백전불태(百戰不殆)'라는 말도 손자병법의 대표적인 내용이다. 당장
여러 가지 현실적인 삶의 문제로 고민하는 청년이라면 한번쯤 이 책
을 읽어보았으면 한다.

『손자병법』은 애초에 전장의 장수들이 탐독하던 병서였지만 그 후
일반인들에게는 성공의 지침을 제시하는 처세서였으며 저자 강상구
에게는 '비겁의 철학'이었다. 또한 내게는 '잘 싸우는 방법'이 아닌
'잘 사는 방법'을 일깨워주는 책이다. 약관 20대의 우리 청년들에게
는 또 어떤 책으로 거듭날 수 있을까? 20대 청년의 뜨겁고 젊은 생각
으로 찬찬히 들여다보기 바란다.

세상, 객기로 살지 말자

약재상 두 곳이 길을 사이에 두고 마주 보고 있다. 유 씨네 약재상은 문전성시인 반면 최 씨네 약재상은 파리만 날린다. 도대체 문제가 뭘까? 유 씨가 재료를 대는 약초꾼이나 그걸 사가는 한의원에게 특별히 술대접을 하는 것도 아니다. 손님을 다루는 것으로 치자면 오히려 최 씨가 유 씨보다 더 싸게 거래를 제시한 적도 많다. 그렇다고 유 씨가 특별히 더 친절한 것도 아니어서, 손님과 실랑이하거나 언성 높이는 건 두 집 모두 비슷하다.

사정이 이러니 최 씨는 허구한 날 주막에서 끓는 속을 달랠 뿐이었다. 보다 못 한 주모가 귀띔해주기 전까지 최 씨는 저만 장사가 안 되는 이유를 전혀 몰랐다.

"아니, 진짜 몰러? 참 나… 그럼 들어 봐. 유 씨랑 최 씨랑 다른 점이 뭐냐 허면 말여. 둘 다 손님들이랑 자주 싸우는 건 같애. 근디 유 씨는 그저 길 가다 개똥 밟고 코나 깨지라는 정도지, 최 씨처럼 남의 곱사등이 손자나 병으로 죽은 마누라까지 헐뜯지는 않는단 말여. 말싸움에도 넘지 말아야 할 선이 있는 겨. 아 근디 당신은 어쩌자고 남의 아픈 속을 잘도 그리 헤집는댜?"

사실 세상살이에서 돌아오지 못할 강을 건너버린 관계는 그리 많지 않다. 서로의 관계를 돌이킬 수 없게 만드는 건 제 분에 못 이겨서 일을 그르칠 때다. 강 대 강의 갈등을 잘 풀지 못해 결국 파국에 이르는 상황 말이다. 중국 춘추시대 병법가인 손자라면 이런 모습에 아주 박한 평가를 내릴 것이다. 싸우지 않고 굴복시키는 것을 최고라 일컫는 사람이니 말이다. 『마흔에 읽는 손자병법』의 저자가 말했듯 '손자병법'을 영어로 번역하면 '전쟁의 기술(Art of War)'이지만, 정작 손자는 싸움을 최후의 수단으로 상정했다.

> 길에는 가지 말아야 할 길이 있고(途有所不由 도유소불유), 군대도 치지 말아야 하는 군대가 있고(軍有所不擊 군유소불격), 성에도 공격하지 말아야 하는 성이 있고(城有所不攻 성유소불공), 땅에도 싸움을 피해야 하는 땅이 있고(地有所不爭 지유소부쟁), 명령에도 받지 말아야 하는 명령이 있다(君命有所不受 군명유소불수).(187쪽)

차라리 영리한 비겁자가 되라고?

동물의 왕국에서는 힘 가진 놈이 으뜸이다. 힘이 곧 법이고 질서다. 갈등 상황이 벌어지면 깔끔하게 힘 대결로 승부를 가리고, 한 번 지면 왕좌를 내주고 자리를 뜬다. 인간사도 그렇게 단순하면 좋겠지만 사람은 동물처럼 단판이 아닌 제2, 제3의 라운드를 거쳐야 한다. 그래서 사람이 벌이는 경쟁과 대결의 판에서는 차분함, 인내, 냉철함, 물러섬 따위의 덕목도 필요하다. 저자가 나이 들어 손자의 병법서를 다시 읽으며 깨달은 진실 또한 그런 맥락에서 이해할 수 있을 법하다.

한마디로 '강자 앞에서 약하고 약자 앞에서 강해지라'는 가르침이다. 마흔 살에 다시 본 『손자병법』은 싸움의 기술이 아니었다. 오히

려 '비겁의 철학'이었다.(5쪽)

'비겁'이라는 단어가 귀에 걸리는가? 저자는 나이 들수록 세상이 점점 커지고, 자신은 더욱 작아진다고 고백한다. 사회적 지위가 높아졌지만 말은 조심스러워졌고, 상사의 지시에 더 이상 토달지 않게 됐으며, 후배들에게는 지시보다 부탁을 하게 됐다는 것이다.

젊었을 적에는 힘만 있으면 뭐든 마음대로 세상을 주무를 수 있을 것 같았는데 살아 보니 그게 아니더라는 것. 그런 의미에서 비겁의 철학은 결국 세상이 저 혼자가 아닌 관계의 힘으로 돌아간다는 걸 깨닫는 데서 시작한다.

그런 차원에서는 인생을 경영하는 모습도 달라진다. 당장 오늘만 살고 말 것처럼 모든 것을 쏟아 붓고 끝낼 수 있는 일은 없다. 일이라는 건 지루하게 이어질 때가 많으며, 다 됐다고 여긴 것을 처음부터 다시 시작해야 할 경우도 생긴다.

하루만 살고 말 에너지로는 이런 삶을 감당할 수 없다. 앞서 비겁의 철학이 인간관계에 대한 깨달음이라 말했는데, 일이나 비즈니스의 영역에서 보자면 다른 표현을 쓸 수 있을 것이다. 바로 성공을 위한 절제와 인내다.

언젠가 한 방송 인터뷰에서 배우 하정우가 "새 작품에 들어갈 때마다 많이 부담되지 않느냐"는 질문에 들려준 답변을 기억한다. "저는 잘해야겠다는 생각을 하지 않습니다. 욕심을 내면 실수를 하게 돼요. 그래서 제가 가진 것만 다 보여주자는 생각을 하죠."

과욕을 부리면 무리가 따르니 잘할 생각은 말고 있는 것만 다 보여주자는 그의 다짐은 겸손이 아니다. 지극히 현실적인 결론일 뿐이다. 하던 대로만 하면 관객이 호응할 것을 아는, 어떤 면에서 보면 참 현명한 사람이다.

물론 끝까지 연기에 최선을 다할 것이고, 고통스러운 과정도 거칠 것이다. 그리고 그는 마침내 싸움에서 이길 것이다. 처음부터 그 싸움은 '이길 만한 싸움'이었으니 말이다.

> 진짜로 싸움을 잘하는 사람은 쉽게 이길 만한 싸움에서 이기는 사람이다(善戰者 勝於易勝者也 선전자 승어이승자야). 그래서 싸움을 잘하는 사람은 이겨도 특별히 똑똑하다느니 용맹하다느니 하는 칭찬의 말도 못 듣는다. 그런 싸움은 손만 대면 이기도록 되어 있는 탓에 어김없이 이긴다. 승리란 이미 패배한 자를 상대로 거두는 것이다 (勝已敗者也 승기패자야).(95~96쪽)

그러고 보면 비겁이라는 말은 참 이중적이지 않은가? 현명한 장수는 전장에서 힘만 믿고 무조건 전진을 외치지 않는다. 적이 아무리 약을 올리고 조롱해도 아군의 형편에 따라 움직이는 냉철함을 보인다. 인생이라는 전장에서도 그렇다. 힘의 논리로만 살 수 없는 것이 인생이다. 동료든 적이든 어르고 달래며 경쟁을 해나가야 한다. 과욕을 부리거나 무리해서 일을 그르치지 않는 지혜도 필요하다. 이길 수 있는 상황을 만들어 전투에 임하는 장수처럼, 성공하려는 자 역시 일에 끌려가지 않고 일을 끌고 오는 노련함을 발휘해야 한다. 비겁이란 이 모든 유연함을 의미한다.

경쟁을 해도 판을 깨지는 말자

살아온 날들이 많아지면서 선(善)과 악(惡)의 경계가 모호해지는 순간이 잦아진다. 흑(黑)과 백(白)으로 편을 가르기보다는 회색의 가치를 재발견하게 된다. 인생의 목적은 절대적인 그 '무엇'이 아니라 '삶' 그 자체라는 걸 깨닫게 되기 때문이다. 때로는 너절하고 모양 빠지고, 그래서 비겁해지지만, 산다는 게 그런 것이라는 걸 알아가는 게 또한 산다는 것이다.(8쪽)

이런 발견 때문이었을까. 저자는 『마흔에 읽는 손자병법』이 '내 젊은 날을 반성하는 전향서' 또는 '소시민이 세상을 향해 보내는 항복 선언문'으로 읽힐지 모른다고 고백한다. 그래서인지 그가 스스로에게 느끼는 비겁의 정서는 앞서 말한 비겁들과는 달리 조금은 부정적인 느낌이 든다.

하지만 세상이 어느 한 편에 고정되지 않은 회색빛이기에 비겁 역시 이렇듯 이중적인 면이 있는 게 아닐까. 회색빛 세상에는 결국 끝까지 적이거나 끝끝내 아군인 존재가 없다. 바로 이 지점에서, 아무리 미운 적이라고 해도 그를 파멸시킬 만큼 증오하고 위해를 가해서는 안 되는 이유가 생긴다.

더욱 잊어서는 안 될 사실은 경쟁자들도 나와 함께 사회를 만들어가는 구성원이라는 사실이다. 때로는 내가 이기기 위해 경쟁자들을 무너뜨리지만, 그들도 나와 더불어 사는 사람이다.(327쪽)

경쟁은 불가피하나 경쟁의 판을 깰 정도의 파국은 없어야 한다는 것이다. 한때 경쟁하던 사이도 언젠가는 서로 협력하는 관계로 변화할 수 있는 여지가 있다. 그런 연대의 범위가 넓어질수록 인류는 더 많은 현안을 해결할 수 있게 될 것이다. 연대는 마을에서 지역으로, 지역에서 국가로, 다시 역내 국가들의 유대로 확장된다. 기후변화 같은 인류의 위기 앞에서는 마침내 전 지구적 차원의 연대도 서서히 이뤄지고 있지 않은가.

다시, 비겁의 철학으로 돌아가자. 저자는 젊은 시절에 접한 손자의 병법이 자신으로 하여금 오직 승리하는 것에만 매몰되게 했으나, 어느덧 마흔에 이르러 다시 보니 이제는 살아남는 것을 가르치더라고 했다. 『초한지』에 등장하는 한신(韓信)의 고사는 차라리 무릎 한번 꿇어 위기를 넘기는 것이 훨씬 효율적이라는 비겁의 철학을 대표한다. 확실히 비겁의 경제학은 쓸데없는 소모전과 출혈을 줄여주며 운영의 묘를 발휘하게 만든다.

어쩌면 오늘도 우리는 알게 모르게 비겁의 하루를 살았는지 모른다. 그로 인해 쓸쓸함을 곱씹은 순간도 있었겠지만, 어리석음을 피할 수 있는 기지도 발휘할 수 있었을 것이다. 비겁은 이렇듯 양가적 감정을 띤다. 피가 뜨거운 청년에게는 그다지 환영받지 못하는 정서일 수도 있다.

그러나 곰곰이 생각해보자. 자신감과 강한 욕망으로 뭉친 청춘을 보내면서 과연 주변을 돌아볼 틈이 있었던가. 눈에 들어오는 건 오직 자기 자신뿐이 아니었을지. 비겁을 느낄수록 우리는 관계를 더 중시하는 삶으로 들어선다. 그것이 바로 비겁의 역설이다.

키워드로 되짚는
『마흔에 읽는 손자병법』

강상구 지음 | 흐름출판 | 2011년 07월 20일 출간

사람들은 전쟁을 근사한 전투 장면이 가미된 흥미 거리로 바라본다. 그러나 전쟁은 계획부터 군비와 병참의 준비, 외교, 전투에 이르는 요소들이 망라된 거대 프로젝트다. 전설적인 영웅이 등장하는 전쟁의 서사는 드라마의 소재가 되겠지만, 실상 전쟁의 리더십에는 전투에 이기는 무력 대신 현실적인 경영술이 더 요구된다.

Keyword 1 전쟁의 대차대조표

손자는 "전쟁을 일으키는 해로움을 모르면 전쟁으로 인한 이익도 잘 알 수 없다(不盡知用兵之害者 則不能盡知用兵之利也 부진지용병지해자 즉불능진지용병지리야)"고 했다. 그래서 그는 전쟁을 시작하기 전에 승률부터 계산해보라며 '묘산(廟算)'을 권한다. 산가지를 하나씩 놓거나 빼면서 이해득실을 따지는 방법이다. 내게 놓인 산가지의 수가 많은가, 적에게 놓인 산가지의 수가 많은가. 적보다 나은 요소가 적다면 당연히 지는 싸움이다.

Keyword 2 '지피(知彼)' 전에 '지기(知己)'

"그래서 이르기를, 적을 알고 나를 알면 백 번을 싸워도 위태롭지 않다고 했다(知彼知己百戰不殆 지피지기 백전불태). 적을 모르고 나만 알면 한 번 이기고 한 번 진다(不知彼而知己 一勝一負 부지피이지기 일승일부). 적도 모르고 나도 모르면 싸울 때마다 진다(不知彼不知己 每戰必敗 부지피부지기 매전필패)."

손자는 나를 아는 건 당연한 것으로 치부하고, 적을 아는지에 초점을 맞춘다. 그러나 세상을 살다 보면 때로는 자신을 아는 게 상대를 아는 것보다 더 어려울 때가 많다. 아무리 눈이 밝아도 제 코는 보지 못한다. 그러니 적을 알고 나를 알 때 가장 필요한 것은 냉철함이다. 마음을 비우고 적의 위치에서 나를 바라볼 필요가 있고, 적의 입장에서 적을 직시할 필요가 있다. 내게 보이는 적의 모습이 전부가 아니고, 내가 보는 나 자신의 모습이 전부가 아니다.

Keyword 3 **승패를 가르는 기준, 세(勢)** "사납게 흐르는 물이 돌을 굴리는 힘, 그게 세다(激水之疾至於漂石者 勢也 격수지질지어표석자 세야)." 싸움은 세(勢)가 결정한다. 그러나 세는 미리 결정된 게 아니다. 적과 마주치기 이전에 만들어진다. '이긴다고 생각하는' 군대는 실제로 이길 확률이 높다. 손자는 "적을 죽이는 건 분노의 문제(殺敵者怒也 살적자노야)"라고 했다. 심리전을 중시한 것이다. 마음이 움직이는 건 순간이다. 세가 만들어지는 것도 바로 그 순간이다. 믿음직한 장수는 당연히 세를 잘 만들어내는 지휘관이다. 그가 이끄는 군대에 사람이 몰리는 것은 세의 상승 작용 때문이다. 곧, 사람이 많아지면서 다양한 작전을 구사할 수 있게 되고, 그만큼 전력이 강해져 승률이 높아지면 사람이 또 모여드는 선순환의 반복이다.

Keyword 4 **이기는 싸움** 손자는 말했다. "승리를 아는 5가지가 있다. 싸워야 할지 말아야 할지를 아는 자가 이긴다. 군대의 많고 적음을 쓸 줄 아는 자가 이긴다. 상하가 일치단결하는 쪽이 이긴다. 싸울 준비를 끝내고 적을 기다리는 자가 이긴다. 장수는 유능하고 임금은 개입하지 않는 쪽이 이긴다. 이 5가지가 승리를 아는 길이다."

첫 번째는 누울 자리를 보고 다리를 뻗으라는 얘기다. 남들의 비아냥거림을 감수하면서 고개를 숙일 수 있는 건 오히려 용기다. 손가락질을 받더라도 이기는 싸움을 해야 한다. 두 번째는 용인술을 말한다. 아군의 수가 압도적으로 많으면 적의 항복을 유도하고, 적군과 비슷하면 적의 전력을 분산시켜야 하며, 더 적을 때는 정면충돌을 피해야 한다. 세 번째는 비전을 공유하라는 의미다. 비전이 없는 권력은 조직을 분열시킨다. 네 번째는 '일찍 일어나는 새가 벌레를 잡는다'로 요약된다. 일찍 자리를 잡고 적을 기다려야 승리할 수 있다. 끝으로 다섯 번째는 명령체계의 혼선 방지를 강조하는 대목이다. 명령은 하나의 통로에서 나와야 하며, '현장 판단'을 우선해야 한다. 임금은 장수를 믿어야 한다.

Keyword 5 싸우지 않고 이기려면 이겼다고 다 같은 승리가 아니다. 상처뿐인 영광이 있는가 하면, 털끝 하나 다치지 않은 완벽한 승리도 있다. 가장 실속 있는 싸움은 싸우기도 전에 항복을 받아 아무도 다치지 않는 것이다. 손자는 싸움을 4단계로 나눴는데 최상책인 1단계는 싸울 엄두도 못 내게 한다는 '벌모(伐謨)', 2단계는 제3국과의 동맹으로 적국을 왕따로 만드는 '벌교(伐交)', 3단계는 직접 부딪혀 싸우는 '벌병(伐兵)', 끝으로 4단계는 준비를 끝낸 적에게 덤비는 '공성(攻城)'이다. 요약하면 안 싸우는 것이 상수, 고단하게 몸을 움직이는 것이 하수다.

다섯 번째 질문

800년 전 칭기스칸이 던지는 ─── 김종래의 『CEO 칭기스칸』 한마디

"졸면 죽는다."

1970년 초 논산 훈련소에서 신병 훈련을 마치고 전방 철책선 부대에 도착했을 때 나를 반겨준 첫 번째 구호다. 철책 넘어 북쪽에서 밤낮 없이 울려대는 대남 방송과 낡은 목판에 빨간 글씨로 적힌 그 문구는 가뜩이나 얼어붙은 내 마음을 더욱 으스스하게 만들었다. 선임병으로부터 북한 병사가 졸고 있는 사병의 목을 베어갔다는 이야기까지 들은 터라 GOP 경계근무를 서는 긴장감은 제대할 때까지 계속되었다.

그런데, 800년 전 몽골에서도 '졸면 죽는다'는 엄한 규율이 있었다. 단순한 엄포가 아니라 실제로 근무 중에 조는 병사는 엄벌에 처해졌다. 어느 날 경계근무 중이던 한 병사가 깜박 졸았는데 이를 본 사람은 아무도 없었다. 하지만 이 병사는 자신이 졸았다는 사실을 지휘관에게 자진 신고했다. 대장은 군율에 따라 그를 처형하기로 결정했다. 처형 전, 누군가 병사에게 아무도 보지 못했는데 왜 자진해서 신고했느냐고 물었다. 병사는 이렇게 답했다. "내가 졸았을 때 적이 쳐들어왔다면 우리는 큰 피해를 당했을 겁니다." 이처럼 상벌의 규율을 엄격하게 적용함으로써 군기를 세우고, 막강한 전투력을 바탕으로 세계 영토의 1/4까지 점령한 영웅이 있었으니 그가 바로 칭기스칸이다.

그런데 왜 하필 저자 김종래는 800년 전에 살다 간 그의 이야기를 책까지 써가며 다시 꺼낸 걸까. 책의 서두에서 그는 칭기스칸을 가리켜 '800년 전에 21세기를 살다 간 사람'이라고 표현한다.

현대를 살아가는 신인류를 일컬어 디지털 노마드(digital nomad)족이라고 한다. 스마트폰과 노트 PC, 디지털 카메라 등 첨단 기기로 무장하고 세계를 자유롭게 떠돌아다니며 정보를 생산하고 소비하는 집단을 가리키는 말로, 첨단 디지털(digital)과 유목민(nomad)의 합성어다. 한 곳에 정착하지 않고 물과 목초를 따라 유목 생활하던 800년 전, 유럽을 정복하자마자 칭기스칸이 가장 먼저 한 일은 몽골 제국과 중국을 오가는 통로를 건설하는 것이었다. 그렇게 만들어진 비단길을 통해 중국의 문물이 유럽으로 전파되고, 유럽 문명이 아라비아를 거쳐 아시아로 전달될 수 있었다. 칭기스칸이 몽골 역사 최초로 실시한 역참제도는 오늘날의 인터넷 세상에서나 가능한 일을 몇백 년 앞서 이루었다는 평가를 받고 있다. 앞서 설명한 디지털 노마드의 전신이라고도 할 수 있을 것이다.

이런 이유로 칭기스칸은 현대를 살다 간 영웅으로 평가받고 있다.

심지어 제너럴일렉트릭(GE)의 전 CEO 잭 웰치(Jack Welch)는 "21세기는 새로운 유목사회이며 나는 칭기스칸을 닮겠다"고 말했다. 이처럼 칭기스칸은 미래를 내다보며 꿈을 꾸었고 그 꿈을 실현하기 위해 열린 마음으로 관용을 베풀며 타인의 이야기에 귀를 기울였다.

13세기 가장 혹독하고 낮은 곳에서 태어나 초원을 내달리며 불과 20여년 만에 세계를 하나의 네트워크로 묶어낸 미래 경영자 칭기스칸이 오늘을 사는 청년들에게 던지는 한 마디가 있다. "청년이여 꿈을 꾸고 미래를 경영하라!"

꿈을 나누고 안주하지 마라

2005년 7월 27일 경남 사천 한국항공우주산업(KAI) 2사업장에서는 전술통제기 KO-1의 양산 1호기 출고식이 있었다. 국내 독자 개발 항공기로는 최초로 무장 능력을 보유한 전술통제기를 선보임으로써 대한민국의 항공기 개발 능력을 대내외에 과시한 쾌거였다. 이 프로젝트의 성공은 국가적 차원 외에 몇몇 개인에게 각별한 의미가 있었다. 당시 공군 237 비행대대의 김대중 중령과 국방과학연구소(ADD)의 김영한 박사가 그 주인공이다.

고교 시절 같은 반 친구였던 이들은 25년 뒤에 각각 KO-1 배치 부대의 비행대대장과 비행기 제작 팀원이 되어 다시 만났다. 단지 그뿐이었다면 그저 재미있는 우연으로 그쳤을 것이다. 두 사람의 재회는 파일럿을 꿈꾸던 소년(김대중)이 항공공학에 관심 많던 친구(김영한)

에게 했던 말로 각별한 의미를 띠게 됐다. "네가 커서 항공기를 설계하면 나는 네가 만든 항공기를 조종하는 조종사가 될 거야." 두 사람은 각자의 꿈을 따라갔고, 결국 그 여정 속에서 다시 만나게 되었다.

두 소년이 함께 꿈을 나누고 마침내 그것을 현실로 만든 이야기. 『CEO 칭기스칸』의 저자 김종래 충남대 경영학과 초빙교수는 이처럼 꿈을 공유하는 사람들의 모습이 21세기적 삶, 특히 기업 경영의 키워드가 될 것이라고 말한다.

재미있는 것은 이처럼 미래 지향적인 경영 마인드가 이미 800년 전 어느 유목민족에 의해 실현됐다는 것이다. 책의 제목에서도 알 수 있듯이 저자는 그 주인공이 바로 몽골인이라고 말한다. 몽골의 한자식 표현 몽고(蒙古)는 '아둔한 옛 것'이라는 뜻이다. 실제로 몽골 유목민은 문자도 갖추지 못한 잔인하기 이를 데 없는 민족이었다. 그런데 변변치 못한 이들이 어떻게 인류 역사상 가장 광활한 제국을 경영할 수 있었을까. 저자는 그 비결을 그들이 공유한 꿈에서 찾는다.

그들의 성공 비결을 한 마디로 요약하자면 '꿈'이다. 그들은 한 사람이 꿈을 꾸면 꿈으로 끝날지 모르지만, 만인이 꿈을 꾸면 얼마든지 현실로 가꿔낼 수 있다는 신념을 지녔다. 미래를 향한 비전을 함께 지닌다면 얼마든지 세상을 바꿀 수 있다는 걸 그들은 알았다. 비전의 공유는 어떨 때 가능한가. '열린 사고를 할 때'다.(9쪽)

800년 전 몽골인이 꾼 꿈의 중심에는 칭기스칸이라는 탁월한 인물이 있었다. 그는 부족을 통일한 후 끓어오르는 몽골인의 에너지를 영토 확장과 제국 경영으로 이끌었다. 새로운 세계를 향해 경계를 넓히려는 한 사람의 꿈은 금세 만인의 것이 됐다. 그러나 활과 칼의 힘으로 정복은 할 수 있을지언정 유지는 불가능하다. 제국의 광대한 영토와 유산을 지켜나가려면 군사력이라는 하드웨어 외에 통치술이라는 소프트웨어가 필요하다. 이 점에서 '열린 사고'는 몽골인의 꿈을 지속시켜준 핵심 소프트웨어라 할 수 있다. 저자는 이 열린 사고가 안락한 삶을 거부하는 태도에서 나온다고 말한다.

> 비록 글을 읽을 줄 모르는 문맹들이었지만 몽골 유목민은 칭기스칸의 결정을 따랐다. 고원 밖으로 시선을 돌려 하루에도 몇 백 킬로미터씩 대지를 내달렸다. 그러면서 그들이 질주하는 여정을 따라 세계 질서가 그들 눈앞에서 바뀌어가는 것을 보았다. 그들 앞에 무릎 꿇는 농경 정착민들을 보면서 머물러 사는 자의 안락이 얼마나 무서운 것인가를 목격했다. 안락은 스스로를 안락사시킨다.(14~15쪽)

열린 눈으로 '타자'를 보다

개인의 삶, 조직의 운명은 저 홀로 존재하지 않고 타인, 또는 다른 집단과의 관계망 속에서 진행된다. 즉, 개인이나 조직 간에 주고받는 상호작용이 관계의 지형을 만들고, 그 속에서 개인과 집단의 운명이 결정된다. 따라서 이 같은 지형을 읽고 시류와 현실의 도전에 적절히 대응해나가는 지혜야말로 생존의 결정적인 변수가 된다. 이것이 바로 열린 사고가 중요한 이유다. 생각이 닫혀 있으면 세상의 변화가 보이지 않는다. 담장을 두른 채 '자기'라는 성에 고립되는 것이다.

> 몽골 수도 올란바토르 근교에는 돌궐제국을 부흥시킨 명장 톤유쿠크의 비문이 있다. 당시 유목민이 겪었던 눈물 겨운 사연을 구구절절 기록하면서, 장군의 유훈(遺訓)을 새겨 놓았다. '성을 쌓고 사는 자는 반드시 망할 것이며 끊임없이 이동하는 자만이 살아남을 것이다.' (27쪽)

칭기스칸은 끊임없이 열려 있고자 노력했다. 그는 납치된 아내가 낳은 적장의 아들을 (비록 제위를 물려주진 않았지만) 장남으로 품었다. 그의 최측근 중에는 천민 출신은 물론 자신이 도륙한 씨족의 전쟁고아, 자신을 포로로 잡았던 이의 아들도 있었다. 또한 그는 '칸'이라는 존칭 대신 '테무친'이라는 본명으로 불리기를 원했을 만큼 평등의식이 투철했다. 이런 열린 자세는 약탈한 재물을 공적에 따라 나눠주는 공동분배제에서도 잘 드러난다. 그는 마음을 열어 타인을 받아들였고, 모든 이에게 공평한 기회를 주었다. 그가 이렇듯 유연한 인간관계를 구축할 수 있었던 것은 유목민이라는 환경적 요인이 크게 작용했다.

> 유목민에게 외지인은 정보를 가져다 주는 사람이다. 그래서 외지인을 환대한다. 반면 정착민들은 자기 몫을 지키려고 외지인을 배척한다. 양자의 차이를 실감나게 보여주는 사람들이 우리 역사에 있다.

보부상이다.(74쪽)

저자는 지금 정착민 사회였던 조선의 폐단을 말하는 중이다. 사농공상의 구시대적 발상을 붙들고 안주했던 조선은 일의 특성상 최고의 정보조직이 될 수 있던 보부상 집단에게 사회적 지위를 허락하지 않았다. 그러한 천대는 결국 일제시대에 이르러 부메랑이 돼 돌아왔다. 독립협회를 탄압하며 나라를 망하게 하는 데 앞장선 황국협회의 주축이 바로 이 보부상들이었던 것이다.

수많은 칭기스칸을 위하여

우리 영혼에는 벌레가 산다. 이놈 때문에 우리는 목표 달성에 실패하고, 꿈을 포기하는 순간을 맞기도 한다. 그 벌레의 이름은 '대충'이다. 농담처럼 말했지만 사람들이 성공하지 못하는 이유는 결국 이것 때문이다. 대충 생각하고, 대충 계획하고, 대충 노력하며 대충 하다 포기하는 태도. 특히 무서운 건 이 때문에 굳건했던 초심이 바래진다는 것이다. 열정이 넘치던 첫 마음에 어느새 무력감이 찾아들고 변화를 이끌 에너지 역시 차츰 사라진다.

칭기스칸은 죽는 날까지 늘 이를 경계했다. 그가 활발한 정복활동을 끊임없이 펼쳐나갈 수 있었던 것도 늘 초심을 지키며 긴장을 풀지 않은 덕분이었다. 이는 800년 전 몽골에서뿐 아니라 오늘날에도 똑같이 필요한 덕목이다.

기업의 장수 비결은 창업 당시의 창업 정신을 잃지 않는 것이다. 위기가 닥칠 때마다, 시장이 변할 때마다 재창업하듯 변화를 시도해야 한다. 그렇지 않으면 아무리 큰 회사라도, 아무리 단단한 기업이라도 살아날 길이 없다. 칭기스칸은 이렇게 경고했다. '내 자손들이 비단옷을 입고 벽돌집에 사는 날 내 제국이 망할 것이다.' (122쪽)

어떤 기업이 몽골전사들처럼 기민하고 참신한 방법으로 시장을 개척하면서 성장가도를 달린다고 치자. 그 기업의 리더는 칭기스칸이 그랬듯 부하직원들과 스스럼없이 부대끼며 평등한 관계를 맺고자 애쓴다. 조직원들 역시 열정적인 의욕을 갖고 열심히 매진한다. 마침내 그들은 시장을 정복했고 글로벌 기업으로 성장했다.

하지만 그도 잠시, 시간은 그들에게 새로운 과제를 가져다준다. 시장에서 승리한 조직은 갈수록 비대해지고 유목민 같던 그들의 정신은 서서히 관료화돼간다. 말 위에선 정복할 수 있을지언정 제국을 통치할 순 없으니 정착민의 삶은 피할 수 없는 과정이다. 문제는 얼마나 '유목민 같은 정착민'으로 살 수 있느냐이다. 비단옷과 벽돌집에 취해서는 변화하는 세상을 따라갈 수 없다. 그렇다면 어떤 선택을 해야 할 것인가.

대륙을 정복한 칭기스칸은 제국을 건설한 뒤에도 끊임없이 개혁을 단행했다. 구시대의 근간인 봉건씨족제를 해체하는 건 물론, 새로운 교육제도를 도입해 전투를 비롯한 각 분야에 걸쳐 전문교육을 시켰다. 비단옷과 벽돌집을 경계한 칭기스칸이 우리에게 묻는다. '더 나은 내일을 위해 새롭게 시작할 마음이 있는가?' 그런 삶을 살려는 마

다섯 번째 질문

음이 있다면 여기, 칭기스칸의 입을 빌려 저자가 전하려는 당부에 귀를 기울여보자.

"한국의 젊은이들아! 집안이 나쁘다고 탓하지 말라. 나는 어려서 아버지를 잃고 고향에서 쫓겨났다. 가난하다고 말하지 말라. 나는 들쥐를 잡아먹으며 연명했고, 내가 살던 땅에서는 시든 나무마다 비린내만 났다. 작은 나라에서 태어났다고 탓하지 말라. 내가 세계를 정복하는 데 동원한 몽골 병사는 적들의 100분의 1, 200분의 1에 불과했다. 나는 배운 게 없어 내 이름도 쓸 줄 몰랐지만, 남의 말에 항상 귀를 기울였다. 그런 내 귀는 나를 현명하게 가르쳤다. 적은 밖에 있는 것이 아니라 자신의 안에 있다. 나 자신을 극복하자 나는 칭기스칸이 됐다."(139~140쪽)

몽골인과 한민족 간에는 혈연적 근친성이 있다. 신바람과 열정으로 유라시아 대륙을 통합한 칭기스칸처럼 21세기의 우리도 새 역사를 써나갈 수 있을까? 글로벌 시대의 도전 앞에 선 우리가 800년 전 세계를 호령하던 몽골인들의 생존법을 배우는 것은 역설적으로 매우 현재적인 의미를 지닌다. 평등과 연대, 열린 사고라는 초원의 덕목을 다시 소환해야 할 때인 것이다.

Keyword 1 **유목민들이 옆을 바라보는 이유** 농경 정착민들에게는 농사지을 토지와 비를 내려줄 하늘이 가장 중요하다. 그래서 위(하늘)와 아래(땅)만 본다. 내 농사만 잘되면 사는 데 지장이 없으니 옆 동네 일에는 관심이 없다. 땅에 집착하기 때문에 소유의식이 강해지고 계급이 발달한다. 이처럼 정착사회는 수직 마인드를 기초로 한다. 이런 사회는 결국 군림과 착취라는 폐해를 낳고 부정부패가 창궐한다.

그에 반해 유목민들은 항상 옆을 바라본다. 생존하려면 가축을 먹일 풀을 찾아야 하고 목숨을 위협할 적이 있는지도 살펴야 한다. 이렇듯 유목민들은 살기 위해 위 대신 옆을 보는 수평 마인드를 가졌다. 그래서 그 사회는 출신에 관계없이 능력으로 인정받는 사회가 된다.

Keyword 2 **기여한 만큼 돌아온다는 믿음** 몽골 유목민들은 척박한 자연과 환경을 극복하려면 사람 사이에 강한 믿음과 결속이 있어야 한다고 생각했다.

특히 칭기스칸은 오갈 데 없는 사람, 어려운 사람, 꿈은 있지만 뜻을 펴지 못하는 사람을 차별 없이 불러들였고, 그들의 힘으로 제국이 건설됐다. 편견을 배제한 인재의 등용과 넓은 포용력은 칭기스칸의 가장 큰 장점이었다. 또한 그는 정복지에서의 개인적 약탈을 금지하고 모든 전리품을 공에 따라 분배했다. 이로써 모든 병사들이 '전쟁에서 승리하면 기여한 만큼 반드시 대가가 돌아온다'는 믿음을 가질 수 있었고, 이는 숫자가 적은 칭기스칸의 군대가 엄청나게 많은 적군을 제압한 비결이었다.

Keyword 3 **"그쪽에서는 무슨 일이 있습니까?"** 칭기스칸의 또 다른 승리 비결은 '정보 마인드'였다. 사방이 뚫린 초원에서는 언제 갑자기 적들이 들이닥칠지 알 수 없다. 그러니 보이지 않는 저 편에서 무슨 일이 벌어지고 있는지, 혹시 우리를 공격할 생각은 없는지를 미리 아는 것이 매우 중요하다. 또, 가축을 잘 먹이기 위해 어디에 좋은 풀이 많이 있는지도 알아야 한다. 이처럼 유목민들은 끊임없이 뭔가를 알아내야만 살 수 있었다. 인사말이 '안녕하십니까?'가 아니라 '당신이 온 쪽에서 무슨 일이 있었습니까?'일 만큼 정보가 중요했다. 그래서 외지에 온 나그네도 환대할 수밖에 없었다. 유목민 특유의 이런 정보 마인드 덕에 칭기스칸은 첩보전과 심리전을 능수능란하게 펼칠 수 있었다.

세상을 보는 안목을 어떻게 키울 것인가

배운다면 이순신처럼

이순신 장군은 따로 설명이 필요 없을 만큼 훌륭한 인품과 출중한 능력을 갖춘 위인이다. 단지 장군으로서뿐 아니라 여러 인간적인 면모로 현대를 살아가는 우리에게 감동을 준다. 특히 한때 회사 경영의 책임을 맡았던 내게 이순신은 누구보다 탁월한 '마음 경영자'였다.

모든 백성에게 마음 속 어버이로 불렸던 이순신은 전란의 참화 속에서도 언제나 민중의 마음을 헤아리고 그들의 삶을 보살폈다. 김훈의 『칼의 노래』는 그런 그의 모습을 잘 묘사하고 있다. "불안해진 백성들이 수영으로 나를 찾아왔다. 또 백성을 버리고 떠날 작정인지, 백성들은 울면서 물었다. 백성들은 수영 마당을 이마로 찧으며 통곡했다. 나는 숙사 툇마루에 걸터앉아 우는 백성들을 바라보았다. 나는 대답하지 않았다. 백성들의 흔들리는 어깨 너머로 또 하루의 노을이 번지고 있었다…."

　부모 사망 소식을 듣고도 형편이 안돼 고향에 못가는 부하 병사의
딱한 사정을 듣고 자신이 타고 있던 말을 내주었고 형색이 초라한 부
하에게 입고 있던 옷을 벗어주는 자상한 모습. 장군 이순신은 냉정한
무장이면서도 무척이나 감성적이고 동정심이 많은 인간이었다. 안팎
으로 더해지는 세상의 짐이 산(山)만 했을진대, 그는 대체 어떻게 그
모진 세월을 견디며 23전 23승의 신화를 일궈낼 수 있었을까?

　전장에서는 강직한 모습으로 병사들을 지휘하던 그였지만, 늦은 저
녁 홀로 있게 되면 어지러운 마음 안팎을 정돈하면서 무너지려는 자
신의 마음을 달랬다. 아무리 이순신이라 해도 마음의 의지처이자 정
신의 단련장으로 삼을 만한 것은 필요했을 터. 『흔들리는 마흔, 이순
신을 만나다』에 의하면 그것을 그는 '사람'에게서 찾는다.

이순신이라는 거목을 키운 인간의 숲

　반만년 한국 역사에서 성웅(聖雄)이라는 칭호를 듣는 이가 또 있을
까? 광개토대왕, 을지문덕, 김유신, 대조영, 이성계…. 시대를 거슬러
봐도 영웅은 많은데 성웅은 오직 한 사람 이순신뿐이다. 23전 23승
불패의 신화를 두고 '웅(雄)'이라 한다면, '성(聖)'은 조국을 향한 헌
신과 백성을 향한 지극정성의 마음씀씀이를 가리킬 것이다.

　이런 위대함에 신화적 존재를 갈망하는 대중의 염원이 더해지면서
이순신은 민중의 신앙이 됐다. 영화 〈명량〉의 선풍적인 인기로도 입

증됐거니와, 학술 연구 대상으로서도 이순신의 가치는 독보적이다. 박현모 세종리더십연구소장에 따르면 2013년 한 해에만 이순신과 임진왜란을 다룬 학위논문, 학술논문, 단행본 발행 건수가 총 660여 건에 달했다. 그만큼 위대하고, 그래서 사랑받는 존재다.

하지만 이순신을 흠모한다면서도 정작 『난중일기』 한 권을 제대로 읽은 이가 드물다. 아는 거라곤 그저 역사 시간에 들은 단편적인 지식이나 드라마에서 본 일화 몇 가지가 전부다. 문제는 그런 지식이나 이야기들이 대개 충무공의 일부 업적이나 작은 에피소드에 국한됐다는 점이다. 과연 우리는 이순신의 여러 모습들, 곧 용감한 무관, 뛰어난 전략가, 노련한 경영자, 현명한 협상가로서 그가 보인 리더십을 제대로 알고 있을까?

이순신을 군신(軍神)으로 만들어준 스승은 중국 최고의 병법가들인 손자. 오자, 태공망, 사마양저, 위료자다. 또 백성과 아픔을 함께하고 백성의 삶을 돌보는 지혜를 나눠준 스승은 장량, 제갈공명, 전단, 조충국, 악비, 이목, 이강, 유기다. 압축적이면서 핵심을 찌르는 통찰력으로 리더십의 본질을 가르쳐 준 사람은 중국 춘추전국시대의 사상가 순자다.(16~17쪽)

이순신 리더십의 실체와 뿌리를 알고 싶은 이들에게 『흔들리는 마흔, 이순신을 만나다』는 접해볼 가치가 있는 책이다. 자칭 타칭 '이순신에 미친 사람'인 저자가 『난중일기』와 『임진장초』를 뒤져서 찾아낸 15인의 가르침과 이를 창조적으로 수용해낸 충무공의 행적을 담

고 있다. 그 속에서 이순신의 스승들이 남긴 흔적을 발견하는 묘미가
한편 쏠쏠하다. 결국, 모든 사람이 그렇듯이 이순신 또한 하늘에서 그
냥 뚝 떨어진 존재는 아니었던 것이다.

끊임없는 배움으로 청출어람

"내가 죽으면 초상을 치르지 말라. 평상시처럼 군대를 안정시키고
절대로 곡을 하지 말라." 사마중달의 군대를 눈앞에 둔 채 죽음을 맞
던 제갈량의 유언이었다. 절대 비밀에 붙여진 그의 죽음은 결국 '죽
은 공명이 산 사마중달을 물리쳤다'는 고사(故事)의 배경이 된다. 그
런데 제갈량의 유언이 어딘가 좀 익숙하지 않은가?

> "싸움이 급하다. 내가 죽었다는 말을 하지 말라(戰方急 愼勿言我死,
> 전방급, 신물언아사)."(34쪽)

존경하던 제갈량에 대한 이순신의 오마주였을까? 물론 아니다. 두
인물 모두 자신보다 군대의 안위를 우선시한 지휘관이었을 뿐이다.
그것이 그들의 뼈에 박힌 충(忠)과 애(愛)였다. 결국 제갈량의 군대는
무사히 철수했고, 이순신의 수군은 노량에서 승리했다. 다른 점이 있
다면 제갈량은 자신의 과업을 완수하지 못하고 병으로 죽었으나, 이
순신은 자신의 과업, 나라와 백성의 원수에 대한 응징을 끝내 완수했
다는 것이다. 저자에 따르면 바로 이 차이 때문에 이순신을 '마침내

제갈공명을 넘어선' 인물이라 말할 수 있다.

또한 저자는 이순신의 최대 강점으로, 선현의 지혜를 당대에 맞게 적용해, 보다 깊이 있는 세계를 개척한 점을 꼽는다. 특히 이순신에 대한 주요 기록이 48세 이후의 것이라는 점을 강조한다. 쉰이 다 돼가는 나이에도 결코 배움을 포기하지 않았다는 것이다.

> 오만함을 버리고 겸손하고 뜨겁게, 불혹의 이순신과 지천명의 이순신처럼 스승을 찾고 만난다면, 어제의 실패와 잘못은 작은 상처 자국에 불과할 뿐이다. 불혹도 지천명도 이순(耳順)도 종심(從心)의 나이도 늦지 않았다. 우리는 매일 새로운 태양 아래 살고 있고, 매순간 새롭게 태어나기 때문이다. 지금 이 순간 새롭게 태어났는데 무엇을 포기한단 말인가!(19쪽)

삼도수군통제사 직위를 박탈당하고 백의종군의 처지로 열두 척의 배를 마주한 이순신의 심경은 어땠을까. 평범한 사람이라면 절망했겠지만 그는 쉽게 주저앉지 않았다. 더욱 위대한 것은 '지금 해야 할 일에 몰두하는 능력'이다. 배움에 대한 끝없는 열정을 지닌 자에게 세상은 절망이 아닌 궁리의 대상이다. 그런 이순신이었기에 "신에게는 아직 열두 척의 배가 남아있사옵니다"라는 말은 허세가 아니었다. 이겨야 할 싸움에 집중해 방법을 궁리하는 자의 비장한 자신감이었다. 명량해전을 준비하는 내내 이순신은 아마도 자신을 이끌어준 '스승들'에게 승리의 비결을 묻고 또 물었을 것이다. 그 이후의 대승은 말 그대로 청출어람(靑出於藍)의 결과라 할 수 있을 것이다.

우리가 찾지 않은 것은 아닐까

4년 내내 책만 읽다가 졸업하는 대학이 있다. 미국 메릴랜드 주에 위치한 세인트 존스 칼리지다. 전교생이 고작 1,000여 명인 이 대학에서는 인문학 고전 100권을 읽고 토론하는 것으로 모든 수업이 이루어진다. 독서와 토론을 도와 줄 튜터(tutor)만 있을 뿐 전공과목이나 교수 강의, 시험이 따로 없다. 한국에서라면 그게 무슨 대학이냐는 비아냥을 들을 법하다. 하지만 이들의 독특한 독서 수업은 이미《뉴욕타임즈》에 의해 '미국 최고의 학사과정'으로 선정될 만큼 공신력을 인정받았다.

빌 게이츠는 말했다. "오늘의 나를 있게 만든 것은 동네 도서관이었고, 하버드대 졸업장보다 소중한 것은 책 읽는 습관이었다." 여기에 "학이불사즉망(學而不思則罔), 사이불학즉태(思而不學則殆)"라며 공자가 보조를 맞춘다. 배우되 생각하지 않으면 망하고, 배움 없이 생각만 많이 하면 위태로워진다는 뜻이다. 이런 공자의 가르침과 세인트 존스 칼리지의 독서는 본질적으로 유사한 점이 있다. 배움이란 어떤 지식을 그저 수동적으로만 받아들이는 것이 아니라 그것을 체화시켜 숙성해내는 데 핵심이 있다는 점이다.

이순신은 육지의 『손자병법』과 『오자병법』이 지배하는 전쟁터에서 수전을 개척했다. 이순신처럼 오랫동안 바다에서 전쟁을 하면서 놀라운 승리를 한 사례는 서구나 중국, 일본에도 없다. 아무도 가르쳐 주지 않았고, 교범이라고 할 병법서도 없었던 바다에서의 전쟁을 이순신은 과거 병법서와 전쟁사를 공부하면서 창의적으로 응용하고 발전시켰다. 이순신은 그동안 아무도 탐구하지 않았고, 고려치 않았던 새로운 전쟁터인 바다에서 자신만의 병법서를 쓴 것이다.(95쪽)

참된 스승이 없다고 말하는 시대다. 그러나 정말 스승이 없는 것이 아니라 우리가 찾지 않는 것이 아닐까? 마음을 닫은 채 찾을 생각도 안 하고 그저 없다고만 한다. 찾으려 들지 않으니 배움이 부족하고 능력은 퇴화된다. 그 결핍의 구멍을 알량한 자존심이 채우기도 한다. 스스로 오만과 편견의 우물에 빠져드는 셈이다. 배움은 끊임없는 열정 에너지를 먹고사는 법. 그것이 사라지는 순간부터 당신의 노화는 시작된다.

"이순신처럼 사랑하고 생각하고 상상하면 삶의 왕도를 찾을 수 있다."『흔들리는 마흔, 이순신을 만나다』의 저자가 청춘에게 건네는 말이다. 이 젊음의 시간, 더 멋진 자신으로 거듭나기 위해 배움에의 노력을 조금 더 기울여보는 건 어떨까.

이순신도 처음부터 영웅은 아니었다. 그 역시 젊은 시절 수없이 흔들리며 방황하는 날들을 보냈다. 그런 그가 절체절명의 위기에서도 당당하게 전진할 수 있었던 것은 스승들의 삶에서 얻은 지혜와 열정이 있었기 때문이다. 이순신은 열과 성을 기울여 그들의 가르침을 흡수했고 자기 것으로 재창조했다. 그것이 성웅 이순신을 만든 원동력이었다. 이순신이 스승으로부터 얻은 가르침 몇 가지를 소개한다.

Keyword 1 **최선을 다한다는 것 - 제갈공명** 이순신은 『삼국지』를 읽고 제갈공명을 닮으려 노력했다고 한다. 제갈공명이 쓴 「후출사표」와 이순신이 쓴 두 번째 출사표의 마지막 단락도 똑같다. "성공과 실패, 이익과 해로움이 어떨지 신은 미리 헤아릴 수 없습니다." 어떤 일을 하든 모든 것을 미리 다 알 수 없고, 결과도 쉽게 예측할 수 없다. 제갈공명과 이순신은 모두 자신이 할 수 있는 모든 노력을 다해 준비했고, 때가 왔을 때는 주저 없이 전진했다. 결단의 순간에는 성공과 실패, 이익과 해로움을 계산하지 않고 오직 앞만 보고 나아갔던 것이다. 그 둘은 똑같이 과로와 스트레스로 많이 아팠다. 그러나 끝까지 자신의 자리에서 최선을 다했고, 담대한 마음으로 결과를 기다렸다.

Keyword 2 **불패의 비결 - 오자** 13척 대 133척이 대결한 절체절명의 순간에 이순신이 떠올린 이는 제갈공명도, 장량도, 류성룡도 아니었다. "반드시 죽고자 하면 살고, 반드시 살려고 하면 죽는다"는 말을 남긴 오자였다. 또한 "한 사람이 길목을 지키면 천 명도 두렵게 할 수 있다"는 오자의 말도 이순신의 전략에서 큰 몫을 차지했다. 76전 64승 12무의 불패 신화를 쓴 오자의 지혜와 좋은 기운 덕분에 이순신도 불패의 명장이 될 수 있었던 건 아닐까.

Keyword 3 **마음의 힘 - 사마양저와 위료자** 사마양저는 인간의 욕망을 가장 잘 활용한 병법가다. 그는 명장이기 이전에 사람의 마음을 잘 읽는 탁월한 심리학자였다. 이순신은 그에게 욕망의 심리학을 배웠다. 그러나 사마양저가 주목한 인간의 이기심을 넘어서, 인간이 인간일 수 있는 이타심을 활용해 부하와 백성들의 잠재력을 폭발시켰다.

또 다른 스승 위료자는 병법가 중 유일하게 시장의 힘을 주목한 사람으로, 전쟁에서 승리하려면 시장에서 이겨야 한다고 말했다. 그의 말을 새겨들은 이순신은 전쟁 중에 시장을 열어 유통을 활성화하고 정보를 모았다. 그러나 이순신이 백성은 물론 적의 마음까지 움직여 조선을 돕게 만든 것은 위료자의 심리 기술을 뛰어넘은 진정성 덕분이었다.

Keyword 4 **진정한 책임감 - 이강** 송나라 명장 이강은 『난중일기』에 수록된 유일한 독후감인 「송사를 읽고」의 주인공이다. 이강은 금나라와의 휴전을 반대했다. 그러나 휴전을 주장하는 조정에서는 그를 거부했고, 이강도 지쳐 떠나려고 했다. 이순신은 그런 이강의 행동이 무책임하다고 애통한 마음으로 비판했다. 그리고 나라가 위태로운 상황에서 장수로서의 책임감과 각오를 가다듬는 기회로 삼았다. 한 번 도망하기 시작하면 멈출 수가 없는 법, 아무리 힘들어도 자신의 자리에서 벗어나지 말라는 것이 이순신의 생각이자 실천이었다.

<u>Keyword 5</u> **처음과 끝을 한결같이 – 순자** 충무공을 불패의 명장, 탁월한 경영자, 천재 지략가로 만든 스승은 많다. 그러나 그 모든 것의 결정체인 '리더 이순신'을 만든 멘토는 순자다. 순자가 말한, 끝과 처음을 한결같이 하라는 종시여일(終始如一)은 자신을 지키며 세상을 바꿀 수 있는 가장 기본적인 태도다. 『순자』에는 현명한 리더라면 깊이 고민해야 할 모든 것이 담겨 있었다. 그러나 순자가 어떤 훌륭한 원칙들을 말했다면, 이순신은 자신이 처한 현실에서 그 원칙을 철저하게 실천했던 사람이다.

군대도 크리에이티브해져야 하는 이유

대한민국 국군장병 여러분. 그대들은 이미 선택받았습니다. 우선 신체적으로 건강하다는 합격 통지를 받았고, 또 구질구질한 핑계를 대지 않고 당당하게 군인의 길에 들어섰으니 정신적으로도 매우 건강함이 입증되었습니다. 인재를 판별함에 있어 군대를 다녀왔는지부터 따지는 세상에 살고 있으니 그대들이야말로 준비된 젊은이가 아닌가 싶습니다. 문제는 정말 좋은 인재로 거듭나기 위해 군 생활을 어떻게 해야 할 것인가입니다.

'강한 군대'는 창설 이래 변함없는 우리 군의 철학이자 미션입니다. 그렇다면 규율이 엄하고 각이 잡힌 군대가 강할까요? 아니면 자율적이고 유연한 군대가 강할까요? 답을 내리기 어려운 문제입니다. 온라인 게임을 즐기는 젊은 친구들에게서 힌트를 얻을 수 있을 것도 같습니다. 오늘날 전투 환경은 매우 복잡하고 정보전과 심리전이 중요해지고 있습니다. 듣도 보도 못한 최첨단 무기가 등장하고 비정형 전투가 벌어집니다. 이런 상황에서 과연 애초의 작전계획대로 전투가 전개될까요?

답은 말할 필요도 없을 것입니다. 이것이 바로 군인이 크리에이티브해져야 하는 이유입니다. 상상력을 키워야 하고 다양성을 인정해야 하며 좀 더 개방적인 마인드로 무장해야 합니다. 다시 말해 강한 전투력과 정신력만으로는 역부족이라는 소리입니다. 군대도 창의력이 매우 중요해졌습니다.

그렇다면 과연 어떻게 해야 창의적인 군대가 될 수 있을까요? 무엇보다도 병영 관리의 혁신이 전제되어야 합니다. 병영 혁신과 강군 육성은 동전의 양면과 같다고 생각합니다. 군기를 강조하고 철저하게 교육을 한다고 강군이 육성되는 것은 아니라는 소리입니다. 장병 스스로 사명감과 동기를 갖게 하는 것이 먼저입니다.

군인은 사기로 먹고삽니다. 하지만 군인도 아픕니다. 그래서 마음 관리가 더욱 필요합니다. 훈련이 힘든 게 아니라 생활관이 더 힘들다는 얘기가 들립니다. 어쩌면 생활관 군기가 셀수록 사기는 떨어질 수도 있습니다. 병영 관리가 잘되어야 실전적 훈련이 가능하고 싸워 이기는 강군이 될 수 있지 않을까요. 군에서도 병영 개선을 위해 많은 노력을 하고 있고 또 실제로 많이 바뀌고 있습니다. 그리고 무엇보다 울타리 밖에 있는 부모형제들은 우리 군을 굳게 믿고 있습니다.

분단 후 70여 년간 평화를 유지해오면서 우리는 알게 모르게 안보에 대한 불감증이 몸에 배었습니다. 그리고 언젠가부터 애국심은 촌스러운 구세대 유물 쯤으로 여기고 있는 듯합니다. 어쩌면 이는 교육의 문제인 것도 같습니다. 사회 곳곳에서 안보의 중요성을 이야기하지만 정작 왜 우리가 애국심을 가져야 하는지에 대해 얘기하는 사람은 찾아보기 힘듭니다. 애국심은 그저 일제강점기나 6·25전쟁 때에나 통용되던 추억거리로 전락해버렸다는 생각조차 듭니다. 그래도 우리가 믿을 것은 우리의 국력과 강한 군대입니다. 국민에게 사랑받고 국민이 믿을 수 있는 국군. 군이 강해야만 나라 경제도, 국력도 강해집니다. 불철주야 나라를 지키는 그대들을 자랑스러워하는 국민의 한 사람으로서 응원의 메시지로 이 책을 보냅니다.

◆ ◆ ◆

젊은이들의 눈높이에 맞추기 위해

서민선, 윤혜준, 장나원, 장하령, 최용석, 한송비 등

독서클럽 회원들과 함께 25권의 책들을 리뷰하고 토론했습니다.

그 과정에서 많은 인사이트를 얻었고 이는 실제 집필에 큰 도움을 주었습니다.

또한 군대에서 사용하는 용어나 보안 문제 등을 알기 위해

합참에 근무하는 유동균 중령의 자문을 얻었습니다.

군대에서 흔히 겪는 에피소드 등을 모아주는 수고를 해주었습니다.

고민에 고민을 거듭하던 내게 지원을 아끼지 않은

남승진 프로와 집필의 마지막 순간까지 함께한 한정엽 작가,

출판사 시그니처도 빼놓을 수 없습니다.

그리고 이 책에 내용 게재를 허락해주신

저자분들과 출판사 관계자들께도 감사의 말을 전합니다.

모두 고맙습니다.

◆ ◆ ◆

나는 불안해서 책을 읽는다

초판 1쇄 발행 | 2018년 2월 5일

지은이 | 김낙회
펴낸곳 | 주식회사 시그니처
출판등록 | 제2016-000180호
주소 | 서울시 마포구 큰우물로 75 1308호(도화동, 성지빌딩)
전화 | (02)701-1700
팩스 | (02)701-9080
전자우편 | signature2016@naver.com

ISBN 979-11-958839-8-1 (03320)

ⓒ김낙회, 2018

값 16,000원